# CURSO
## DE DIREITO SANCIONATÓRIO
## DA SEGURANÇA SOCIAL

# A REGULARIZAÇÃO DA DÍVIDA
## À SEGURANÇA SOCIAL

LUÍS FERREIRA LEITE
ADVOGADO

# CURSO DE DIREITO SANCIONATÓRIO DA SEGURANÇA SOCIAL

# A REGULARIZAÇÃO DA DÍVIDA À SEGURANÇA SOCIAL

ALMEDINA

| | |
|---|---|
| *TÍTULO:* | CURSO DE DIREITO SANCIONATÓRIO DA SEGURANÇA SOCIAL |
| | A REGULARIZAÇÃO DA DÍVIDA À SEGURANÇA SOCIAL |
| *AUTOR:* | LUÍS FERREIRA LEITE |
| *EDITOR:* | LIVRARIA ALMEDINA – COIMBRA www.almedina.net |
| *LIVRARIAS:* | LIVRARIA ALMEDINA ARCO DE ALMEDINA, 15 TELEF. 239 851 900 FAX 239 851 901 3004-509 COIMBRA – PORTUGAL livraria@almedina.net |
| | LIVRARIA ALMEDINA – PORTO R. DE CEUTA, 79 TELEF. 222 059 773 FAX 22 2039497 4050-191 PORTO – PORTUGAL porto@almedina.net |
| | EDIÇÕES GLOBO, LDA. R. S. FILIPE NERY, 37-A (AO RATO) TELEF. 213 857 619 FAX 213 844 661 1250-225 LISBOA – PORTUGAL globo@almedina.net |
| | LIVRARIA ALMEDINA ATRIUM SALDANHA LOJAS 71 A 74 PRAÇA DUQUE DE SALDANHA, 1 TELEF. 213 712 690 atrium@almedina.net |
| | LIVRARIA ALMEDINA – BRAGA CAMPOS DE GUALTAR, UNIVERSIDADE DO MINHO, 4700-320 BRAGA TELEF. 253 678 822 braga@almedina.net |
| *EXECUÇÃO GRÁFICA:* | G.C. – GRÁFICA DE COIMBRA, LDA. PALHEIRA – ASSAFARGE 3001-453 COIMBRA producao@graficadecoimbra.pt |
| | ABRIL, 2002 |
| *DEPÓSITO LEGAL:* | 179029/02 |

Toda a reprodução desta obra, por fotocópia ou outro qualquer processo, sem prévia autorização escrita do Editor, é ilícita e passível de procedimento judicial contra o infractor.

*Em memória do*
*Dr. Francisco da Cunha Ferreira Leite*

# CURSO
## DE
# DIREITO SANCIONATÓRIO
## DA
# SEGURANÇA SOCIAL

# INTRODUÇÃO

## 1 – Ideias gerais sobre ilicitude, culpa e responsabilidade

As normas jurídicas são coercivas, por isso, o seu incumprimento é, em geral, punido com uma sanção.

A ilicitude, como característica de um acto, pode ser vista como violação dos valores jurídicos e, então, diz-se mediata; e pode ser vista como violação directa de um preceito legal e, então, diz-se imediata. Para Castro Mendes[1] "Chama-se *ilicitude objectiva* à qualidade de um acto que, na sua configuração material ou exterior, corresponde a um tipo proibido por lei. Por exemplo, A matar B. Chama-se *ilicitude subjectiva* àquela em que, além da objectiva (...), se verifica da parte do agente uma atitude interior reprovável ou censurável; atitude que se pode traduzir na vontade de praticar o acto ou produzir o evento violador da norma, ou pelo menos aceitação consciente de que se vai violá-la (dolo), ou então na falta de diligência necessária para evitar essa violação (negligência)".

Para que alguém possa ser juridicamente responsável por um acto, é necessário, desde logo, que pratique uma acção ou uma omissão, que viole um preceito legal, que seja culpado, isto é, que o acto lhe seja imputável e simultaneamente seja reprovável ou censurável e é ainda necessário que não ocorram causas de exclusão da ilicitude ou da culpa.

No direito da segurança social podem detectar-se actos ilícitos de variada natureza. Aqui destacaremos os de natureza civil, penal e contra-ordenacional.

---

[1] Em "Direito Civil (Teoria Geral)", AAFDL, III, p. 774.

A segurança social, a que todos temos direito – art. 63.º, da CRP – é credora das contribuições e devedora das prestações. Só nos ocuparemos dos ilícitos contra a segurança social, logo os que nascem da violação dos direitos da segurança social.

No regime geral, a segurança social é financiada pelas contribuições dos trabalhadores (independentes e por conta de outrem – 11%) e das entidades patronais – 23,75% – art. 61.º da Lei de Bases da Segurança Social (Lei n.º 17/2000, de 8 de Agosto) e art. 3.º do Decreto-Lei n.º 199/99 de 8 de Junho.

As entidades empregadoras têm o dever legal de pagar as contribuições de que são devedoras e bem assim as cotizações dos trabalhadores por sua conta que devem ser descontadas nas respectivas remunerações – art. 62.º da Lei de Bases da Segurança Social. Efectivamente, a lei diz que as entidades empregadoras são responsáveis pelo pagamento das contribuições por si devidas e das cotizações descontadas às remunerações dos trabalhadores ao seu serviço. Acontece que as entidades empregadoras devem as contribuições e são responsáveis pelo pagamento das cotizações descontadas. Porque assim sucede, tem-se discutido se, quanto a estas, as entidades empregadoras são fiéis depositárias com a obrigação de entrega, ou se estaremos perante uma certa forma de sub-rogação legal na efectivação da obrigação tributária, mas não na sua titularidade[2].

Estamos no domínio da arrecadação de receitas. Daí as grandes semelhanças com a arrecadação de receitas pelo Estado, principalmente, impostos e taxas.

É claro que as contribuições para a segurança social, designadamente, pelos seus sujeitos, pela sua natureza, pelo seu regime jurídico e pelos fins a que orçamentalmente se destinam, não se confundem com as receitas do Estado. Quanto à sua natureza, Bráz Teixeira considera que as contribuições, cujo sujeito passivo é o trabalhador, são prémios de seguro de direito público e as das

---

[2] Ilídio das Neves – "Direito da Segurança Social", Coimbra Ed., p. 331 e "Dicionário Técnico e Jurídico de Protecção Social", Coimbra Ed., p. 689.

*Curso de Direito Sancionatório da Segurança Social* 11

entidades patronais a de impostos[3]. Alberto Xavier considera-as como prémio de seguro público[4]. Sérvulo Correia qualifica-as de taxas[5] e Sousa Franco reconhece-lhes, a partir de 1984, *"natureza plenamente fiscal"*[6].

A Lei Geral Tributária (art. 3.º) consagra a figura do tributo parafiscal onde boa parte da doutrina e da jurisprudência inclui as contribuições para a segurança social. Outro tanto realiza o Código de Procedimento e de Processo Tributário. Deste jeito, os dois principais diplomas legais sobre tributos passam a aplicar-se às contribuições para a segurança social e deste mesmo jeito se lhes aplica, parafraseando o que Jacques Bruron[7] constata: "Tudo o que respeita ao controlo fiscal é objecto de controvérsia".

Temos, pois, que, quem culposamente comete um acto ilícito, é responsável pelas consequências jurídicas que a lei mediata ou imediatamente prevê.

A responsabilidade civil é "a situação em que se encontra alguém que, tendo praticado um acto ilícito, é obrigado a indemnizar o lesado dos prejuízos que lhe causou"[8].

Responsabilidade é também encarada como a situação do devedor face à obrigação de prestar. Neste sentido, o devedor responde pela obrigação que assumiu.

No domínio fiscal, o devedor é o ente obrigado ao pagamento do imposto, é o sujeito passivo da obrigação tributária[9].

Porém, no domínio fiscal a responsabilidade reveste ademais outras facetas.

---

[3] Em "Estudos – Comemoração do XX Aniversário do Centro de Estudos Fiscais", vol. I, p. 57.

[4] No "Manual de Direito Fiscal", Manuais da FDC, p. 69.

[5] Na "Teoria da Relação Jurídica de Seguro Social", Estudos Sociais e Corporativos, Ano VII, n.º 27, pp. 300 e ss.

[6] Em "Finanças Públicas e Direito Financeiro", Almedina, II, p. 77.

[7] Em "Droit Pénal Fiscal", L.G.D.J., p. 9.

[8] Cf. Pessoa Jorge, "Ensaio sobre os pressupostos da responsabilidade civil", CTF, n.º 80, p. 36.

[9] Soares Martinez, "A obrigação tributária", CTF, n.º 11 e Saldanha Sanches "A quantificação da obrigação tributária", CTF, n.º 173.

A responsabilidade tributária verifica-se nas hipóteses de obrigações por um débito originariamente alheio[10]. A responsabilidade tributária assume as formas de subsidiária, ou solidária. É subsidiária quando o devedor originário não paga e a execução passa a correr contra o responsável; é solidária quando o pagamento da dívida tributária pode ser integralmente exigido a qualquer um dos devedores, os responsáveis solidários – art. 512.º e ss. do Cód. Civ.

Responsabilidade em matéria penal consiste na sujeição a uma pena ou a uma coima de quem comete um crime ou uma contra-ordenação, respectivamente.

### Sequência

Feita a introdução, passamos a abordar a relação jurídica contributiva (2.1); o sujeito activo e as garantias geral e especiais do crédito (2.2); o sujeito passivo: obrigação e dívida contributivas (2.3); a prestação e o não cumprimento (2.4); consequências fiscais do não cumprimento (2.5): poderes e proibições (2.5.1), juros compensatórios (2.5.2), juros de mora (2.5.3), execução fiscal (2.5.4).

---

[10] Soares Martinez, "Da personalidade tributária", CTF n.º 81, p. 367.

## CAPÍTULO I – Das sanções civis

## 2 – A relação jurídica contributiva

À semelhança do que acontece no direito privado, a estrutura da relação jurídica contributiva ou de cotização para a segurança social tem por núcleo essencial os sujeitos (activo e passivo), o objecto (prestação e contribuição ou cotização social), o facto jurídico e a garantia[11].

No ordenamento jurídico da segurança social, Ilídio das Neves distingue, para além da relação jurídica contributiva, a vinculativa, a prestacional, a de administração, a de responsabilidade e a de contencioso[12].

Para o objectivo que aqui prosseguimos e sem discutir a discutível partição defendida pelo A. citado, entendemos que a relação jurídica contributiva é o nexo ou o conjunto de nexos ou vínculos jurídicos que unem o sujeito activo, segurança social, ao sujeito passivo, contribuinte, e que tem por objecto uma prestação complexa. Neste sentido e paralelamente ao que faz Saldanha Sanches[13] para o direito fiscal, atribuímos a esta relação jurídica a natureza de obrigacional tributária ou relativa à dívida de contribuições. Se este pode ser tido por um sentido restrito, também a relação jurídica contributiva é passível de ser entendida em sentido lato. Neste caso, além da relação obrigacional contributiva ela engloba o conjunto de

---

[11] Manuel de Andrade, "Teoria Geral da Relação Jurídica", Almedina, vol. I, pp. 19 e ss.

[12] Ilídio das Neves, o cit. "Dto." pp. 299 e ss.

[13] Saldanha Sanches, "Manual de Direito Fiscal", Lex, p. 108.

deveres acessórios que acompanham a dívida contributiva e que são específicos da ordem jurídica da segurança social. De entre estes avultam, pela sua importância, os deveres de cooperação do sujeito passivo. Assinale-se que a obrigação de pagar é pecuniária (art. 550.º e ss. do Cód. Civ.), as outras são obrigações cujo objecto é a prestação de um facto, são obrigações de fazer, "facere".

Dadas as características da relação jurídica contributiva, bem se vê que ela é uma relação jurídica tributária, com especificidades que lhe advêm da sua natureza parafiscal.

Guardaremos o qualificativo de contributivo para a relação jurídica, incluindo os seus elementos, em que a segurança social é o sujeito activo.


## 3 – Sujeito activo e as garantias do crédito

O sujeito activo ou credor das contribuições é, em sentido amplo, o Estado. Numa clara manifestação de organização administrativa indirecta, a arrecadação das contribuições para a segurança social foi confiada a uma pessoa colectiva de direito público, a saber: O Instituto de Gestão Financeira da Segurança Social, que tem os seus estatutos publicados no Decreto-Lei n.º 260/99, de 7 de Julho.

Por isso, em sentido restrito e nos termos do n.º 1, do art. 18.º da Lei Geral Tributária o sujeito activo da relação tributária é a entidade de direito público titular do direito de exigir o cumprimento das obrigações tributárias. O crédito contributivo goza da garantia geral das obrigações e de garantias especiais.

Por força do disposto no artigo 601.º, do Cód. Civ. todos os bens do devedor respondem pelo cumprimento das suas obrigações. Isto quer dizer que o património do devedor é a garantia geral do cumprimento das suas dívidas. Também o património é a garantia geral do cumprimento das contribuições.

Para além da garantia geral o crédito das contribuições é também protegido por garantias especiais. O conceito e o regime comuns das garantias especiais estão previstos no Cód. Civ., artigos 623.º e ss.

No que, em especial, respeita aos créditos contributivos da segurança social as suas garantias especiais estão previstas nos Decretos-Leis n.º 103/80, de 9 de Maio e 512/76, de 22 de Março.

Estas garantias especiais são a hipoteca legal, prevista no art. 12.º do cit. Decreto-Lei n.º 103/80, o privilégio imobiliário geral, previsto no art. 11.º, do mesmo diploma e o privilégio mobiliário geral previsto no art. 10.º, da mencionada lei.

O que respeita a estas garantias especiais é alvo da maior controvérsia.

### 3.1. *O Decreto-Lei n.º 103/80, de 9 de Maio*

O próprio Decreto-Lei n.º 103/80 é acusado de padecer de inconstitucionalidade orgânica, logo de inexistência jurídica.

A inexistência jurídica adviria do facto de ao diploma faltar a referenda ministerial.

Esta referenda era exigida pela Constituição de 1933 e continuou a ser exigida pela Constituição de 1976, sendo sancionada com a inexistência.

A questão só se coloca em relação aos decretos-leis e decretos regulamentares publicados entre 1976 e 1983. A partir desta data a prática a seguir passou a estar claramente definida no Decreto-Lei n.º 3/83, de 11 de Janeiro, que fixou as regras, sobre a publicação, identificação e formulário dos diplomas legais.

Contra a tese da inexistência levantou-se uma corrente doutrinal e jurisprudencial que defende que a assinatura dos diplomas governamentais pela prática constitucional deveria considerar-se convolada em referenda.

Os opositores logo levantaram a questão de que a prática constitucional não constituía costume, pelo que não tinha relevância jurídica.

O Tribunal Constitucional admitiu que essa prática se podia

qualificar como costume e, por isso, esses diplomas não sofriam de qualquer vício[14].

### 3.1.1. *A natureza jurídica das contribuições para a Segurança Social*

A doutrina acha-se muito dividida:

Para Nuno Sá Gomes, as devidas pelas entidades empregadoras são impostos, as devidas pelos trabalhadores prémios de seguro de direito público[15];

Alberto Xavier, considera-as como prémios de seguro público[16];

Vítor Faveiro, tem as devidas pelas entidades empregadoras como impostos e as devidas pelos trabalhadores como contribuições parafiscais[17];

António Bráz Teixeira, diz que as contribuições, cujo sujeito passivo é o trabalhador, têm a natureza de prémio de seguro de direito público e as das entidades patronais a natureza de imposto[18];

Saldanha Sanches, inclina-se para que sejam contribuições parafiscais[19];

---

[14] Defendem a inexistência: Gomes Canotilho e Vital Moreira, "Constituição...", Coimbra E., p. 609; Freitas do Amaral e Paulo Otero, "O valor jurídico-político da referenda ministerial", ROA, Ano 56, I, p.156; Acs. do TC 160/2000, de 22/3, in DR, n.º 115, de 10/10, p. 16404 e do STA, 16/6/99, rec. n.º 23242, Rel. Cons. Almeida Lopes, in Acs. Douts., pp. 44 e ss; defendem a validade: Jorge Miranda, "Decreto", pp. 36/7; Parecer da Comissão Constitucional, n.º 5/80, Rel. Cons. Luís Nunes de Almeida, Pareceres da Com. Const., vol. XI, pp. 39 e ss. e Acs. do TC, n.º 309/94, de 24.3.94, DR, II S, 29.8.94 e n.º 354/2000, de 5/7/2000, Rel. Cons. Fernanda Palma, DR, II S, 7/11/2000.

[15] "Manual de Direito Fiscal", Rei dos Livros vol. I, pp. 87 e ss.

[16] "Manual de Direito Fiscal", pp. 66 e ss.

[17] "Noções fundamentais de Direito Fiscal Português", vol. I, p. 51.

[18] "Natureza jurídica das contribuições para a previdência", in Estudos – Comemoração do XX Aniversário do Centro de Estudos Fiscais, vol. I, pp. 47 a 61.

[19] "Manual", pp. 26 e ss.

*Curso de Direito Sancionatório da Segurança Social*          17

Ilídio das Neves, dá-as como imposições parafiscais, imposições financeiras sociais[20];

Casalta Nabais, recondu-las às contribuições, tributos ou receitas parafiscais[21];

Sérvulo Correia, entende-as como taxas de seguro público[22];

Leite Campos e Mónica Leite de Campos qualificam-nas como impostos[23];

Pamplona Corte Real, dá-as como exemplo das receitas parafiscais[24];

Amorim Pereira, hesita em tratá-las por taxas, apontando que há quem as considere como prestação aleatória de uma relação de seguro[25];

C. Cimourdain de Oliveira, dá-as, sem mais, como exemplo de receitas parafiscais[26];

Pessoa Jorge, nega-lhes a natureza de impostos e atribui-lhes a de prémio de seguro social[27];

Lemos Pereira e Cardoso Mota, identificam as quotizações para a segurança social (taxa social única) com os impostos parafiscais[28].

– A jurisprudência não é uniforme: para os Acs. do STA, de 03/12/97, rec. n.º 21 343 e de 16/06/99, rec. n.º 23 889, as contribuições para a segurança social à luz da Constituição, têm a natureza de impostos; o Ac. do STA, de 27/02/91, rec. n.º 12 988, tem-nas por um prémio de seguro ou uma "taxa"; o Ac. do Pleno da Secção do

---

[20] "Direito", p. 366.

[21] Em "O dever fundamental de pagar impostos", Almedina, pp. 251 e ss. e "Direito Fiscal", Almedina, p. 41, nota 2.

[22] "Teoria", pp. 300 e ss.

[23] "Direito Tributário" Almedina, pp. 69/70.

[24] "Curso de Direito Fiscal", CTF, n.º 124, p. 177.

[25] "Noções de direito fiscal", Athena, p. 25.

[26] "Lições de Direito Fiscal", p. 114.

[27] "Privilégio creditório a favor das instituições de previdência" – BDGCI, 169-170, p. 99, nota.

[23] "Teoria e Técnica dos Impostos" Rei dos Livros, , 23ª ed., p. 261.

Contencioso Tributário do STA, de 17/06/92, no mesmo rec., considera-as taxas ou figuras parafiscais; o Ac. do STA, de 29/05/96, rec. n.º 18 986, diz que aquelas contribuições se integram no conceito de "receitas parafiscais".

– A Lei Geral Tributária, art. 3.º, e o CPPT art. 10.º, n.º 1, a) consagram o conceito, as espécies e o regime dos tributos. De entre estes destacam os tributos fiscais e parafiscais. Postas as coisas neste pé, quase a voz única se proclama que as contribuições para a Segurança Social são tributos parafiscais e a elas se aplica o regime juspositivo comum aos tributos.

### 3.1.2. *Garantias Especiais*

### 3.1.2.1. A hipoteca legal

O art. 12.º, do Decreto-Lei n.º 103/80 tem por epígrafe: "hipoteca legal".

Os arts. 3.º do Decreto-Lei n.º 512/76 e 5.º a 7.º do Decreto-Lei n.º 411/91, de 17de Outubro, reconhecem a existência da hipoteca legal como garantia do pagamento das dívidas à segurança social.

As hipotecas legais são institutos de direito substantivo, garantias do cumprimento de obrigações e que, nos termos do art. 704.º do Cód. Civ. "resultam imediatamente da lei ... e podem constituir-se desde que exista a obrigação a que servem de segurança".

As hipotecas legais não nascem, nem se constituem no processo de execução fiscal.

### 3.1.3. *A hipoteca legal e a falência*

A hipoteca legal garantia dos créditos da segurança social não se extingue com a declaração de falência: neste sentido, Ac. STJ, de

*Curso de Direito Sancionatório da Segurança Social* 19

03/03/98, in BMJ 475/548 e Salvador da Costa; contra, Carvalho Fernandes e J. Labareda[29].

### 3.1.4. *Os artigos 10.° e 11.°, do Decreto-Lei n.° 103/80, de 9 de Maio*

**3.1.4.1.** Privilégios creditórios

Nos termos do artigo 733.°, do Cód. Civ. *"privilégio creditório é a faculdade que a lei, em atenção à causa do crédito, concede a certos credores, independentemente do registo, de serem pagos com preferência a outros"*.

Tal como a hipoteca legal, também os privilégios não resultam de negócio jurídico e são concedidos tendo em conta a causa do crédito. Há todavia diferenças de regime: a hipoteca legal carece de registo, os privilégios não; a hipoteca recai só sobre imóveis, os privilégios, sobre móveis e imóveis; "o privilégio constitui uma garantia mais forte do que a hipoteca ... os privilégios imobiliários preferem à hipoteca".

Os privilégios creditórios são de duas espécies: mobiliários e imobiliários. Os mobiliários gerais abrangem todos os móveis do património do devedor e os especiais abrangem só o valor de determinados bens móveis. O art. 735.° do Cód. Civ., estabelece que os privilégios imobiliários, são sempre especiais.

Em seguida, o Cód. Civ., enumera os créditos que gozam de uns e de outros.

As regras de precedência estão estabelecidas nos arts. 746.° a 748.°, do Cód. Civ.

O art. 746.°. do Cód. Civ., estabelece que os privilégios mobiliários e imobiliários por despesas de justiça prevalecem sobre

---

[29] "Concurso de credores", Almedina, p. 329 e "Código dos Processos Especiais de Recuperação da Empresa e de Falência", "Quid juris" pp. 404/5, respectivamente.

os imobiliários enunciados pela seguinte ordem no art. 748.°, do Cód. Civ.: a) os créditos do Estado pela contribuição autárquica, sisa e imposto sobre as sucessões e doações e b) os créditos das autarquias locais, pela contribuição autárquica.

O art. 751.°, do Cód. Civ. determina que os privilégios imobiliários são oponíveis a terceiros que adquiram o prédio ou um direito real sobre ele e preferem às outras garantias reais mesmo que sejam anteriores.

O Prof. M.J.Almeida Costa, a quem vimos seguindo nesta matéria, conclui: "Claro que a referida disciplina só abrange privilégios imobiliários especiais. Foram estes que o legislador do Cód. Civ. teve em conta. Às hipóteses que possam verificar-se de privilégios imobiliários gerais, criadas posteriormente (em nota remissiva deparamos, entre outros, com o privilégio imobiliário geral de previdência e respectivos juros), aplica-se o regime, há pouco indicado, dos correspondentes privilégios mobiliários (art. 749.°)[30].

Também não se qualificam, pois, como autênticas garantias reais das obrigações. Constituem meros direitos de prioridade que prevalecem, contra os credores comuns, na execução do património debitório".

### 3.1.4.2. O privilégio creditório mobiliário geral

O art. 10.°, do cit., Decreto-Lei n.° 103/80, determina: 1 – *Os créditos das caixas de previdência por contribuições e os respectivos juros de mora gozam de privilégio mobiliário geral, graduando-se logo após os créditos referidos na alínea a) do n.° 1, do artigo 747.° do Cód. Civ.*; 2 – Este privilégio prevalece sobre qualquer penhor, ainda que de constituição anterior – cf. Acs. Rel. Lisboa de 12.11.86, BMJ-365-677 e de 16.5.2000, CJ, III-9.

O privilégio mobiliário geral assegura o cumprimento das dívidas à segurança social por contribuições e respectivos juros de mora.

---

[30] "Direito das obrigações", Almedina, 7ª ed., pp. 859 e ss.

Os créditos protegidos por este privilégio não têm o limite temporal dos créditos do Estado e das autarquias locais imposto pelo art. 736.º, do Cód. Civ.

Os créditos contributivos assim privilegiados graduam-se a seguir aos créditos do Estado e das autarquias provenientes de impostos indirectos e de impostos directos inscritos para cobrança no ano corrente da data da penhora.

O privilégio prevalece sobre qualquer penhor, ainda que de constituição anterior.

### 3.1.4.3. O privilégio creditório imobiliário geral

Os artigos 2.º e 11.º, respectivamente, do Decreto-Lei n.º 512/76, de 3 de Julho e do Decreto-Lei n.º 103/80, de 9 de Maio conferem aos créditos da Segurança Social decorrentes de contribuições e juros de mora um privilégio imobiliário geral.

Art. 2.º: *Os créditos pelas contribuições do regime geral de previdência e respectivos juros de mora gozam de privilégio imobiliário sobre os bens imóveis existentes no património das entidades patronais à data da instauração do processo executivo, graduando-se logo após os créditos referidos no artigo 748.º, do Código Civil.*

Art. 11.º: *Os créditos pelas contribuições, independentemente da data da sua constituição, e os respectivos juros de mora gozam de privilégio imobiliário sobre os bens imóveis existentes no património das entidades patronais à data da instauração do processo de execução, graduando-se logo após os créditos referidos no artigo 748.º, do Código Civil.*

De acordo com o disposto no cit. art. 11.º do Decreto-Lei n.º 103/80 apresenta-se o seguinte regime:

a) O cumprimento dos créditos da segurança social por contribuições do regime geral de previdência e respectivos juros de mora é garantido por um privilégio imobiliário geral;

b) O referido privilégio assegura o pagamento daquelas dívidas, independentemente da data da sua constituição;

c) O privilégio referido abrange os bens imóveis existentes no património das entidades empregadoras;

d) Os bens imóveis abrangidos são os existentes à data da instauração do processo de execução;

e) Os créditos protegidos por este privilégio graduam-se logo após os referidos no art. 748.º, do Cód. Civ.;

f) Os créditos da segurança social com privilégio imobiliário geral ficam subordinados à regra do rateio prevista no n.º 2, do art. 745.º, do Cód. Civ. quando haja créditos igualmente privilegiados, como sejam os do Instituto do Emprego e Formação Profissional – al. b), do art. 30.º, do Decreto-Lei n.º 165/85, de 16 de Maio, ou outros como os mencionados por M.J. Almeida Costa[31];

g) O privilégio em análise é dotado do direito de sequela e

h) Prefere à consignação de rendimentos, à hipoteca legal e ao direito de retenção – art. 751.º, do Cód. Civ.

**3.1.4.4.** Da inconstitucionalidade dos artigos 2.º, do Decreto-Lei n.º 512/76, de 3 de Junho e 11.º, do Decreto-Lei n.º 103/80, de 9 de Maio

A mais recente jurisprudência vem desenvolvendo uma profunda fundamentação para concluir pela inconstitucionalidade, por violação do art. 2.º da CRP, das normas constantes dos artigos 2.º, do Decreto-Lei n.º 512/76, de 3 de Julho e 11.º, do Decreto-Lei n.º 103/80, de 9 de Maio, interpretadas no sentido de que o privilégio imobiliário geral nelas conferido prefere à hipoteca, nos termos do art. 751.º do Cód. Civ.

---

[31] Ob. cit., pp. 862/3.

A confirmar o disposto no Ac. do TC n.° 160/2000, de 22 de Março, está o Ac. do TC n.° 354/2000, de 5 de Julho, publicado no DR n.° 115, de 7 de Novembro, p.18 089 que finaliza com a asserção: "Assim, o privilégio imobiliário geral conferido à segurança social pelo art. 11.° do Decreto-Lei n.° 103/80, dotado de sequela sobre todos os imóveis existentes à data da instauração da execução no património do devedor, oponível independentemente do registo a todos os adquirentes de direitos reais de gozo sobre os bens onerados (não tendo o adquirente a possibilidade de se informar sobre as dívidas do anterior proprietário, em face do sigilo fiscal), configurando-se como verdadeiro ónus oculto, afecta em termos desproporcionados, a boa-fé e a confiança no comércio jurídico.

Conclui-se, pois, que a norma em apreciação, no entendimento agora referido, é inconstitucional, por violação do princípio da confiança, ínsito no princípio do Estado de direito democrático, consagrado no artigo 2.° da Constituição, em conjugação com o artigo 18.°, n.° 2, da Constituição".

Anteriormente o Ac. do STA, de 16/06/99, rec. n.° 23 242, consagrou doutrina muito semelhante. Na verdade, para esta decisão jurisprudencial "A solução consagrada no art. 11.° é desproporcionada, pois pode lesar gravemente terceiros de boa-fé ... Daí que o artigo 11.° viole o princípio da proporcionalidade previsto no artigo 18.°, n.° 2 da Constituição da República".

Analisem-se, então, os argumentos expendidos na defesa da inconstitucionalidade dos mencionados preceitos legais.

### 3.1.4.4.1. O registo predial: publicidade e segurança

O privilégio imobiliário neutraliza a segurança jurídica do credor com garantia real (hipoteca) registada, independentemente de o ter sido em data posterior ao início da vigência das normas em causa.

O argumento que se pretende tirar dos efeitos do registo predial – publicidade, segurança – contende frontalmente com a essência dos privilégios creditórios: privilégio creditório é a faculdade que a lei, em atenção à causa do crédito, concede a certos credores, independentemente do registo, de serem pagos com preferência a outros – art. 733.º, do Cód. Civ.

Efectivamente, por um lado, de acordo com o disposto no art. 1.º, do Código do Registo Predial, "A finalidade essencial do registo é publicar a situação jurídica dos prédios"[32] "A publicidade registral, ... tem em vista a segurança do comércio jurídico imobiliário..."[33]. Assim, "O terceiro pode confiar no registo... O terceiro sabe ainda que só tem de contar, em termos de efeitos ou de oponibilidade, com as inscrições que constam do registo no momento em que ele procede à inscrição de factos a seu favor. É o regime do art. 5.º, do Código do Registo Predial".

Mas esta regra é ponderada por duas ordens de razões: 1ª – presume-se que o publicado corresponde à verdade, mas essa presunção pode ser ilidida por prova em contrário – arts. 7.º e 17.º do Código de Registo Predial e 350.º do Cód. Civ.[34]; 2.ª – há direitos não registáveis como o direito de retenção e outros só facultativamente registáveis, como a usucapião – cf. art. 2.º e 7.º do Código de Registo Predial[35].

Logo, por ambas as apontadas razões o adquirente de imóveis deverá tomar mais precauções, para além da consulta ao registo predial.

Por outro lado, "extraímos do articulado legal (art. 733.º do Cód. Civ.):

– que os privilégios creditórios resultam *da lei*;

– que são atribuídos *pela natureza* do crédito beneficiado;

---

[32] Mouteira Guerreiro, "Noções de Direito Registral", Coimbra Ed., 2ª ed. p. 287.

[33] Isabel P. Mendes, "Cód. Reg. Pr. anotado", Almedina, p. 19.

[34] Paulo Costa e Silva, "Efeitos do registo e valores mobiliários. A protecção conferida ao terceiro de boa fé", ROA, Ano 58, II, p. 861.

[35] Isabel Mendes, ob. cit., p. 33, Oliveira Ascensão, "Direitos Reais", CEDC da FDUL, pp. 390 e 413 e José A.R.L. González, "Noções de Direito Registral", SPB Eds 2ª ed., p. 24.

*Curso de Direito Sancionatório da Segurança Social* 25

– que vêm beneficiar *certos credores*;

– que não carecem de registo"[36].

Diga-se, entre parêntesis, que os créditos em causa gozam também de privilégio imobiliário geral – art. 12.º, da Lei n.º 17/86, de 14 de Junho.

O mesmo Autor conclui: 1.º – Os privilégios creditórios constituem uma especialidade jurídica que contraria múltiplos princípios básicos e designadamente a igualdade entre os credores e a publicidade das garantias; 2.º – Tal especialidade atinge um máximo nos privilégios imobiliários: todos eles devem ser considerados *excepcionais*[37]. Note-se: excepcionais, não inconstitucionais.

E, neste local, o Autor mais não acrescenta na caracterização dos privilégios imobiliários[38].

Salvador da Costa constata que "A jurisprudência maioritária tem, com efeito, entendido que os créditos das instituições de segurança social por taxa social única que gozem de privilégio imobiliário geral são graduados após os do Estado e os das autarquias locais a que se reporta o art. 748.º do Cód. Civ. e que, por força do disposto no artigo 11.º do Decreto-Lei n.º 103/80, preferem aos próprios créditos hipotecários"[39]. Na doutrina e em concordância acha-se também M. J. Almeida Costa.

É esta a boa doutrina, o que igualmente advém do argumento de sentido contrário: a coerência do argumento contrário conduziria à conclusão de que todas as normas instituidoras de privilégios creditórios são inconstitucionais, o que constituiria a verdadeira insegurança do tráfico jurídico.

---

[36] António Menezes Cordeiro, "Salários em atraso e privilégios creditórios", ROA, Ano 58, II, p. 648.

[37] Ibidem, pp. 671/2.

[38] Todavia, no mesmo sentido: P. Lima e A. Varela, "C. C., anotado", Coimbra Ed., vol. I, 1967, pp. 568/9, Almeida Costa, ob. cit., p. 880 e António Carvalho Martins", "Reclamação, verificação e graduação de créditos", Coimbra Ed., pp. 87 e segts., em especial, p. 92.

[39] In "Concurso de credores", p. 291.

Ninguém chega a tanto, porque se reconhece que, no domínio dos privilégios creditórios mobiliários, não há ofensa do princípio da igualdade[41].

### 3.1.4.4.2. O princípio da confiança tributária

Não corresponde à realidade que se não possa saber se as entidades com quem se contrata são ou não devedoras ao Estado ou à segurança social.

Em alguns casos essa informação pode ser obtida directamente junto do Estado ou da segurança social – art. 268.º da CRP, 61.º e segts. do CPA, 64.º, da LGT e 15.º do Decreto-Lei n.º 42/2001 – e, em todos os casos, do próprio contraente alienante do imóvel.

Por isso, só um contraente ignorante da lei, descuidado ou negligente, que não tome essas precauções, pode ver o seu crédito hipotecário frustrado pela preferência do privilégio creditório da segurança social criado pelas normas legais de 1976 e 1980. É sabido que as precauções mencionadas são hoje tomadas na maioria esmagadora dos casos porque a segurança do comércio jurídico começa nos seus intervenientes.

Daí que a fiabilidade que o registo oferece se mantenha intocável, mas nos limites em que a lei a define.

Daí também que se não possa confundir, a ignorância da lei, ou a negligência ou falta de cautela nos negócios imobiliários com certeza e segurança jurídicas.

O cidadão normal, bom pai de família, dispõe de toda a certeza e toda a segurança jurídica que a Constituição lhe confere pois, sabe e não pode ignorar, que há no comércio jurídico entidades alienantes de imóveis que pelas suas características (v.g. sociedades comer-

---

[40] Ob. cit., pp. 866/7.

[41] Cf, entre outros, os Acs. do TC n.ºs 44/84, 126/84, 303/90 e 625/98 e Parecer da Comissão Constitucional n.º 14/78, de 4/5; sobre o papel subsidiário e integrador do princípio da igualdade, cf. Ac. do TC n.º 497/89 e sobre o princípio, Martim de Albuquerque, a "Igualdade – Introdução à Jurisprudência", Almedina.

Curso de Direito Sancionatório da Segurança Social 27

ciais, empresas) são potenciais devedores ao Estado e, ou, à segurança social.

Ao contrário, declarar que o privilégio imobiliário geral da segurança social não prefere à hipoteca (aliás, como manda o art. 751.º do Cód. Civ.) é escancarar a porta à fuga (dolosa?) do património imobiliário dos devedores, contribuir para o aumento do déficit financeiro da segurança social e, por essas vias, minar um dos pilares fundamentais do Estado de direito democrático, ou seja, o direito que todos temos à segurança social com todas as sequências inerentes – art. 63.º da CRP.

### 3.1.4.4.3. A hipoteca legal

A existência da possibilidade da constituição de hipoteca legal a nenhum título contende com a protecção derivada dos privilégios creditórios.

São garantias de regimes jurídicos distintos e que visam graus de protecção diferentes.

Caso flagrante e significativo é o previsto no art. 152.º do CPEREF.

O Estado e a segurança social são sempre credores involuntários e as mais das vezes os últimos credores a tomarem conhecimento da situação devedora. Se os seus créditos dispusessem apenas como garantia da hipoteca legal, pode afirmar-se que a respectiva cobrança não se faria na maioria dos casos . Por esta via invertia-se a desproporção a favor das outras entidades credoras e frustravam-se os créditos do Estado e da segurança social. Agrava-se a situação se o TC vier a mudar de orientação e adoptar a já proclamada pelo Ac. do STA de 16/6/99 que declara o Decreto-Lei n.º 103/80 judicialmente inexistente. Se assim for, os créditos da segurança social, podem vir a ficar sem qualquer garantia (nem hipoteca legal, nem privilégios creditórios mobiliário e imobiliário gerais). Passam a créditos comuns. O fim previsível é, nas actuais circunstâncias, virem a ser incobráveis. Com mais este passo e sem outras medidas caminha-se resolutamente para o fim do Estado de direito democrático, designadamente e desde logo, pela asfixia financeira da sustentação dos direitos fundamentais de natureza social.

### 3.1.4.4.4. O princípio da confiança

Carece de legitimidade a colocação da questão da "lesão desproporcionada do comércio jurídico". Com efeito, a CRP adoptou um sistema universalista ou pelo menos generalista da segurança social, cujos enormes custos têm de ter suporte financeiro adequado[42]. Ora, desde longa data que o legislador ordinário entendeu que os créditos da segurança social mereciam garantias excepcionais.

Estas garantias, porque legalmente estabelecidas, logo, do conhecimento de todos, não violam mais que qualquer outra garantia o princípio da "par conditio creditorum", nem violam qualquer outro princípio.

Também pelas já expostas razões, de facto e de direito, não pode haver-se a hipoteca legal por meio adequado a assegurar a efectividade dos créditos da segurança social.

De tudo, lógica e factualmente, decorre que as normas constantes dos artigos 2.º do Decreto-Lei n.º 512/76 e 11.º do Decreto-Lei n.º 103/80 não violam o princípio da confiança caracterizador do Estado de direito democrático consagrado pelo artigo 2.º, da CRP. O carácter de generalidade dos privilégios creditórios justifica-se pela ideia de universalidade ligada ao património da empresa, às dificuldades verificadas para distinguir o património das empresas do dos seus titulares ou gestores e ainda à unificação, as mais das vezes, observável entre a personalidade da sociedade e a dos seus dirigentes e proprietários (desvalorização da personalidade colectiva).

O princípio da protecção da confiança resulta primeiramente do labor interpretativo da Convenção Europeia dos Direitos do Homem

---

[42] Ilídio das Neves, "Dto....", ob. cit., pp. 239 e ss. e 256.

*Curso de Direito Sancionatório da Segurança Social*     29

levado a cabo pelo Tribunal Europeu dos Direitos do Homem. O aludido princípio, na interpretação deste Tribunal, constitui um dos princípios gerais do direito comum dos Estados membros e é inerente a uma sociedade democrática[43].

Tanto no caso Duinhof e Duijf c. a Holanda, como no caso Sramek c. a Áustria o Tribunal decidiu que as instâncias jurisdicionais, tendo em vista a sua composição, não inspiravam a confiança que deviam inspirar numa sociedade democrática[44].

No direito constitucional português, Jorge Miranda equipara o Estado de direito democrático a Estado social de Direito e refere, incidentalmente, a violação de forma intolerável da segurança jurídica e da confiança das pessoas, "designadamente de lei tributária retroactiva", em certas condições[45]. Daqui se extrai que o princípio da confiança se aplica quando a violação é intolerável e em restritas condições.

Gomes Canotilho escreve "O Estado de direito dá segurança e confiança às pessoas": "...as pessoas – os indivíduos e as pessoas colectivas – têm o direito de poder confiar que aos seus actos ou às decisões públicas incidentes sobre os seus direitos, posições ou relações jurídicas alicerçadas em normas jurídicas vigentes e válidas ou em actos jurídicos editados pelas autoridades com base nessas normas se ligam os efeitos jurídicos previstos e prescritos no ordenamento jurídico"[46]. Quando se impede que os efeitos jurídicos previstos se produzam, então, sim, corre-se o risco da insegurança e da falta de confiança. É que "O princípio da protecção da confiança pode formular-se assim: o cidadão deve poder confiar em que aos seus actos, praticados de acordo com as normas jurídicas vigentes, se ligam os efeitos jurídicos duradouros previstos ou calculados com base nessas mesmas normas. Este princípio aponta basicamente

---

[43] L.E. Pettiti, E. Decaux e P. H. Imbert, "La convention Européenne des Droits de l'Homme", Economica, pp. 58/9.

[44] Vincent Berger, "Jurisprudence de la Cour européenne des Droits de l'homme", Sirey, pp. 57 a 60 e 140 a 142.

[45] "Manual de Dto Constitucional", Coimbra Ed., T IV, pp. 184/5.

[46] "Estado de direito", Cadernos democráticos, pp. 74/5.

para; (1) a proibição de leis retroactivas; (2) a inalterabilidade do caso julgado; (3) a tendencial irrevogabilidade de actos administrativos constitutivos de direitos"[47].

De tanto se conclui que a existência legal dos privilégios creditórios imobiliários gerais da segurança social é, por esse facto, insusceptível de pôr em causa a confiança das pessoas, bem como a fiabilidade que legalmente, e nos estritos limites legais, o registo merece.

No direito privado também o princípio da confiança assume particular relevo.

Em França, ao abrigo do que é designado por obrigação de lealdade, entende-se que ao devedor cabe executar fielmente os seus compromissos e que ao credor incumbe abster-se de dificultar o cumprimento do contrato[48].

Na Alemanha, aproxima-se o princípio da confiança do da boa--fé, uma vez que se considera que ele contém dois elementos: um orientado para a segurança jurídica e outro para a ética jurídica. Defende-se que "O ordenamento jurídico protege a confiança suscitada pelo comportamento de outrem e não pode deixar de a proteger, porque poder confiar, como vimos, é condição fundamental para uma pacífica vida colectiva e uma cooperação entre os homens e, portanto, para a paz jurídica"[49].

O mesmo autor prossegue explanando os vários domínios do direito privado em que o princípio da confiança joga mais importante papel. Logo chega ao da aquisição de direitos, em especial, o

---

[47] Gomes Canotilho, "Dto Const.", Almedina, 4ª ed., p 331. Sobre o princípio da confiança no direito administrativo: art. 6º-A do Código de Procedimento Administrativo; M. Esteves de Oliveira, PC Gonçalves e J. P. Amorim, "C.P.A Anotado", Almedina, 2ª ed., nota V, ao cit. art. e M. Rebelo de Sousa, "Lições D. A", 1994/5, pp. 140 e ss. No direito da segurança social, Ilídio das Neves, "Dto", ob. cit., p. 574.

[48] A. Weil e F. Terré, "Droit civil – Les obligations", Dalloz, 3ª ed., pp. 397/8.

[49] Karl Larenz, "Richtiges Recht", trad. esp. de Luís Diez-Picasso, Civitas, p. 91.

de propriedade. Socorre-se da força do registo predial, mas explana as situações limitadoras da exactidão do que consta do registo predial e conclui que "as regulações jurídicas procuram com frequência pontos intermédios entre vários princípios e que podem ser pensadas diferentes soluções que se podem entender todas como "Direito justo". "Pontos intermédios" encontram-se consagrados em vários ordenamentos registrais de países europeus e sul-americanos[50].

Entre nós, a questão da protecção da confiança é longamente aflorada por António Menezes Cordeiro[51]. Reproduz-se o que mais directamente é aplicável: "Sabe-se que, quando a boa-fé traga implícita a protecção pura da confiança, surgem tensões no sentido de ela ser mera noção psicológica: acredita-se ou não. Desfazendo dúvidas, e tendo em conta o valor ameaçado – a propriedade das partes – o art. 291.º, n.º 3, define a boa-fé em termos éticos: *"é considerado de boa-fé o terceiro adquirente que no momento da aquisição desconhecia, sem culpa, o vício do negócio nulo ou anulável"*. A referência à culpa implica a presença de deveres de diligência e de cuidado que levam as pessoas, sobretudo perante bens registáveis não registados – já que é esse o âmbito de aplicação do art. 291.º em estudo – a um mínimo de precauções, para não incorrer nas consequências de um negócio viciado"[52].

Retenha-se a ideia fundamental: as pessoas que fazem negócios de bens registáveis têm deveres de diligência e de cuidado que as devem levar a um mínimo de precauções. Se assim procederem, e não praticarem o contrário com má-fé, não será a legal existência dos privilégios creditórios imobiliários gerais da segurança social que viola o Estado de direito democrático, que infringe o princípio da confiança, que retira a fiabilidade ao registo predial, que destrói a segurança do comércio jurídico e que quebra a igual condição dos credores.

---

[50] "Regesta" – Rev. de Dto Registral, n.os 6-7, 1995.

[51] "Da boa-fé no Dto. Civ.", Almedina, vol. I, pp. 415 e ss.

[52] Loc. cit., pp. 485/6 e sobre a tutela da confiança do mesmo A., "Da alteração das circunstâncias", AAFDL, pp. 51 e ss.

**3.1.4.4.5.** Apreciação final

A questão posta é muito delicada, dados os interesses em confronto e é uma questão de antigas raízes.

Quando em 25/11/66, o art. 8.° do Decreto-Lei n.° 47 344 (Decreto-Lei que aprovou o Cód. Civ. vigente), visou abolir os privilégios creditórios anteriormente criados, as preocupações já eram parecidas com as que merecem hoje ponderação.

Perante a força do privilégio creditório e face à ausência de publicidade que o caracteriza, esta garantia beneficia o credor titular de um interesse público e geral, merecedor de protecção e defesa, mas, ao mesmo tempo, representa um perigo para os demais credores[53]. Há então que ponderar qual dos interesses envolvidos é o que merece ao legislador maior prevalência. É compreensível que os credores privados, porventura mais diligentes que os públicos, se sintam muitas vezes desfavorecidos quando se confrontam com créditos privilegiados.

Na esteira do Ac. do TC, n.° 160/2000, Armindo Ribeiro Mendes[54] – defende: "Como o Estado pode registar hipotecas legais para garantia dos seus créditos, impõe-se-lhe que seja diligente e proceda a tal registo, em vez de ficar confortavelmente à espera, confiando nesses privilégios ocultos, verdadeiras ratoeiras para os interesses e direitos de terceiras pessoas".

As considerações expostas referem-se aos privilégios que garantem créditos titulados pelo Estado, pela segurança social e por certas pessoas colectivas de direito público, mas há também os privilégios gerais mobiliário e imobiliário que garantem as retribuições dos trabalhadores por conta de outrem, nos termos da Lei n.° 17/86, de 14 de Junho, alterada pela lei n.° 96/2001, de 20 de Agosto.

O Ac. do STA de 17/11/99, rec. n.° 24 119, afirma que esses créditos gozam de privilégio imobiliário geral, tal como o Ac. do STJ de 18.11.1997, BMJ-471-325.

---

[53] Pessoa Jorge, loc. cit., pp. 82/83.
[54] Diário de Notícias de 22/05/2000.

*Curso de Direito Sancionatório da Segurança Social*

Para justa salvaguarda dos direitos dos trabalhadores não se colocou a questão da inconstitucionalidade do privilégio imobiliário geral que os garante. Mas os argumentos para a sustentar são os mesmos, logo impor-se-iam as mesmas conclusões. Contudo, a solução legislativa de extinguir de vez todos, dizemos, todos os privilégios creditórios, afigura-se a dotada de maior rigor lógico em conformidade com a racionalidade liberal que preside ao funcionamento do mercado numa "sociedade aberta". Mas esse extremo liberal deverá servir de objectivo, mas temperado por uma perspectiva histórica e por uma perspectiva reguladora do Estado. Por uma perspectiva histórica, porque não há saltos bruscos nas modificações evolutivas das sociedades e numa perspectiva reguladora do Estado, porque se reconhece que nas sociedades complexas actuais sem ela o próprio mercado acaba por não funcionar. Donde resulta que o campo de vigência e eficácia dos privilégios creditórios deverá ser restringido não abruptamente, antes passo a passo, em harmonia com a capacidade de resposta, em termos de mercado e de igualdade de credores, dos credores hoje privilegiados.

Tudo, de preferência realizado em sede de revisão constitucional, por via legislativa ou administrativa, para que os credores privilegiados que gerem o dinheiro de todos os cidadãos e dos contribuintes não sejam surpreendidos pelas decisões judiciais. É que, neste domínio, a lógica rigorosa e científica dos princípios deve ser sopesada com a realidade que nem sempre corresponde às mais acertadas e nobres intenções dos homens.

## 4. O sujeito passivo: obrigação e dívida tributárias

A distinção entre obrigação e dívida tributária remonta ao início do século XX, tendo origem no "Précis de Droit Fiscal" de Von Mirbach Rheinfeld e tendo como defensores, em Portugal, Salazar e Martinez.

A obrigação tributária nasce com a previsão legal, a dívida só nasce quando alguém pratica um facto que preenche a obrigação.

Desta concepção parte Saldanha Sanches para defender a existência de uma relação jurídica fiscal e de uma relação obrigacional fiscal[55]. O objecto da relação jurídica fiscal ou tributária seria a prestação pecuniária tributária e o da relação obrigacional tributária seria a prestação de um conjunto de acções a praticar pelo sujeito passivo, que existem por causa do tributo e das quais se destacam os deveres de cooperação.

O n.º 3 do art. 18.º, da Lei Geral Tributária dispõe que "*o sujeito passivo é a pessoa singular ou colectiva, o património ou a organização de facto ou de direito que, nos termos da lei, está vinculado ao cumprimento da prestação tributária, seja como contribuinte directo, substituto ou responsável*".

Temos assim uma dupla caracterização do sujeito passivo: com base no critério da existência ou não da personalidade jurídica e com base no critério da posição do sujeito passivo em relação ao sujeito activo.

Há sujeitos tributários passivos sem personalidade jurídica, designadamente: o agregado familiar, as sociedades comerciais irregulares, o estabelecimento estável. Outros casos há em que o sujeito passivo tem personalidade jurídica e o direito tributário a não toma em consideração.

Nestes casos verifica-se um fenómeno de desconsideração ou desvalorização da personalidade jurídica das sociedades comerciais[56].

Sob o ponto de vista das posições intersubjectivas devemos distinguir de acordo com o disposto nos n.ºs 3 e 4, do cit. art. 18.º entre contribuinte directo, substituto e responsável.

A noção de contribuinte, segundo Saldanha Sanches, corresponde essencialmente a uma relação puramente fáctica: tanto é contribuinte o cidadão directamente onerado com o imposto sobre o

---

[55] "Manual", pp. 106 e 107.

[56] Cf. Pedro Cordeiro, "A desconsideração da personalidade jurídica das sociedades comerciais", AAFDUL e A. Menezes Cordeiro, "O levantamento da personalidade colectiva", Almedina.

rendimento pessoal, como o consumidor/comprador de uma garrafa de vinho do Porto[57]. Concepções diferentes adoptam, por exemplo, José Casalta Nabais e Rui Correia de Sousa. Para o primeiro o contribuinte "é a pessoa relativamente à qual se verifica o facto tributário, o pressuposto de facto ou o facto gerador do imposto, isto é, o titular da manifestação de capacidade contributiva que a lei tem em vista atingir e que, por conseguinte, deve suportar a ablação ou desfalque patrimonial que o imposto acarreta". Para o segundo dos AA cits., "*Contribuinte* é a pessoa incumbida por lei de cumprir obrigações tributárias em nome de um seu representado ou de entregar o *Tributo* devido por uma relação jurídico-tributária à qual pode ser estranho"[58].

Nenhum dos AA cits. releva a menção legal relativa ao contribuinte, ou seja, a lei refere-se ao contribuinte *directo*. Quererá o legislador dizer que também existe um contribuinte indirecto? O que a lei geral tributária consagra é a proteiformidade do sujeito passivo: contribuinte directo, substituto ou responsável. Portanto, concluímos, na esteira de Alberto Xavier, que o contribuinte directo é o ente com capacidade tributária que a lei pretende que pague o tributo[59]. Contribuintes indirectos serão os substitutos e os responsáveis.

Anote-se, de passagem, que o CPPT no art. 9.º menciona ainda os "outros obrigados", que podem ser os sucessores ou garantes.

A substituição tributária está consagrada no art. 20.º da LGT. Para Manuel Pires "diz-se substituto tributário a pessoa que, por força da lei e a título principal, está colocada, desde o início, em situação de dever cumprir a obrigação de imposto, relativamente a pressupostos de facto que, em relação a ela, não se verificaram"[60]

A responsabilidade tributária, seus conceito e regime, estão estabelecidos nos arts. 22.º e 23.º da LGT. Há responsáveis

---

[57] "Manual", p. 110.

[58] In "Dto. Fiscal" p. 213 e "Lei geral tributária – anotada e comentada", Quid juris, p. 55, respectivamente.

[59] "Manual",, pp. 353 e ss.

tributários sempre que o cumprimento da dívida tributária pecuniária, os juros e os demais encargos legais podem ser exigidos a outras pessoas que não são o devedor tributário originário. A responsabilidade tributária é em regra geral subsidiária. A responsabilidade tributária subsidiária efectiva-se por reversão em processo de execução fiscal.

O processo de execução fiscal das dívidas contributivas à segurança social era organizado pelos serviços periféricos locais da administração tributária, ou seja, pelas repartições de finanças ou serviços de finanças – cf. art. 149.º, do CPPT.

Era assim, porque o processo de execução fiscal abrange a cobrança coerciva dos "tributos" – cf. art. 148.º, do CPPT.

A expressão "tributos" é abrangente.

Os "tributos" podem ser fiscais e parafiscais, estaduais, regionais e locais – cf. art. 3.º, da LGT. Os "tributos" compreendem os *impostos*, e outras espécies tributárias criadas por lei, designadamente as taxas e demais contribuições financeiras a favor de entidades públicas[61].

A jurisprudência é uniforme em submeter à jurisdição dos tribunais fiscais os litígios respeitantes às contribuições patrimoniais para a segurança social[62].

As contribuições para a segurança social que advêm da retenção na fonte de parte dos salários configuram uma situação de substituição tributária. No caso de não serem entregues pontualmente geram uma situação de responsabilidade tributária subsidiária que envolve os corpos sociais e responsáveis técnicos nos moldes

---

[60] "Direito Fiscal", p. 257.

[61] Alfredo José de Sousa e José da Silva Paixão, "CPPT – comentado e anotado", Almedina, 2000, p. 360.

[62] Cf. Acs do STA de 27/2/91, 29/5/96 e 3/10/97, cujos sumários se encontram transcritos em Diogo Leite de Campos, Benjamim Silva Rodrigues e Jorge Lopes de Sousa, "LGT – comentada e anotada", Vislis, 2ª ed., pp. 48 e ss. e Ac. do TC n.º 183/96, in "Textos de jurisprudência fiscal constitucional" seleccionados por Eduardo Paz Ferreira, R. M. Fernandes Ferreira e O. A. Mota Amador, AAFDUL, vol. I, t I, pp. 859 e ss.

hoje vertidos no art. 24.º, da LGT e no art. 13.º, do cit. Decreto-Lei n.º 103/80[63].

## 5. A prestação e o não cumprimento

A prestação contributiva para a segurança social compreende prestações de facto (de facere) e a prestação de uma quantia certa.

A prestação de factos consiste no dever de elaborar e entregar uma declaração dos tempos de trabalho e das remunerações – Decreto-Lei n.º 140-D/86, de 14 de Julho. Essa declaração escrita consta de um documento designado por "folha de remunerações". Documento este substituível por suporte magnético. É claro que estamos a tratar do regime geral relativo aos trabalhadores por conta de outrem.

Esse documento deve ser entregue ou enviado pelo sujeito passivo às instituições de segurança social até ao dia 15 do mês seguinte àquele a que as remunerações dizem respeito. Também pode ser o trabalhador a fazê-lo – Decreto-Lei n.º 124/84, de 18 de Abril, regulamentado pelo Despacho Normativo n.º 123/84 de 22 de Junho e alterado pelo Decreto-Lei n.º 201/95, de 1 de Agosto.

Que efeitos tem a entrega deste documento?

Em primeiro lugar constitui o cumprimento da prestação do facto tributário contributivo; em segundo lugar, dá a conhecer a base de incidência das contribuições; em terceiro lugar, declara a liquidação das contribuições; em quarto lugar e operado o cálculo, faz nascer a prestação pecuniária; em quinto lugar, aspecto que não vem ao nosso caso, faz nascer o direito às prestações sociais.

A base de incidência das contribuições é composta pelas remunerações. Todavia, nem tudo o que é pago ao trabalhador inte-

---

[63] O art. 13º do Decreto-Lei n.º 103/80 tem sido julgado constitucional – cf. Ac do TC n.º 379/2000, Proc. n.º 559/99, pub. no DR, II S, de 5/12/2000, pp. 19586 e ss. que cita, no mesmo sentido, o Ac. do TC n.º 328/94, de 13 de Abril, DR, II S, 9/11/94.

gra a base de incidência das contribuições. A descrição das remunerações que são base de incidência das contribuições e das que não são trata o Decreto Regulamentar n.º 12/83, de 12 de Fevereiro[64].

A liquidação das contribuições consiste na determinação concreta e exacta do montante pecuniário das contribuições a pagar e que resulta da aplicação das taxas legais à respectiva base de incidência.

O procedimento de liquidação compreende três fases: a declarativa, em que o contribuinte quantifica e qualifica as remunerações que servem de base à incidência; a constitutiva, em que através da liquidação se calcula a dívida pecuniária contributiva a pagar e a executiva, em que o contribuinte procede ao pagamento voluntário, nas instituições de crédito que tenham acordo com o Instituto de Gestão Financeira da Segurança Social, ou no caso de pequenas quantias, nas tesourarias dos serviços de segurança social.

Sempre que não ocorra a liquidação feita pelas entidades patronais, as instituições de segurança social, adquirem competência para procederem administrativamente à liquidação oficiosa.

Para o não cumprimento voluntário das prestações contributivas prevê o ordenamento jurídico reacções de índole fiscal, administrativa e penal. Nesta ocasião abordamos as reacções fiscais. Adiante analisam-se as demais.

### 5.1. *As consequências tributárias do não cumprimento voluntário das obrigações contributivas*

De entre as referidas consequências tributárias ou reacções previstas nas leis tributárias ao incumprimento voluntário, cumpre relevar os poderes e as proibições emergentes; os juros e o processo de execução fiscal ou contributiva.

---

[64] Cf. Apelles da Conceição, "Manual prático", Rei dos Livros, 6ª ed., pp. 75 ss.

### 5.1.1. Poderes e proibições

O Decreto-Lei n.º 411/91, de 17 de Outubro, no seu art. 11.º, compele o Estado e as outras pessoas colectivas de direito público a reter até 25% dos subsídios, dos financiamentos e dos pagamentos que hajam de fazer a contribuintes do regime geral de inscrição obrigatória, com empregados por conta de outrem. Por outras palavras, com menor rigor e mais expressivamente: às empresas que não exibam declaração comprovativa de situação contributiva regularizada serão retidos pelo Estado e pelas outras pessoas colectivas de direito público 25% dos subsídios ou dos financiamentos ou dos pagamentos a que tenham direito. As quantias assim retidas são depositadas na Caixa Geral de Depósitos, à ordem do Instituto de Gestão Financeira da Segurança Social.

Por força do disposto no artigo 14.º, do cit. Decreto-Lei, as empresas que não tenham a situação contributiva regularizada não podem celebrar certos contratos com determinadas entidades; não têm livre acesso e utilização do mercado bolsista; não beneficiam dos apoios dos fundos comunitários e estão proibidas de distribuir lucros do exercício.

O artigo 17.º, do cit. Decreto-Lei, estabelece que a falência da empresa pode ser requerida sempre que ocorra a falta de pagamento das contribuições mensais, durante mais de seis meses seguidos, ou doze interpolados, factos que fazem presumir a incapacidade financeira, pressuposto processual do requerimento da falência. Este regime está hoje alterado pelo artigo 8.º, do Decreto-Lei n.º 132/93, de 23 de Abril (Código dos Processos Especiais de Recuperação da Empresa e de Falência), com a redacção dada pelo Decreto-Lei n.º 315/98, de 20 de Outubro, que exige factos presuntivos da situação de falência diferentes e, porventura, menos extensos. Efectivamente, para que a falência possa ser requerida por um credor, basta, nomeadamente, que haja um incumprimento de uma obrigação, desde que ele seja significativo da impossibilidade de satisfazer pontualmente a generalidade das suas obrigações.

### 5.1.2. *Juros compensatórios*

Os juros compensatórios – arts. 30.°, n.° 1, d), 35.° e 40.°, n.° 4, c) da LGT – são o contraponto dos juros indemnizatórios – arts. 43.° da LGT e 61.°, do CPPT.

O contribuinte deverá pagar juros compensatórios sempre que um facto censurável que lhe seja imputável constitua causa adequada de atraso na liquidação das contribuições devidas. Tal acontecerá, por exemplo, quando a entidade patronal alterar dolosamente as categorias profissionais dos trabalhadores por sua conta, assim fazendo diminuir as remunerações respectivas e, ao declará-las assim na folha de remunerações, fizer uma errada liquidação, impondo um atraso à liquidação correcta. Durante o período de tempo que medeia entre a data do pagamento voluntário e a data em que o pagamento vier a ser cumprido, contam-se juros compensatórios.

Para que haja lugar à obrigação de juros compensatórios exige-se o concurso de três requisitos ou elementos constitutivos: retardamento de liquidação ou recebimento de reembolso superior ao devido; ser a contribuição devida e haver culpa (dolo ou negligência) do contribuinte por aquele retardamento – vd. Ac. STA recurso n.° 12 649, in Apêndice ao DR, 14/04/97.

Os juros compensatórios têm por fim indemnizar o credor pelo lapso de tempo durante o qual ele não pode dispor da quantia das contribuições em dívida. Os juros compensatórios não têm natureza sancionatória em sentido restrito – Ac. STA de 29/01/92, recurso n.° 13 671, publicado no Apêndice ao DR de 30/12/93. O Ac. do TC n.° 628/96, reconhece-os na esfera do direito sancionatório fiscal em sentido lato.

Os juros compensatórios integram-se na própria dívida contributiva e são liquidados conjuntamente com ela. A taxa vigente dos juros compensatórios é de 7% ao ano – art. 559.° do Cód. Civ. e Portaria n.° 236/99, de 12 de Abril, diferente, portanto, da relativa aos créditos de que sejam titulares as empresas comerciais que é de 12% – Portaria n.° 237/77, de 12 de Abril. A taxa dos juros indemnizatórios é igual à dos juros compensatórios.

*Curso de Direito Sancionatório da Segurança Social* 41

### 5.1.3. *Juros de mora*

O regime geral da mora do devedor encontra-se nos arts. 804.º e ss do Cód. Civ. Face ao disposto no número 2 do cit. artigo considera-se que o devedor se constitui em mora quando, por causa que lhe seja imputável, a prestação, ainda possível, não for efectuada no tempo devido.

"A mora, pode, contudo, revestir duas modalidades:

1. Mora *solvendi* ou *debitoris* – se deriva do devedor;

2. Mora *accipiendi* ou *creditoris* – se deriva do credor.

A primeira é a que, perante a prestação tributária, surge como regra; a segunda como mera excepção"[65].

Em ambos os casos se geram juros de mora. O direito a juros de mora do devedor ou do sujeito passivo de tributos tem fundamento nos arts. 17.º e 18.º, n.º 1 da CRP e está previsto nomeadamente para a situação descrita no n.º 2, do art. 102.º da LGT. O direito a juros de mora de que é titular o contribuinte está para além do objecto deste trabalho.

O regime jurídico dos juros de mora devidos à segurança social tem duas componentes: uma, a primeira, que é o regime comum aos tributos e outra, a segunda, que é a específica. Sendo desde já de assinalar que a específica é remissiva para a primeira, salvo quanto aos prazos para pagamento das contribuições – art. 16.º, do cit. Decreto-Lei n.º 411/91.

Esgotado o prazo para o pagamento voluntário, e se este não se encontrar efectuado, o devedor entra em mora e, além das contribuições, passa a dever os juros de mora que se forem vencendo até ao pagamento, salvo se coexistirem causas de exclusão da culpa (mora do credor, caso fortuito ou de força maior) – arts. 798.º e 799.º, do Cód. Civ., 44.º da LGT, 86.º, do CPPT e Decreto-Lei n.º 73/99, de 16 de Março.

---

[65] Em "Juros de mora", CTF, 1965, p. 50. Ver o regime geral em Rita Lynce de Faria "A mora do credor", Lex, Lisboa.

A natureza jurídica dos juros de mora a favor dos credores tributários tem merecido díspares respostas: obrigação acessória da obrigação tributária; sanção pela falta de pagamento; indemnização de perdas e danos; modificação da obrigação tributária e taxa compulsiva.

A natureza de obrigação acessória decorre do facto de a obrigação de juros de mora não nascer sem que previamente tenha nascido e exista a obrigação tributária e também pelo facto de se deixarem de contar quando se extingue a obrigação tributária.

Todavia, a natureza acessória não contende com todas as demais respostas[66].

Mouteira Guerreiro, considera os juros de mora como sanção de carácter civil e, na esteira da doutrina dominante, confere-lhes a natureza de indemnização devida pelo contribuinte[67].

O Cons. Jorge Lopes de Sousa nega a natureza de sanção aos juros de mora e reconhece-lhes simultaneamente natureza reparadora e compulsória. Reparadora, porque á a própria dos juros de mora no direito civil, a falta de pagamento priva o credor da quantia correspondente o que constitui causa de presumidos prejuízos – art. 806.º, do Cód. Civ. – e compulsória porque a taxa de 1% aplicável ao atraso de um dia no pagamento é claramente desproporcionada em relação ao regime geral de 7% ao ano. Daí concluir que a natureza dos juros de mora não é "primacialmente reparadora" mas é também compulsória, pois a onerosidade da sua taxa visa compelir o devedor ao pontual cumprimento da obrigação pecuniária devida[68].

Os juros de mora contam-se no caso do não pagamento no prazo legalmente previsto e incidem sobre o montante da dívida contributiva.

---

[66] Cf. Rodrigues Pardal, "Juros compensatórios", CTF, n.º 114, pp. 43/4.
[67] Ob. cit., p. 46.
[68] "Juros nas relações tributárias" inserido em: Problemas fundamentais do direito tributário, Vislis ed., pp. 174 e ss. e também as anotações ao art. 86º do "CPPT – anotado", Vislis, pelo cit. A.

*Curso de Direito Sancionatório da Segurança Social*                43

A taxa dos juros de mora é de 1% se o pagamento se fizer dentro do mês de calendário em que se verificou a sujeição aos mesmos juros, aumentando-se uma unidade por cada mês de calendário ou fracção se o pagamento se fizer posteriormente – n.° 1 do art. 3.° do cit. Decreto-Lei n.° 73/99.

Aquela taxa é reduzida a 0,5% para as dívidas cobertas por garantias reais constituídas por iniciativa do credor ou por ele aceites e para as dívidas cobertas por garantia bancária – cf. n.° 3 do cit. art.. Por força do n.° 5 do cit. art. pode ser aquela taxa reduzida por despacho do ministro de que dependa a entidade credora no âmbito ou de um contrato de consolidação financeira e reestruturação empresarial – art. 2.°, do Decreto-Lei n.° 14/98, de 28 de Janeiro e 2.° e 3.°, do Decreto-Lei n.° 81/98, de 2 de Abril – ou de um processo especial de recuperação da empresa. A referida redução ministerial pode aplicar-se aos devedores que, pela sua natureza jurídica não tenham acesso à celebração de contrato de consolidação financeira e reestruturação empresarial ou a processo especial de recuperação da empresa – n.° 6, do art. 3.°, do cit. Decreto-Lei n.° 73/99.

O prazo máximo de contagem dos juros de mora é de três anos. Porém, nos casos de pagamento em prestações, os juros de mora são contados até ao termo do prazo de pagamento das prestações, sem que, no entanto, possam exceder os cinco anos – art. 44.°, da LGT.

### 5.1.4. *Da execução contributiva*

Constatado o incumprimento, o contribuinte devedor dispõe ainda de alguns meios legais que lhe permitem obviar à cobrança coerciva levada a cabo através do processo de execução contributiva.

Muito sucintamente esses meios de regularização e extinção das dívidas são os seguintes:

1.1. Contratos de consolidação financeira e de reestruturação empresarial – já referidos;

1.2. Processo extrajudicial de conciliação – Decreto-Lei n.º 316/98, de 20 de Outubro;

1.3. Código dos Processos Especiais de Recuperação de Empresa e de Falência – já referido;

1.4. Pagamento em prestações – art. 3.º do cit. Decreto-Lei n.º 411/91 e 196.º do CPPT;

1.5. Dação em pagamento – arts. 837.º e ss, do Cód. Civ., 8.º do cit. Decreto-Lei n.º 411/91 e 87.º e 201.º do CPPT;

1.6. Compensação – arts. 847.º e ss. do Cód. Civ., 10.º do cit. Decreto-Lei n.º 411/91 e 89.º e 90.º do CPPT;

1.7. Cessão ou alienação dos créditos contributivos e sub--rogação – arts. 9.º do cit. Decreto-Lei n.º 411/91, 10.º do Decreto-Lei n.º 124/96, de 10 de Agosto, alterado pelo Decreto-Lei n.º 235-A/96, de 9 de Dezembro, e 91.º e 92.º do CPPT;

1.8. Conversão de créditos contributivos em capital social do devedor – art. 12.º do cit. Decreto-Lei n.º 411/91 e 9.º do cit. Decreto-Lei n.º 124/96.

Os meios mencionados não são incompatíveis com o processo de execução contributiva, mas podem, em certas circunstâncias, provocar a sua suspensão e outros têm regimes diferentes consoante ocorram antes ou depois da instauração do processo de execução tributária.

Na ausência do cumprimento e dos meios acima descritos, "sob pena de generalização das situações de incumprimento" resta à segurança social proceder ao cumprimento coercivo ou forçado mediante a instauração ao faltoso de um processo de execução contributiva[69]. O processo executivo comum, está regulado nos arts. 45.º e ss e 801.º e ss do Cód. Proc. Civ.

---

[69] Saldanha Sanches, "Manual", p. 118.

Para a instauração dos processos de execução das dívidas contributivas à segurança social, são competentes as delegações distritais do Instituto de Gestão Financeira da Segurança Social que possuem, para o efeito, órgãos de execução designados por secções de processo executivo do sistema de solidariedade e segurança social – Decreto-Lei n.º 42/2001, de 9 de Fevereiro.

Segundo o mesmo diploma legal (art. 1.º), são susceptíveis de execução as dívidas à segurança social, ou seja, todas as contraídas perante as instituições do sistema de solidariedade e segurança social, pelas pessoas singulares e colectivas e outras entidades a estas legalmente equiparadas, designadamente as relativas a contribuições sociais, taxas, incluindo os adicionais, juros, reembolsos, reposições e restituições de prestações, subsídios e financiamentos de quaisquer natureza, coimas e outras sanções pecuniárias relativas a contra-ordenações, custas e outros encargos legais.

Para a instauração e instrução do processo de execução é competente a delegação do distrito da sede ou da área de residência do devedor.

Servem de base à execução os títulos executivos. São títulos executivos as certidões de dívida emitidas, nos termos legais, pelas instituições de solidariedade e segurança social – arts. 7.º do cit. Decreto-Lei n.º 42/2001 e 162.º e ss do CPPT.

Nos processos de execução tributária relativos às dívidas à segurança social, aplica-se o referido Decreto-Lei n.º 42/2001 e, por remissão deste, a legislação específica da segurança social, a Lei Geral Tributária e o Código de Procedimento e Processo Tributário. Daí se infere que o regime jurídico do procedimento e do processo concernentes à cobrança das dívidas à segurança social é fundamentalmente o estabelecido no CPPT – art. 6.º do cit. Decreto-Lei n.º 42/2001.

No processo de execução contributiva têm legitimidade passiva, isto é, podem ser executados, os devedores originários, os seus sucessores e os garantes que se tenham obrigado como principais pagadores.

Os responsáveis subsidiários são chamados à execução, ou quando inexistem bens penhoráveis do devedor e seus sucessores, ou quando, face aos elementos disponíveis nos autos, se verifica uma fundada insuficiência do património do devedor para pagamento da dívida exequenda e acrescido (juros e custas) – art. 153.º do CPPT.

Quando o património do devedor originário, o dos seus sucessores e o dos devedores solidários se mostrem insuficientes para integral pagamento das dívidas contributivas e do acrescido, e depois de excutidos os bens penhoráveis do executado originário, a execução fiscal reverte contra terceiros adquirentes dos bens do devedor originário, contra o antigo possuidor e contra os responsáveis subsidiários no caso de haver substituição tributária – arts. 157.º a 159.º do CPPT e 23.º da LGT.

A substituição tributária contributiva ocorre quando as contribuições para a segurança social são exigidas aos administradores e gerentes das sociedades, cooperativas e empresas públicas, através do mecanismo da retenção das prestações contributivas respeitantes aos trabalhadores[70].

A responsabilidade subsidiária efectiva-se por reversão no processo de execução fiscal.

Os administradores, directores, gerentes e outras pessoas que exerçam, ainda que somente de facto, funções de administração nas sociedades, cooperativas e empresas públicas, são (também) subsidiariamente responsáveis em relação a estas e solidariamente entre si: a) *Pelas dívidas tributárias cujo facto constitutivo se tenha verificado no período de exercício do seu cargo ou cujo prazo legal de pagamento ou entrega tenha terminado depois deste, quando, em qualquer dos casos, tiver sido por culpa sua que o património da sociedade se tornou insuficiente para a sua satisfação; b) Pelas dívidas tributárias cujo prazo legal de pagamento ou entrega tenha terminado no período do exercício de seu cargo, quando não provem que não lhes foi imputável a falta de pagamento* – art. 24.º da LGT.

---

[70] Vd. Jorge Lopes de Sousa, "CPPT", nota 2 ao art. 159º.

Em determinadas circunstâncias legalmente previstas igualmente são responsáveis os membros dos órgãos de fiscalização, os revisores oficiais de contas e os técnicos oficiais de contas – n.ºs 2 e 3 do cit. artigo da LGT.

"O presente artigo remodela novamente pela quarta vez em 11 anos, o sub-instituto controverso da responsabilidade subsidiária tributária dos administradores e gerentes das empresas e sociedades de responsabilidade limitada, uma espécie de figura da responsabilidade subsidiária tributária ..."[71].

Mas ao longo do tempo o regime sofreu profunda evolução. O Decreto-Lei n.º 17 730, de 7 de Dezembro de 1929, consagrou uma responsabilidade objectiva: pelas dívidas da empresa ao Estado, independentemente da culpa, são responsáveis os administradores e gerentes que tenham exercido efectivamente essas funções[72].

Esta doutrina legal passou para o art. 16.º do Código de Processo das Contribuições e Impostos e foi posteriormente alterada para uma responsabilidade subjectiva, aquiliana, baseada na ilicitude e na culpa, pelo Decreto-Lei n.º 68/87, de 19 de Fevereiro que instituía o regime previsto no art. 78.º do Código das Sociedades Comerciais.

De acordo com o art. 16.º, do CPCI, *"por todas as contribuições, impostos, multas e quaisquer outras dívidas ao Estado, que forem liquidadas ou impostas a empresas ou sociedades de responsabilidade limitada, são pessoal e solidariamente responsáveis, pelo período da sua gerência, os respectivos administradores ou gerentes, e ainda os membros do conselho fiscal, nas sociedades em que o houver, se este expressamente sancionou o acto de que deriva a responsabilidade"*.

A interpretação do preceito levantou duas questões: 1ª, qual o período em que há responsabilidade? 2ª, São responsáveis os gestores de direito e não de facto?

---

[71] A. Lima Guerreiro, "Lei Geral Tributária – anotada", Rei dos Livros, p. 136.

[72] Cf. Ac. STA, de 6/3/96.

As respostas que vieram a obter maior apoio da doutrina e da jurisprudência foram, em resumo, as seguintes: 1ª, apenas os administradores ou gerentes efectivos, ou de facto, são os responsáveis, porque apenas estes praticam actos de administração ou de disposição, em nome e no interesse da sociedade, só os actos por eles praticados vinculam a sociedade perante terceiros[73]; os membros desses órgãos sociais das sociedades de responsabilidade limitada, que apenas ocupem de direito esses cargos, não serão responsáveis, pois não é da sua actuação que nascem as dívidas fiscais ou parafiscais, pelo simples facto de que não actuando não contribuem nem para a formação, nem para a concretização da vontade da pessoa colectiva; 2ª, os administradores ou gerentes são solidariamente responsáveis pelas dívidas fiscais e parafiscais que nasçam durante o período da sua gerência, ou que durante ele devam ser pagas.

Em relação às sociedades de responsabilidade ilimitada os sócios são solidariamente responsáveis com a sociedade pelas dívidas tributárias da sociedade.

Quanto às sociedades irregulares, porquanto revestem natureza de sociedades civis, funcionando como mera comunhão de bens, carecem de personalidade e de órgãos, por isso os seus sócios são directamente responsáveis.

A obrigação dos administradores ou gerentes, consagrada no cit. art. 16.º, era subsidiária em relação à da sociedade, mas solidária entre os membros dos órgãos. Dada a presunção legal, cabia a cada membro a prova de que não havia colaborado na constituição da dívida tributária – cf. art. 799.º, Cód. Civ.

Cumprindo a remissão ordenada pelo artigo único do Decreto-Lei n.º 68/87, os gestores das sociedades passam a ser responsáveis pelo pagamento das dívidas da empresa quando o seu património fosse insuficiente e tivesse havido inobservância culposa das disposições legais ou contratuais destinadas à protecção dos credores. O regime da responsabilidade, como escreve o Cons. Fernando Santos

---

[73] Cf. Acs. do STA de 1/6/94 e de 3/5/89, in Acs. Douts., 395-1273 e 339-382.

Serra, vê-se, desse modo, alterado: antes baseado num conceito de culpa funcional, passou agora a assentar na culpa subjectiva[74]. Os pressupostos desta responsabilidade tributária subsidiária passaram a ser quatro: "o dano, representado pela frustração do crédito fiscal pelo facto de o património social ser insuficiente para o satisfazer; a ilicitude, representada pela violação das disposições destinadas a proteger os interesses do credor público; a culpa, representada por uma conduta censurável dos gestores da sociedade; o nexo de causalidade entre o acto ilícito e culposo e a produção do dano"[75].

A vigência do Decreto-Lei n.° 68/87 fez com que se levantassem outras questões: Qual a natureza da sua norma única? Sobre quem passava a recair o ónus da prova da culpa? Qual o prazo de prescrição?

Se for considerado que a norma tem natureza substantiva e inovadora, só se aplica às dívidas nascidas após a data da sua entrada em vigor; se for considerada como interpretativa, aplica-se às dívidas anteriores, isto é, às que se tinham constituído sob a vigência do art. 16.° do CPCI, ficando salvos os efeitos já produzidos nos termos do n.° 1, do art. 13.° do Cód. Civ.

A doutrina tem defendido ora uma posição, ora outra. A jurisprudência não é uniforme, mas a largamente dominante julga o Decreto-Lei n.° 68/87 como substantivo e inovador, sem aplicação posterior à sua data de entrada em vigor.

Sob a vigência do Decreto-Lei n.° 68/87, a presunção de culpa do art. 16.° do CPCI deixa de aplicar-se. A remissão feita pelo citado Decreto-Lei, para o regime do art. 78.°, do Código das Sociedades Comerciais faz com que seja ao credor tributário que passa a incumbir provar que foi devido à actuação dos administradores ou gerentes que a sociedade constituiu a dívida tributária e não a pagou.

---

[74] Cf. Acs. do STA, de 11/5/94 e 5/7/95, Rel. Cons. Fernando Santos Serra, transcritos em J. A. Seabra de Figueiredo" A responsabilidade subsidiária dos gerentes ou Administradores na lei fiscal", Vida Económica, pp. 83 e ss.

[75] P. Pitta e Cunha e Jorge Costa Santos "Responsabilidade tributária dos administradores ou gerentes", Lex, p. 85.

O mesmo regime do art. 78.° do CSC deve ser aplicado à prescrição. Assim, nos termos do art. 498.°, do Cód. Civ., a responsabilidade dos gestores prescreve ao fim de três anos e não ao fim de dez, como previsto no art. 34.° do CPT, para as contribuições e respectivos juros devidos pelas sociedades.

Também o legislador instituiu a responsabilidade dos administradores ou gerentes das sociedades de responsabilidade limitada pelo pagamento das contribuições e respectivos juros devidos por essas sociedades à segurança social. Responsabilidade solidária entre os membros dos órgãos sociais e subsidiária em relação às sociedades, devedores directos. Responsabilidade essa referenciada ao período da sua gerência – cf. art. 13.° do Decreto-Lei n.° 103/80, de 9 de Maio.

O regime descrito tinha por antecedente o disposto no art. 4.° do Decreto-Lei n.° 512/76, de 7 de Julho, e sempre foi interpretado como aplicando às dívidas contributivas à segurança social regras análogas às previstas no art. 16.° do CPCI, para as dívidas fiscais.

O Decreto-Lei n.° 68/87 também estabelecia que à responsabilidade dos administradores e gerentes, prevista no artigo 13.°, do Decreto-Lei n.° 103/80, se aplicava o regime do artigo 78.° do CSC. "Daqui se vê, clara e inequivocamente, que o legislador, ao"complementar" nos termos assinalados, o art. 16.° do CPCI e o art. 13.° do Decreto-Lei n.° 103/80, visou pôr fim a um "estatuto privilegiado" do Estado perante os credores sociais e, assim, mandou aplicar, naquele domínio, o regime geral do Código das Sociedades Comerciais"[76].

---

[76] Cf. cit. Ac. Do STA, de 11.5.94.

A questão do processo de reversão e da responsabilidade dos administradores e gerentes tem sido objecto de grande controvérsia doutrinária a que os manuais e as anotações aos códigos têm dado relevo. Há também artigos e monografias: Braz Teixeira, "A responsabilidade fiscal das pessoas colectivas e dos seus órgãos", CTF, n.° 59; Ruy de Albuquerque e Menezes Cordeiro, "Da responsabilidade fiscal subsidiária: a imputação aos gestores dos débitos das empresas à previdência e o art. 16° do Código de Processo das Contribuições e Impostos", CTF, n.°s 334/336, pp. 147 e ss; António Carvalho Martins, "Res-

Ao regime que acaba de se descrever sucedeu o configurado no art. 13.º do Código do Processo Tributário. O CPT foi aprovado pelo art. 1.º do Decreto-Lei n.º 154/91, de 23 de Abril, rectificado em 29/6/91 e alterado pela Lei n.º 52-C/96, de 27 de Dezembro.

O teor do art. 13.º era o seguinte:

*"1 – Os administradores, gerentes e outras pessoas que exerçam, ainda que somente de facto, funções de administração nas empresas e sociedades de responsabilidade limitada são subsidiariamente responsáveis em relação àquelas e solidariamente entre si por todas as contribuições e impostos relativos ao período do exercício do seu cargo, salvo se provarem que não foi por culpa sua que o património da empresa ou sociedade de responsabilidade limitada se tornou insuficiente para a satisfação dos créditos fiscais.*

---

ponsabilidade dos administradores ou gerentes por dívidas de impostos", 1ª ed. 1994 e 2ª ed. 1999; Ana Paula Dourado, "Substituição e responsabilidade tributária", CTF, n.º 391, pp. 31 e ss. e "A responsabilidade tributária dos gestores" Fisco, n.º 57, pp. 36 e ss; João Menezes Correia Leitão, "A substituição e a responsabilidade fiscal no direito português", CTF, n.º 388, pp. 93 e ss; Rui Barreira, "A responsabilidade dos gestores de sociedade por dívidas fiscais", Fisco, n.º 16, pp. 3 e ss.; J. L. Saldanha Sanches e Rui Barreira "Culpa no incumprimento e responsabilidade dos gerentes", Fisco, n.º 70/71, pp. 98 e ss; Diogo Leite de Campos, "A responsabilidade subsidiária, em direito tributário, dos gerentes e administradores das sociedades", ROA, 56 – II – pp. 477 e ss. e Paulo Saragoça da Matta, "O artigo 12° do Código Penal", Coimbra Ed.

Na jurisprudência, além dos cits. Acs. do STA, julgam questões pertinentes os seguintes: relatados pelo Cons. Santos Serra: Ac. do STA, de 6/11/96, rec. n.º 21025, 2ª Secção; Ac. STA, de 22/1/97, rec. n.º 19286, 2ª Secção; Ac. STA, de 11/5/94, rec. n.º 17804, 2ª Secção; relatados pelo Cons. Jorge de Sousa: Ac. STA, de 9/12/98, rec. n.º 22670, 2ª Secção; Cons. Jesus Costa, Ac. STA de 26/4/95, in Apêndice do DR, de 14/8/97, pp. 1124 e ss.; Cons. A. Madeira Bordalo, Ac. STA, de 5/6/96, rec. n.º 20609; Cons. Mendes Pimentel, Ac. STA, de 5/6/96, rec. n° 20616; Cons. Benjamim Silva Rodrigues, Ac. STA, de 5/6/95, in Apêndice do DR de 30/9/97, pp. 2029 e ss.

Sobre o art. 13°, do Decreto-Lei n.º 103/80, vd. Ac. do TC, de 13/4/94, pub. no DR, II S, de 9/11/94, pp. 11299 e ss.

*2 – A responsabilidade prevista neste artigo aplica-se aos membros dos órgãos de fiscalização e revisores oficiais de contas, nas sociedades em que os houver, desde que se demonstre que a violação dos deveres tributários das sociedades resultou do incumprimento das suas funções de fiscalização."*

O art. 13.º do Cód. Proc. Trib. manteve como pressupostos da responsabilidade subsidiária: a existência de dívidas da empresa; a insuficiência do seu património para as pagar; o exercício efectivo ou de facto dos cargos; a culpa dos gestores naquela insuficiência e, inovatoriamente, determinou que o ónus da prova da inexistência desta culpa cabe aos administradores e gerentes.

Quanto ao período a que respeita a responsabilidade subsidiária dos gestores a jurisprudência dominante vai no sentido de a fazer abranger o período em que a dívida tributária é exigida, bem como o período em que sucederam as situações ou os factos que fizeram nascer a dívida exequenda. A doutrina manteve-se dividida: para uns, a responsabilidade reporta-se ao momento em que sucederam os factos geradores do imposto; para outros, ao momento da cobrança do imposto.

O art. 13.º, do CPT, colocou em discussão a questão de saber se se está ou não perante uma manifestação da figura da descon-sideração ou levantamento da personalidade colectiva –[77].

A posição geralmente adoptada e pacificamente aceite defende a afirmativa[78]. Lima Guerreiro vai mais longe e conclui que o cit. art. 13.º adapta aquela figura às peculiaridades do Direito Fiscal e por isso aquela responsabilidade é especificamente fiscal[79]. Sofia de Vasconcelos Casimiro opina diferentemente: "O que sucede é que *não se retira algo* – que seria a personalidade ou a autonomia patrimonial da sociedade (que se mantém, apesar de só numa das suas vertentes) – mas antes *adiciona-se algo* que é

---

[77] Cf. nota 55.
[78] "Manual", pp. 136 a 139.
[79] "LGT, anot.", p. 140.

uma garantia pessoal, uma garantia de pagamento de dívidas alheias"[80].

"O regime do n.º 1 deste artigo (13.º) é aplicável nas execuções fiscais por contribuições para a Segurança Social (art. 46.º, n.º 2, da Lei n.º 28/84, de 14 de Agosto, por força do art. 4.º, do Decreto-Lei n.º 512/76, de 3 de Julho, e do art. 13.º do Decreto-Lei n.º 103/80, de Maio"[81].

O art. 24.º da Lei Geral Tributária, aprovada pelo Decreto-Lei n.º 398/98, de 17 de Dezembro, na redacção dada pelo art. 1.º, da Lei n.º 30-G/2000, de 29 de Dezembro, define, hoje, o regime da responsabilidade dos membros de corpos sociais e responsáveis técnicos:

*"1 – Os administradores, directores e gerentes e outras pessoas que exerçam, ainda que somente de facto, funções de administração ou gestão em pessoas colectivas e entes fiscalmente equiparados são subsidiariamente responsáveis em relação a estas e solidariamente entre si:*

*a) Pelas dívidas tributárias cujo facto constitutivo se tenha verificado no período de exercício do seu cargo ou cujo prazo legal de pagamento ou entrega tenha terminado depois deste, quando, em qualquer dos casos, tiver sido por culpa sua que o património da pessoa colectiva ou ente fiscalmente equiparado se tornou insuficiente para a sua satisfação;*

---

[80] In "A responsabilidade dos gerentes, administradores e directores pelas dívidas tributárias das sociedades comerciais", Almedina, pp. 169 a 177.

[81] Cf. Alfredo José de Sousa e José da Silva Paixão, "CPT – comentado e anotado", Almedina, 1991, nota 9, p. 47. Contra, defendendo uma tese original, mas sem razão, Paulo Sousa e Silva, "A responsabilidade tributária dos administradores e gerentes na LGT", ROA, 2000, III, pp. 1453/4: à execução das dívidas à segurança social continuaria a aplicar-se o regime do art. 78º do CSC, porque o Decreto-Lei n.º 68/87 continuaria a vigorar. Daí que esse regime devesse ser harmonizado, quanto àquelas dívidas, com o disposto no art. 24º da LGT.

*b) Pelas dívidas tributárias cujo prazo legal de pagamento ou entrega tenha terminado no período do exercício do seu cargo, quando não provem que não lhes foi imputável a falta de pagamento.*

*2 – A responsabilidade prevista neste artigo aplica-se aos membros dos órgãos de fiscalização e revisores oficiais de contas nas pessoas colectivas em que os houver, desde que se demonstre que a violação dos deveres tributários destas resultou do incumprimento das suas funções de fiscalização".*

O âmbito subjectivo desta responsabilidade passou a abranger os administradores, directores e gerentes e outras pessoas que exerçam funções de administração ou gestão, ainda que somente de facto e que essas funções sejam exercidas em pessoas colectivas e entes fiscalmente equiparados. Houve um claro alargamento quer ao nível dos responsáveis, quer ao nível dos entes que exerçam funções. O alargamento insere-se no objectivo da reforma tributária que visa alargar a base tributável, obtendo maior justiça fiscal e lutando contra a fraude e a abusiva evasão fiscais[82].

O âmbito subjectivo engloba ainda os órgãos de fiscalização e os revisores oficiais se o Estado provar que a violação dos deveres tributários foi causada pelo incumprimento das suas funções.

No âmbito subjectivo, definido na versão original da LGT, eram incluídos os técnicos oficiais de contas, mas a alteração de 2000 subtraiu-os a esta responsabilidade.

O âmbito objectivo alcançado pelo art. 24.°, n.° 1, da LGT diz respeito às dívidas tributárias que deviam ter sido pagas ou entregues.

As dívidas tributárias devem compreender todas as que decorram do não pagamento ou não entrega de tributos. Tributos são os definidos no n.° 1, do art. 3.°, da LGT, como podendo ser fiscais

---

[82] Cf. J. Pina Moura e R. Sá Fernandes – "A reforma fiscal inadiável", Celta, pp. 31 e ss.

*Curso de Direito Sancionatório da Segurança Social* 55

e parafiscais e, n.° 2, compreendem os impostos ... e outras espécies tributárias criadas por lei, designadamente as taxas e demais contribuições financeiras a favor de entidades públicas[83].

Face à grande amplitude do conceito legal de tributo, as contribuições para a segurança social serão qualificáveis como tributos parafiscais.

Os gestores ficam, não só responsáveis pelo pagamento das contribuições, juros e demais encargos, mas também pelo pagamento das coimas e das multas – cf. art. 112.°, da LGT.

O art. 24.°, em análise, equipara o pagamento à entrega.

A questão que se põe é a de saber se os gestores são responsáveis pelas dívidas por entregas por conta do imposto devido a final, o que acontece, por exemplo, no âmbito do Imposto sobre o Rendimento das Pessoas Colectivas (IRC).

A interpretação literal do preceito conduz a uma resposta afirmativa. No entanto, há que ter em conta que as quantias entregues são-no por conta, pois a dívida fiscal apenas se constitui a final[84]. Atendidas "considerações de justiça"[85] e, em bom rigor, as entregas por conta não têm por causa uma dívida tributária já existente antes, constituem tão somente uma antecipação do pagamento ou uma prestação de caução imposta por lei[86].

Aos responsáveis cabe o ónus de provar que lhes não é imputável a falta de pagamento (ou entrega) das dívidas tributárias cujo prazo legal de pagamento tenha terminado no período de exercício do seu cargo.

Cabe ao gestor provar que lhe não é imputável a falta de pagamento. Nesta hipótese, mantém-se o regime fixado pelo CPT: há inversão do ónus da prova, pois cabe ao gestor provar; cabe-lhe

---

[83] Cf. Sérgio Vasques, "A responsabilidade dos gestores na LGT", Fiscalidade, n.° 1, pp. 61 a 64.

[84] Cf. Leite de Campos, Benjamim Rodrigues e Jorge de Sousa, "LGT", cit., nota 10 ao art. 24°, p. 133; Isabel Marques da Silva, in "Probs. Funds." cit. p. 135 e João Menezes Correia Leitão, ob. cit., pp. 115 e ss.

[85] Cf. Isabel M. da Silva, ob. cit., p. 135.

[86] Cf. J. Menezes Leitão, loc. cit.

provar (prova diabólica) um facto negativo, a não imputabilidade da falta, a ausência de culpa e, à Fazenda Pública, cabe passiva e interessadamente espectar.

Quanto às dívidas tributárias cujo facto constitutivo se tenha verificado no período do exercício do seu cargo ou cujo prazo legal de pagamento ou de entrega tenha terminado depois dele, os gestores são responsáveis se a administração fiscal provar que o património do devedor originário se tornou insuficiente para a sua satisfação por culpa dos responsáveis.

O regime estabelecido traduz um tratamento de favorecimento do credor Estado em relação aos credores privados. É que, nas situações em que o gestor se confronte com a opção de pagamento a credores privados (designadamente, os institucionais e os trabalhadores), ou a credores públicos (nomeadamente, a Fazenda Pública e a segurança social), será tentado a pagar àqueles preterindo estes. Daí a tentativa do legislador de evitar que assim aconteça[87].

A obrigação de pagamento das cotizações e das contribuições prescreve no prazo de cinco anos a contar da data em que aquela obrigação deveria ter sido cumprida – n.º 2, do art. 63.º, da Lei n.º 17/2000, de 8 de Agosto – sobre a prescrição em geral – cf. arts. 298.º e 304.º, do Cód. Civ. e sobre a prescrição das dívidas tributárias em oito e cinco anos – cf. art. 48.º, da LGT.

### 5.1.4.1. O processo de execução

A LGT e o CPPT aplicam-se ao processo de execução para a cobrança coerciva das cotizações e das contribuições para a segurança social por força do disposto nos arts. 112.º, da cit. Lei n.º 17/2000; 13.º, do Decreto-Lei n.º 403/80; 25.º, do Decreto-Lei n.º 411/91; 2.º, do CPPT; 2.º e 3.º, da LGT e 6.º do Decreto-Lei n.º 42/2001, de 9 de Fevereiro.

---

[87] Cf. Saldanha Sanches,. "Manual" cit. p. 136; Sérgio Vasques, loc. cit. p. 58 e José Casalta Nabais, "Direito Fiscal", Almedina, p. 229.

*Curso de Direito Sancionatório da Segurança Social*     57

Enquanto não houver um processo de execução específico para as cotizações e contribuições, estas são executadas de acordo com o estatuído no CPPT, com as necessárias adaptações.

A partir da data da entrada em vigor do Decreto-Lei n.º 42/2001, os serviços competentes para organizar o processo de execução das dívidas à segurança social são as secções de processos. A instauração e instrução do processo de execução das dívidas à segurança social é da competência da delegação do Instituto de Gestão Financeira da Segurança Social do distrito da sede ou da área de residência do devedor. A delegação é o sujeito activo legítimo da relação processual de execução. São sujeitos passivos as entidades empregadoras, os seus sucessores e os responsáveis pelo pagamento das dívidas à segurança social.

É ao tribunal tributário de 1.ª instância que compete julgar os incidentes, os embargos, a oposição, a graduação e a verificação dos créditos e as reclamações dos actos materialmente administrativos praticados pelos órgãos de execução – cf. art. 5.º, do Decreto-Lei n.º 42/2001, de 9 de Fevereiro.

A execução contributiva ou das dívidas à segurança social tem por base um título executivo.

São títulos executivos as certidões de dívida emitidas, nos termos legais, pelas instituições de solidariedade e segurança social – cf. art. 7.º, do Decreto-Lei n.º 42/2001.

Os títulos executivos ou certidões de dívida devem ser emitidos pelas entidades competentes e satisfazer imperativamente os seguintes requisitos:

a) menção do órgão de execução ou da instituição que as tiver extraído;
b) assinatura autenticada;
c) data em que foi emitida;
d) nome e domicílio do ou dos devedores;
e) natureza e proveniência da dívida e indicação, por extenso, do seu montante;
f) data a partir da qual são devidos juros de mora e da

importância sobre que incidem, com discriminação dos valores retidos na fonte, quando for o caso;
g) ser acompanhada pelo extracto da conta corrente.

Se faltar qualquer requisito, a certidão deve ser devolvida ao remetente, para rectificação.

São nulidades insanáveis em processo de execução contributiva: a falta de citação, quando prejudique a defesa e a falta de requisitos essenciais da certidão da dívida, quando não puderem ser supridos por prova documental.

Incidentes da instância estão previstos: os embargos de terceiro, a habilitação de herdeiros e o apoio judiciário. Os embargos de terceiro destinam-se a permitir a defesa da posse face a uma diligência judicial de arresto, penhora ou apreensão ou entrega de bens – cf. arts. 1285.º, n.º 1, do Cód. Civ.; 351.º, n.º 1, do CPC e 237.º e 238.º, do CPPT. A habilitação de herdeiros visa permitir que os herdeiros do executado assumam a posição processual deste, no caso do seu falecimento – cf. arts. 155.º e 168.º, do CPPT. O incidente do apoio judiciário visa garantir a defesa tendencialmente gratuita do executado por advogado – cf. art. 20.º da CR e Lei n.º 30-E/2000, de 20 de Dezembro[88].

A genuidade de qualquer documento pode ser objecto de impugnação – cf. art. 544.º, do CPC.

Mediante a prestação de garantia suspende-se a execução até à decisão, sempre que se reclame graciosamente, impugne judicialmente ou se recorra – cf. art. 169.º, do CPPT.

O processo de execução extingue-se: a) pelo pagamento da quantia exequenda e do acrescido; b) por anulação da dívida ou do processo; c) por qualquer outra forma prevista na lei. As execuções por coima extinguem-se: a) por morte do infractor; b) por amnistia da contra-ordenação; c) pela prescrição das coimas e sanções acessórias; pela anulação da decisão condenatória em processo de revisão.

---

[88] Vd. Salvador da Costa, "Apoio judiciário", Ed. Rei dos Livros e Carlos Alegre, "Acesso ao direito e aos tribunais", Almedina.

Para o processo de execução de dívidas à segurança social, têm personalidade e capacidade judiciárias as instituições do sistema de solidariedade e segurança social, as pessoas singulares e colectivas e outros entes a estas legalmente equiparados.

O art. 10.º, do Decreto-Lei n.º 42/2001 veio permitir a coligação entre instituições exequentes da segurança social com as do sistema fiscal. Daí que o art. 178.º, do CPPT, deva ser interpretado restritivamente: não são permitidas as coligações de exequentes, excepto as autorizadas pelo art. 10.º, do Decreto-Lei n.º 42/2001.

A coligação é uma figura processual da cumulação de execuções em que se "exige a formulação diferenciada por cada um dos credores ou contra cada um dos devedores de vários pedidos de pagamento de quantia certa ... Na coligação activa (a que ao caso interessa), vários credores coligados demandam o mesmo devedor ou vários devedores litisconsortes ... na coligação passiva ..."[89]. Os pressupostos da coligação são os exigidos pelo art. 58.º, do CPC, que remete para o art. 53.º, do CPC[90].

A coligação é decidida pelos membros do governo competentes e o processo de execução, no caso de coligação, é instaurado e instruído pelo maior credor.

Quanto à apensação, fixa-se um regime semelhante ao da coligação – cf. arts. 11.º. do Decreto-Lei n.º 42/2001 e 179.º, do CPPT.

O processo de execução contributiva suspende-se quando for proferido despacho judicial de prosseguimento da acção de recuperação da empresa ou declarada a falência do executado – cf. arts. 180.º, do CPPT; 23.º, 25.º, 28.º e 128.º, do Código dos Processos Especiais de Recuperação da Empresa e de Falência.

Instaurada a execução mediante despacho lavrado no título executivo, é ordenada a citação do executado – cf. arts. 188.º e ss. do CPPT. A citação é o acto através do qual se leva ao conhecimento

---

[89] Cf. Miguel Teixeira de Sousa, "Acção executiva singular", Lex, p. 159.
[90] Cf. José Lebre de Freitas, "A acção executiva", Coimbra Ed., 2ª ed., pp. 119 e 120.

do executado que contra ele foi proposta uma execução. A citação pode ser feita por simples postal, pessoalmente ou por edital. A citação leva também ao devedor cópia da certidão de dívida e indica-lhe que nos trinta dias seguintes pode deduzir oposição – arts. 203.° e ss., do CPPT – ou requerer o pagamento em prestações – arts. 196.° e ss. do CPPT; 25.°, do Decreto-Lei n.° 103/80; 1.° e ss. do Decreto-Lei n.° 411/91, de 17 de Outubro e 14.° do Decreto-Lei n.° 42/2001 – ou requerer a extinção da dívida por dação em pagamento (a dação "pro solvendo", bem como a promessa de dação não são admissíveis) – arts. 837.° e ss.: 840.° e ss.; 410.° e ss., do Cód. Civ.; 201.° e ss., do CPPT; 8.°, do Decreto-Lei n.° 411/91 e 13.°, do Decreto-Lei n.° 42/2001.

Se houver oposição à execução, a petição é autuada e o processo remetido ao tribunal tributário da 1.ª instância competente – arts. 203.° e ss. do CPPT e 5.°, do Decreto-Lei n.° 42/2001. Recebido o processo, o juiz ou lavra um despacho liminar de rejeição – art. 209.°, do CPPT – ou notifica o representante da segurança social para contestar – art. 210.°. do CPPT. De seguida, procede-se à produção de prova e à apresentação das alegações escritas. O juiz lavra a sentença. Quando esta tiver transitado em julgado, o processo é remetido à delegação para ser apensado ao processo de execução – art. 213.°, do CPPT.

Se não houver oposição, se a penhora ainda não tiver sido feita nos termos do art. 193.°, do CPPT e se não tiver sido realizado o pagamento, o funcionário, independentemente de despacho, passa o mandado para penhora dos bens do executado.

O direito de nomear bens à penhora considera-se sempre devolvido ao exequente – art. 215.°, do CPPT.

A penhora é a apreensão judicial de bens do executado. Operação que possibilita a execução do património do devedor que não cumpriu voluntariamente as suas obrigações – arts. 817.° e ss. do CC[91]. A penhora recairá sobre os bens cujo valor seja suficiente

---

[91] Cf. Armando Lopes de Lemos Triunfante, "Dos meios conservatórios da garantia patrimonial do credor", Porto Editora, p. 41.

*Curso de Direito Sancionatório da Segurança Social* 61

para pagar a dívida e o acrescido. Podem ser penhorados bens móveis e bens imóveis – arts. 219.º a 234.º, do CPPT.

No processo de recuperação da empresa e no de falência, o juiz pode proceder ao levantamento da penhora a requerimento do gestor judicial ou do liquidatário, desde que haja parecer favorável da comissão de credores e se verificar sacrifício equivalente dos credores em idênticas circunstâncias e com o objectivo de recuperar a empresa – art. 218.º, do CPPT.

Se a penhora ou qualquer outra diligência judicial ofender a posse ou qualquer outro direito de que seja titular um terceiro, pode este defender-se por meio de embargos de terceiro – art. 237.º, do CPPT. Se a ofensa ferir o direito de propriedade, então o meio de defesa é a acção de reivindicação[92]. Os embargos de terceiro, como espécie dos incidentes da instância, vêm regulados nos arts. 351.º e ss. do CPC. A decisão de mérito proferida nos embargos de terceiro constitui caso julgado material no processo de execução contributiva quanto à existência e titularidade dos direitos que dela foram objecto.

Estabilizada a penhora e conhecidos os ónus que, porventura, recaiam sobre os bens penhorados, imóveis ou móveis sujeitos a registo, são citados os credores titulares dos ónus e o cônjuge do executado. Os demais credores, credores comuns, são citados por anúncio e edital. Os credores convocados podem, então, reclamar os seus créditos. Decorrido o prazo para a reclamação, realizar-se-á a venda dos bens penhorados. A realização da venda poder ser suspensa se o órgão da execução contributiva o decidir face à insuficiência do valor dos bens penhorados para pagamento dos créditos reclamados. A verificação e graduação dos créditos pode ser contestada por via de reclamação.

A reclamação, a verificação e a graduação de créditos deve processar-se por apenso ao processo de execução contributiva.

---

[92] Cf. Eurico Lopes Cardoso, "Manual da acção executiva", Almedina, 3ª ed., pp. 381/2.

Dos créditos reclamados têm-se por verificados os que não tenham sido impugnados e dos reclamados impugnados os de impugnação improcedente.

Os créditos verificados são graduados. A graduação consiste em estabelecer a ordem pela qual os créditos serão satisfeitos pelo produto da venda dos bens penhorados. A graduação dos créditos faz-se segundo os preceitos aplicáveis do Cód. Civ. – arts. 745.º e ss. No que respeita aos créditos da segurança social por dívidas de contribuições e juros de mora, gozam de privilégio mobiliário geral, graduado logo após os créditos do Estado por impostos e de privilégio imobiliário sobre os bens pertencentes à entidade patronal à data da instauração da execução, graduado logo após os créditos referidos no art. 748.º, do C.C. – cf. arts. 10.º e 11.º, do Decreto-Lei n.º 103/80[93].

A venda dos bens penhorados ao executado é publicamente dada a conhecer através das citações, editais e anúncios. Nestes meios de publicação é também divulgado o valor base pelo qual cada bem é posto à venda. Se o valor da dívida exequenda for inferior a 60 vezes a unidade de conta, os anúncios podem ser dispensados. O órgão da execução fiscal, ponderadas as circunstâncias do caso, pode decidir que a venda se faça por arrematação em hasta pública – cf. art. 248.º, do CPPT.

A venda pode ser realizada extrajudicialmente, mas só nos casos previstos no art. 252.º, do CPPT – cf. art. 886.º, do CPC.

Se a venda foi realizada por meio de propostas em carta fechada, os bens são adjudicados à proposta que ofereça o preço mais elevado e que seja superior ao preço-base. Se várias propostas

---

[93] Vd. Lebre de Freitas, ob. cit., nota 44, p. 261; Salvador da Costa, "O concurso de credores", Almedina, 1998, pp. 192 e ss.; António Carvalho Martins, "Reclamação, verificação e graduação de créditos", Coimbra ed., pp. 101 e ss.; Jaime Devesa e Manuel Joaquim Marcelino; "Manual da execução fiscal", Almedina, 1998, pp. 119/120 e Francisco Rodrigues Pardal, "Reclamação, verificação e graduação de créditos em processo de execução fiscal", CTF, n.ºs 78/79/80.

*Curso de Direito Sancionatório da Segurança Social* 63

apresentarem o mesmo preço, os proponentes licitam entre si, ou optam por adquirir em compropriedade. Se só estiver presente um dos maiores proponentes, este pode cobrir as restantes propostas; se o não quiserem fazer, procede-se a sorteio – cf. art. 253.º, do CPPT.

Se houver arrematação, os bens imóveis podem ser arrematados um por um, por lotes ou em globo; os imóveis são arrematados um por um, salvo se razões de proximidade ou dependência fizerem prever como mais rendosa uma arrematação conjunta – cf. art. 254.º, do CPPT.

Se não houver propostas, ou as que houver não satisfaçam os requisitos mínimos, a segurança social pode adquirir, em certos casos, os bens – cf. art. 255.º, do CPPT.

A execução extingue-se pelo pagamento coercivo: se a penhora for de dinheiro, pelo levantamento da quantia necessária para o pagamento; se se tratar de depósito obrigatório numa instituição de crédito, pela solicitação de um precatório – cheque passado a favor do órgão da execução contributiva.

Tanto o órgão da execução contributiva, como os adquirentes dos bens, podem requerer o levantamento da penhora e o cancelamento dos registos dos direitos reais que caducam nos termos do art. 824.º, do Cód. Civil.

## CAPÍTULO II – **Das sanções penais**

## 6. Do ilícito penal e contra-ordenacional

Pela Lei de 28-06-1935, o regime nazi alemão anulava o princípio "nenhum crime, nenhuma pena, sem lei" e do § 2.º do Cód. Pen. por ela modificado passava a constar: "Quem cometer um acto que a lei considere punível, ou que mereça ser punido de acordo com a ideia básica de uma lei penal ou com o são sentimento do povo, será punido. Se nenhuma lei penal puder ser directamente aplicada ao acto, este será punido de acordo com a lei cujo princípio subjacente possa ser mais directamente aplicável".

Dois anos mais tarde, Franz Guertner, ministro da Justiça, afirmava: "O nacional-socialismo substitui o conceito de delito formal pelo conceito de delito factual: considera delito todo o ataque contra o bem estar da comunidade, toda a violação dos requisitos da vida de uma nação ... o legislador ... atribui ao juiz a tarefa de integrar as lacunas da lei ... e de a interpretar, não em termos literais, mas de acordo com o seu espírito e pensamento básicos"[94].

Nestas circunstâncias, "Não resta nada do princípio "nulla poena sine lege" (nenhuma pena sem lei), "nullum crimen sine lege" (nenhum crime sem lei), princípio fundamental de todo o sistema jurídico"[95].

A subordinação dos juízes ao poder político, a ausência legal do "princípio fundamental do sistema jurídico" e a criminali-

---

[94] Apud, Richard Lawrence Miller, "A justiça nazi", Ed. Notícias, p. 65.

zação por analogia conduziram à arbitrariedade, à desmesurada qualificação de factos como crimes e à aplicação de penas sem garantias.

Depois da segunda Grande Guerra, a superação do Estado de direito liberal, totalitário ou não, pelo Estado de direito democrático social, aliada ao movimento doutrinal favorável à descriminalização conduziram, por um lado, à limitação do poder sancionatório do Estado "jus puniendi", direito de punir, no âmbito do direito penal tradicional ou de justiça e, por outro, à autonomização do direito sancionatório administrativo. Foi o que aconteceu na Alemanha com a Lei de simplificação do Direito Penal Económico (WiStG), promulgada em 1949 e com a Lei de Contravenções (OwiG – Ordnungswidrigkeiten) de 1952. Evolução semelhante ocorreu em Itália.

Em Portugal, após o 25 de Abril de 1974, como resultado, entre outras causas, do empenhamento, quer como professor, quer como Ministro da Justiça, de Eduardo Correia, é publicado o Decreto-Lei n.º 232/79, de 24 de Julho. Com este Diploma pretende o legislador responder à "instante necessidade" de criar um "direito de mera ordenação social" que seja "um ordenamento sancionatório alternativo e diferente do direito criminal", Preâmbulo do cit. D.-L.

Sobre essa diferença mantém a Doutrina uma larga discussão. Afinal são ou não realidades distintas os crimes e as contra--ordenações?

Em primeira aproximação pode dizer-se que crime, em sentido formal, é o ilícito penal, isto é, o facto material e culposo que viola uma norma jurídica cuja sanção é uma pena e, em sentido material, para uns, crime é a alteração das condições fundamentais da vida social, para outros, é a violação das regras mínimas da convivência civil e, para outros ainda, crime é a violação, com ressonância ético--jurídica, de bens jurídicos que "se devem considerar concretizações

---

[95] Franz Neumann, "Behemoth", versão castelhana de Vicente Herrero e Javier Marquez, Fondo de Cultura Económica, p. 500.

Curso de Direito Sancionatório da Segurança Social

dos valores constitucionais ligados aos direitos, liberdades e garantias"[96].

Também, em primeira aproximação, se pode dizer que contra-ordenação, em sentido formal, é um facto material, censurável que viola uma norma jurídica cuja sanção é uma coima e, em sentido material, contra-ordenação é uma "pura desobediência ou uma frustração de interesses encabeçados nas autoridades administrativas ou delas específicos, ou, quando muito, ... um delito de perigo abstracto ... que é eticamente neutro ou indiferente"[97].

Figueiredo Dias tem pugnado pela autonomia do direito de mera ordenação ou contra-ordenacional, tanto a nível qualitativo, como a nível quantitativo. No essencial, a sua argumentação pode resumir-se: as condutas que, independentemente da sua proibição legal, podem ser objecto de um juízo de amplo desvalor moral, cultural ou social e que são axiologicamente relevantes, são crimes; as condutas que, independentemente da sua proibição legal, não podem ser objecto de um juízo de amplo desvalor moral, cultural ou social e que são axiologicamente neutrais, são contra-ordenações[98].

Posição contrária assume a recente doutrina alemã. Para esta perspectiva, a autonomia contra-ordenacional baseia-se unicamente no critério quantitativo. De acordo com este critério, a diferença entre crimes e contra-ordenações reside apenas na gravidade da reacção jurídica que lhes corresponde. Aos crimes, a pena; às contra-ordenações, a coima. Os demais critérios não permitem a distinção, principalmente, nas áreas de fronteira onde impera a

---

[96] Tullio Padovani, "Diritto penale", 5ª ed., Giuffré Ed., p. 100 e Figueiredo Dias, "Para uma dogmática do direito penal secundário", em "Direito Penal Económico e Europeu", Coimbra Ed., vol. I, p. 58. Sobre o problema da criminalização fiscal, Nuno Sá Gomes, "A criminalização das infracções fiscais" CTF, n.º 392, pp. 76 e ss.

[97] Manuel da Costa Andrade, "Contributo para o conceito de contra-ordenação", in cit. o Dto. Pen. Econ. e Eur., p. 98.

[98] Cf. Figueiredo Dias, "O movimento de descriminalização e o ilícito de mera ordenação social", em cit. Dto. Pen. Econ. e Eur., pp. 26/7.

discricionaridade do legislador condicionada temporalmente pela tentação de mimetismo face às representações colectivas da comunidade destinatária da legislação em matéria criminal, povoadas de lastros de moralismo e de tabu.

### 6.1. *Princípios gerais – parte geral*

O Código Penal está dividido em dois Livros: o Livro I, intitulado parte geral, e o Livro II que trata dos crimes em especial.

O Decreto-Lei n.° 433/82, de 27 de Outubro, alterado pelos Decretos-Leis n.° 356/89, de 17 de Outubro; n.° 244/95, de 14 de Setembro e pela Lei n.° 109/2001, de 24 de Dezembro, trata, até ao art. 32.°, inclusive, do regime geral das contra-ordenações e, nos artigos seguintes, do processo de contra-ordenação. O Decreto-Lei n.° 433/82 é uma lei quadro (LQ), já que se limita a traçar as regras gerais sobre as contra-ordenações[100]. As contra-ordenações, em especial, constam de legislação avulsa. Por exemplo: Lei n.° 116/99, de 4 de Agosto – regime geral das contra-ordenações laborais; Decreto-Lei n.° 28/84, de 20 de Janeiro, alterado pelo D.-L. n.° 6/95, de 17 de Janeiro – regime des infracções antieconómicas contra saúde pública; Lei n.° 11/87, de 7 de Abril, art. 47.° – contra-ordenações na lei de bases da política de ambiente; Decreto-Lei n.° 262/86, de 2 de Setembro, Código das Sociedades Comerciais, art. 509.° e ss., disposições penais e de mera ordenação social; Decreto-Lei n.° 486/99, de 13 de Novembro, Código dos Valores Mobiliários, Título VIII – ilícito de mera ordenação social e, finalmente, o que merecerá maior atenção, o Decreto-Lei n.° 64/89, de 25 de Fevereiro, que estabelece as normas sobre as contra-ordenações no âmbito dos regimes de segurança social.

---

[99] M. Costa Andrade, loc. cit., pp. 75 a 107.

[100] Cf. Gérard Cornu, "Vocabulaire juridique", "loi-cadre" Quadrige/PUF, p. 525.

*Curso de Direito Sancionatório da Segurança Social*       69

### 6.1.1. *Regimes gerais*

Procede-se primeiramente à comparação do regime geral das contra-ordenações com a parte geral do Cód. Penal.

#### 6.1.1.1. Direito subsidiário

Destaque-se, desde já, que, por força do n.º 2, do art. 1.º, do cit. D.-L. N.º 64/89, o direito subsidiário relativo ao regime das contra--ordenações da segurança social é o regime geral das contra--ordenações, previsto no cit. Decreto-Lei n.º 433/82 que, por seu turno, no art. 32.º, estabelece que em tudo o que não contrarie o nele disposto, se aplicam, subsidiariamente, as normas do Cód. Pen.

Só a Assembleia da República – art. 165.º, da CR – tem competência para legislar sobre a definição dos crimes, penas, medidas de segurança e respectivos pressupostos, bem como sobre o processo criminal e para estabelecer o regime geral de punição das infracções disciplinares, e ainda dos actos ilícitos de mera ordenação social e do respectivo processo. Todavia, essa reserva de competência é relativa.

#### 6.1.1.2. Noções: crimes e contra-ordenações

– O artigo 1.º do Regime Geral das Contra-Ordenações (RGCO) define formalmente o que é uma contra-ordenação como todo o facto ilícito e censurável que preencha um tipo legal no qual se comine uma coima.

O Cód. Pen. não possui uma norma com a definição de crime. Porém, da análise das suas disposições, pode extrair-se uma definição formal de crime paralela à de contra-ordenação: crime é um facto ilícito e censurável que preenche um tipo legal no qual se comina uma pena.

### 6.1.1.3. Princípio da legalidade

– O artigo 2.º do RGCO consagra o princípio da legalidade que o art. 1.º do Código Penal também consagra.

O princípio da legalidade em matéria penal tem assento constitucional – art. 29.º, da CR – na Declaração Universal dos Direitos do Homem – art. 11.º – na Convenção Europeia dos Direitos do Homem e das Liberdades Fundamentais – art. 7.º e no Pacto Internacional sobre os Direitos Civis e Políticos – art. 15.º.

O princípio da legalidade decompõe-se num conjunto de garantias:

1ª) – Nenhum crime, nenhuma pena sem lei prévia "nullum crimen, nulla poena sine lege previa" – esta garantia estabelece que nenhum facto pode ser qualificado como crime sem que uma lei anterior o estabeleça. Ao mesmo tempo, significa que o facto deve ser tipificado – princípio da tipicidade – ou seja, deve ser legalmente descrito com clareza, com precisão e com rigor.

Traduz-se também em que nenhuma pena pode ser aplicada ao agente sem que uma lei anterior o preveja.

Deste princípio decorrem ainda duas consequências: a proibição da aplicação analógica da lei, o que impede que se qualifiquem como crimes factos análogos aos legalmente tipificados (o Novo Código Penal francês – art. 111.º – 4 – vai mesmo ao ponto de precisar que "A lei penal é de interpretação restrita"); a proibição da aplicação retroactiva da lei penal a factos cometidos antes da sua entrada em vigor.

### 6.1.1.4. Aplicação no tempo

O artigo 3.º do RGCO define as regras de aplicação no tempo das normas que qualificam os factos como contra-ordenações e, bem assim, das que estabelecem a respectiva punição.

O princípio geral expresso no n.º1 do cit. art. é paralelo ao do n.º 1, do art. 2.º, do Cód. Pen. e, segundo ele, as consequências jurídicas dos crimes e das contra-ordenações são as previstas na lei vigente no momento da prática do facto ou do preenchimento dos pressupostos de que depende. É o princípio da não retroactividade da lei contra-ordenacional.

O n.º 2 do cit. art. 3.º, em consonância com o disposto na 2ª parte, do n.º 4, do art. 29.º, da CR, impõe o princípio da aplicação da lei mais favorável que se traduz em que se a lei vigente no tempo da prática do facto for posteriormente modificada, aplica-se a lei mais favorável ao agente. É um princípio que o Cód. Pen. consagra no n.º 4, do art. 2.º. Porém este princípio tem uma excepção: em direito penal não se aplica se já tiver havido sentença transitada em julgado; em direito de mera ordenação social além de excepção semelhante, a lei mais favorável também não se aplica se já tiver havido decisão definitiva, o que se compreende tendo em conta a fase administrativa do processo contra-ordenacional que termina com a aplicação da coima e a decisão condenatória se tenha tornado inimpugnável. Da aplicação da lei mais favorável podem resultar, entre outras, as seguintes situações: a) – se um facto está qualificado como crime e uma lei posterior despenalizadora o qualifica como contra-ordenação, aplica-se retroactivamente a lei nova; b) – se um facto está qualificado como contra-ordenação e uma lei posterior penalizadora o qualifica como crime, aplica-se a lei antiga[101].

### 6.1.1.5. Aplicação no espaço

O artigo 4.º, do RGCO, versa sobre a aplicação no espaço e estabelece que, salvo tratado ou convenção internacional em contrário, são puníveis as contra-ordenações praticadas em território português e as praticadas a bordo de aeronaves ou navios portugueses. O artigo 4.º do Cód. Pen., com uma redacção algo diversa, estatui de modo semelhante para a prática dos crimes.

---

[101] Américo Taipa de Carvalho, "Sucessão de leis penais", Coimbra Ed., pp. 114 e ss.

**6.1.1.6.** Momento da prática do facto

O art. 5.º do RGCO tem por epígrafe "Momento da prática do facto". O facto tem-se por praticado no momento em que o agente actua ou devia ter actuado, independentemente do momento em que se produza o resultado típico. O art. 3.º do Cód. Pen., com igual epígrafe, estabelece igual regime para os crimes.

**6.1.1.7.** Local da prática do facto

O art. 6.º do RGCO e o art. 7.º do Código Penal dispõem que, para efeito de determinação do lugar da prática do facto, é relevante tanto o lugar em que o agente actuou ou devia ter actuado, como aquele em que o resultado típico se produziu.

**6.1.1.8.** Princípio da pessoalidade

Em direito penal vigora o princípio da pessoalidade das penas que resulta da conjugação dos termos do art. 11.º do Cód. Penal, princípio da pessoalidade singular da responsabilidade criminal e dos arts. 30.º, n.º 3, da CR e 127.º do Cód. Penal, princípio da intransmissibilidade dessa mesma responsabilidade. Todavia os princípios enunciados sofrem uma excepção legalmente consagrada, quando é atribuída responsabilidade criminal às pessoas colectivas – art. 12.º, do Cód. Penal. Para Cavaleiro de Ferreira "As pessoas colectivas não têm responsabilidade penal; não são imputáveis, nem podem agir com culpa. Aqueles que actuam em nome da sociedade é que respondem penalmente, e as pessoas colectivas podem responder civilmente pelo montante das coimas aplicadas"[102].

Para Figueiredo Dias "as pessoas colectivas serão consideradas capazes de acção e de culpa jurídico-penais e cabe ao legislador

---

[102] Manuel Cavaleiro de Ferreira, "Lições de direito penal", Verbo, p. 122.

identificar, caso a caso, as situações em que essa responsabilidade tem lugar"[103].

Face ao disposto no art. 7.º do RGCO, dissipam-se as dúvidas, uma vez que nele se estabelece que, quer às pessoas colectivas, quer às associações sem personalidade jurídica, podem ser aplicadas coimas. Donde se conclui que as pessoas e os entes colectivos são susceptíveis de responsabilidade contra-ordenacional. Mais: esses agentes contra-ordenacionais são responsáveis pelas contra-ordenações praticadas pelos seus órgãos, desde que estes as pratiquem no exercício das suas funções.

### 6.1.1.9. Princípio da culpabilidade

O art. 13.º do Cód. Pen. tem o mesmo teor literal do n.º 1, do art. 8.º, do RGCO. Neles se consagra o princípio da culpabilidade: "nenhuma pena sem culpa" (nulla poena sine culpa), ou seja, só é punível o facto praticado com uma culpa concreta. Tanto nos crimes, como nas contra-ordenações, exige a lei uma imputação com base no dolo ou, em certos casos, na negligência.

O Cód. Pen. distingue três tipos de dolo no art. 14.º, e define duas categorias de negligência no art. 15.º.

O dolo directo existe quando o agente prevê um facto criminoso e actua com vista à sua realização.

O dolo necessário acontece quando o agente prevê o facto criminoso como consequência necessária da sua conduta e, apesar disso, empreende-a.

O dolo eventual verifica-se quando o agente admite como possível que, da sua conduta, resulte a realização de um crime e, ainda assim, empreende-a.

---

[103] Cf. Figueiredo Dias, "Pressupostos da punição", em Jornadas de Direito Criminal, ed. CEJ, p. 51; Manuel Lopes Rocha, "A responsabilidade penal das pessoas colectivas", em Dto. Pen. Econ. e Eur. Pp. 431 e ss. e Isabel Marques da Silva, "Responsabilidade Fiscal Penal Cumulativa", Universidade Católica Ed.

A Doutrina adopta ainda outras classificações para o dolo: inicial, subsequente, genérico e específico. Inicial, consiste em o agente ter consciência de cometer um crime, no início da conduta; subsequente, quando essa consciência é tomada depois de iniciada a conduta; genérico, quando há a intenção de cometer um crime ou de não o evitar; específico, quando há a intenção de cometer um crime que corresponde ao fim prosseguido pelo agente.

Diz-se que há negligência quando o agente não procede com o cuidado a que, de acordo com as circunstâncias, estava obrigado e de que era capaz.

Há negligência consciente quando o agente prevê como possível a realização de um crime, mas actua acreditando, podendo e devendo não acreditar, que ele não se concretizará.

Há negligência inconsciente quando o agente nem chega a representar a possibilidade de realização do crime.

Também o Cód. Pen. faz referência à negligência grosseira (v.g. n.º 2, art. 137.º) por contraponto à negligência simples. Esta verifica-se quando o agente comete um crime sem a diligência média, sem a diligência de um homem normal. A negligência grosseira existe quando se comete um crime com desrespeito pelas mais elementares precauções, sem observância da prudência mínima. Em resumo e com M. Simas Santos e J. Lopes de Sousa: "O dolo consiste no propósito de praticar o facto descrito na lei contra--ordenacional (ou na Lei Penal acrescentamos nós). A negligência consiste na falta do cuidado devido, que tem como consequência a realização do facto proibido por lei".[104].

### 6.1.1.10. Do erro

O regime do erro está determinado nos art;. 16.º e 17.º do Cód. Penal e no n.º 2, do art. 8.º e art. 9.º, do RGCO.

---

[104] Em "Contra-ordenações", Vislis, p. 115.

*Curso de Direito Sancionatório da Segurança Social* 75

No cit. n.º 2, do art. 8.º, incluem-se os casos em que o erro de tipo, ou o erro sobre a proibição, ou o erro sobre um estado de coisas afasta a ilicitude do facto ou a culpa do agente, com a consequente exclusão do dolo. No cit. art. 16.º, n.os 1 e 2, estabelece-se um regime que corresponde ao contra-ordenacional. Segundo Cavaleiro de Ferreira "A divergência entre eles está em que o conhecimento da proibição (norma incriminadora) não é necessário relativamente aos crimes ... e é de considerar sempre indispensável quanto a contra-ordenações"[105].

Entre o art. 9.º, do RGCO, e o art. 17.º do Cód. Penal, há uma perfeita correspondência, com a adequada adaptação. Ambos tratam do erro sobre ilicitude. Seguindo Figueiredo Dias, constata-se que há erro sobre ilicitude quando o agente, apesar de ter conhecimento de todas as circunstâncias típicas, carece de consciência da ilicitude, ou seja, é deficientemente capaz de apreender os valores que o direito defende e protege, porque existe uma desconformidade entre a personalidade do agente e a ordem jurídica[106].

### 6.1.1.11. Da inimputabilidade

O regime da inimputabilidade, no RGCO, arts. 10.º e 11.º, está em estreito paralelismo com o penalmente fixado nos arts. 19.º e 20.º.

Em ambos os regimes são considerados inimputáveis os menores de 16 anos. O legislador entendeu que os indivíduos normais com menos de 16 anos não possuem capacidade de determinação e, por isso, são insusceptíveis de responsabilidade penal e contra-ordenacional.

Os n.os 1 dos cits. arts. 11.º e 20.º condicionam a inimputabilidade geral à existência de dois pressupostos: um biológico e outro psicológico ou normativo. O pressuposto biológico exige que o

---

[105] Ibidem, p 123.

[106] Cf. "O problema da consciência da ilicitude em direito penal", Coimbra Ed., pp. 248 e ss.

agente não sofra de qualquer anomalia psíquica, o psicológico exige que o agente seja capaz de aquilatar da ilicitude do facto e actuar livremente em conformidade, além de ser influenciado pelas penas.

A imputabilidade diminuída, prevista nos n.os 2, dos cits. arts., consiste em o agente não poder ser censurado porque padece de uma anomalia psíquica grave, não acidental e cujos efeitos não domina.

O n.º 3, do cit. art. 11.º, e o n.º 4, do cit. art. 20.º, estabelecem que a imputabilidade não é excluída quando a anomalia psíquica é provocada pelo próprio agente com a intenção de praticar o facto.

**6.1.1.12.** Das formas das infracções

Sob o tema "Formas de crime", o Cód. Penal começa por excluir de criminalização os actos preparatórios (art. 21.º) e, de seguida, ocupa-se das formas da tentativa (arts. 22.º a 25.º) e da comparticipação (arts. 26.º a 29.º). O capítulo termina com o art. 30.º sobre o concurso de crimes e o crime continuado.

O RGCO define o regime da tentativa nos arts. 12.º a 15.º e o da comparticipação no art. 16.º. O concurso de contra-ordenações está previsto no art. 19.º e o de crime e contra-ordenação no art. 20.º.

Os regimes da tentativa e da comparticipação são iguais.

*"Há tentativa quando o agente praticar actos de execução de um crime* (ou de uma contra-ordenação) *que decidiu cometer, sem que este*(a) *chegue a consumar-se"*.

O que caracteriza a tentativa é a prática de algum acto de execução do crime, ou da contra-ordenação que o agente decidiu cometer.

Se foram praticados todos os actos de execução e o crime não se consumou, há tentativa acabada ou crime frustrado e, se não foram praticados todos os actos de execução, há tentativa inacabada ou em sentido restrito.

Em direito penal, a tentativa só é punível se o crime consumado respectivo for punido com pena superior a 3 anos. Em direito contra-

*Curso de Direito Sancionatório da Segurança Social*　　　77

-ordenacional, a tentativa só é punível quando a lei expressamente o determinar.

A tentativa não é punível quando haja desistência. O agente desiste da prática do crime ou da contra-ordenação quando suspende a execução dos actos de execução ou, praticados estes, obsta à consumação ou à verificação do resultado.

Também no caso de comparticipação, a tentativa não é punível se algum dos agentes, voluntariamente, impedir a consumação ou a verificação do resultado, ou se se se esforçar seriamente por impedir uma ou outra.

### 6.1.1.13. Da autoria

A quem comete um crime ou uma contra-ordenação chama-se autor do crime ou da contra-ordenação. Autor é quem executa um facto criminoso ou contra-ordenacional.

Os autores podem ser materiais ou morais e mono-subjectivos ou pluri-subjectivos.

São autores materiais os que executam parcial ou totalmente o facto típico. É autor material quem executar o facto por si mesmo ou quem tomar parte directa na sua execução.

São autores morais os instigadores e os autores mediatos. Instigadores são os que, dolosamente, determinam outrem à prática do facto, desde que haja execução ou começo de execução; mediatos são os que executam o facto por intermédio de outrem.

Os crimes, bem como as contra-ordenações, podem ser praticados por uma só pessoa e dizem-se, então, mono-subjectivos. Mas também a respectiva execução pode requerer a participação de uma pluralidade de agentes, neste caso, dizem-se pluri-subjectivos.

Por vezes, os autores necessitam da participação auxiliar de outrem para a prática do facto típico. A estes auxiliares chama o Cód. Pen. (art. 27.º) cúmplices. Para Maia Gonçalves, "Deve portanto ser considerado cúmplice aquele que dolosamente auxilia outrem na prática de um crime (ou contra-ordenação, acrescenta-se) quando, sem esse auxílio, a execução seria levada a cabo em tempo, lugar ou circunstâncias diversas"[107].

Noutros casos, dois ou mais agentes participam directamente na execução de um crime ou de uma contra-ordenação. Quando tal acontece, verifica-se a co-autoria ou comparticipação. A comparticipação materializa-se ou por acordo entre os agentes, ou pela participação na execução do facto típico. Há crimes em que a comparticipação constitui elemento da infracção. Essa comparticipação pode ser unilateral (por ex., associação criminosa), ou bilateral (por ex., participação em rixa).

Dos termos do n.º 1, do art. 28.º, do Cód. Pen., e do n.º 1, do art. 16.º, do RGCO, decorre que a comparticipação de vários agentes na prática de uma infracção (crime ou contra-ordenação) os torna a todos responsáveis, mesmo quando a ilicitude ou o grau de ilicitude do facto depende de certas qualidades pessoais de um dos agentes. É o que se designa por "comparticipação em crimes próprios"[108].

Crimes ou contra-ordenações próprios são as infracções que, por definição legal, só podem ser cometidos por pessoas com certas qualidades (por ex., funcionário público – sobre o conceito aplicável de funcionário público, ver art. 386.º do Cód. Pen. que consagra um conceito mais lato que o do direito administrativo).

Quando a lei exige que o facto típico seja praticado pelo próprio corpo, pela própria pessoa legalmente qualificada, a infracção é de mão própria (por ex., incesto).

Nas contra-ordenações de mão própria, diferentemente do que acontece com os crimes de mão própria, a todos os comparticipantes é aplicável a coima, mesmo quando a qualidade só exista em um dos agentes. Nos crimes de mão própria a qualidade típica do agente não se transmite aos demais.

---

[107] Maia Gonçalves, "CP – anotado", Almedina, nota ao cit. artigo.
[108] Germano Marques da Silva, "Direito Penal Português", Verbo, II – 272.

### 6.1.1.14. Do concurso de infracções

No que respeita ao regime legal relativo ao concurso de infracções, também há notórias diferenças, consoante o concurso seja de crimes (arts. 30.º e 77.º, do Cód. Pen.), ou de contra-ordenações (art. 19.º, do RGCO). Tal não impede a aplicação subsidiária às contra-ordenações (art. 32.º do RGCO) do disposto no Cód. Pen.

De acordo com o constante do n.º 1, do cit. art. 30.º, do Cód. Pen., temos, segundo M. Simas Santos e J. Lopes de Sousa, "unidade de infracção: unidade de tipos preenchidos com a conduta; concurso de infracções: pluralidade de tipos preenchidos com a conduta; unidade de tipos preenchidos, mas pluralidade de vezes em que tal aconteceu"[109].

Se há pluralidade de infracções, a relação que entre elas se estabelece pode configurar um concurso legal, aparente ou impuro, ou um concurso efectivo, verdadeiro ou puro.

No primeiro, legal, aparente ou impuro, há essencialmente aplicabilidade de normas jurídicas excludentes, pois, na verdade, a conduta que constitui a infracção é apenas absorvida por um só tipo violado.

Nestas circunstâncias, as relações entre as infracções podem ser: de especialidade – o tipo especial absorve o geral; de consumpção – o tipo mais grave absorve o menos grave; de subsidiariedade, quando a aplicação de certas normas depende de o facto não ser punível por uma norma mais grave, e de facto posterior não punível, quando não são punidos em concurso efectivo infracções de fim lucrativo, ou de apropriação, com infracções que visam garantir ou aproveitar a impunidade de outros crimes, salvo se produzem um dano diferente ou ofendem outro bem jurídico.

No segundo, efectivo, verdadeiro ou puro, há um comportamento do agente que preenche vários tipos legais de infracções que não se excluem por força do concurso aparente.

---

[109] M. Simas Santos e J. Lopes de Sousa, ob. cit., pp. 173 e ss.

O concurso efectivo pode ser ideal ou real. Diz-se ideal quando uma só acção viola diferentes tipos e real quando a várias acções correspondem várias infracções.

Há infracção continuada quando o agente comete vários actos que preenchem o mesmo tipo de crime ou até diferentes tipos que protegem o mesmo bem jurídico, desde que nesse cometimento haja homogeneidade ou uniformidade e se processe em condições exteriores que favorecem a repetição, diminuindo consideravelmente a culpa do agente.

Como pressupostos da infracção continuada, enumeram-se os seguintes:

- realização plural do mesmo tipo de infracção;
- homogeneidade da forma de execução;
- unidade de propósito de cometer as infracções;
- lesão do mesmo bem jurídico;
- situação exterior que facilite o cometimento das infracções e diminua consideravelmente a culpa do agente.

### 6.1.1.15. Das sanções

O regime punitivo dos crimes (art. 77.º, do Cód. Pen.) e das contra-ordenações (art. 19.º, do RGCO) apresenta importantes diferenças.

De acordo com os dispositivos penais sempre que haja acumulação ou concurso de crimes cometidos pelo mesmo agente, este será punido com uma só pena, se nenhum desses crimes tiver ainda sido objecto de sentença de condenação transitada em julgado.

O limite superior da pena, na sua moldura abstracta aplicável, obtém-se somando as penas correspondentes a cada crime. Todavia, por imposição legal, o limite máximo não pode ultrapassar os 25 anos de prisão e os 900 dias de multa e o limite mínimo será a mais elevada das penas concretamente aplicadas aos vários crimes.

*Curso de Direito Sancionatório da Segurança Social* 81

Se as penas aplicáveis forem de prisão e de multa, a pena única manterá essa dupla natureza.

As penas acessórias e as medidas de segurança são aplicadas em todos os casos ainda que só estejam previstas numa só das leis aplicáveis.

No caso de haver concurso de contra-ordenações, o limite máximo legal da coima é o que resulta da soma das coimas, concretamente aplicadas às infracções praticadas. No entanto, não pode ultrapassar o dobro do montante máximo mais elevado da coima correspondente às contra-ordenações em concurso. O limite mínimo é igual ao montante da coima concreta mais elevada.

A contra-ordenação continuada é punida nos termos do estatuído no art. 79.º, do Cód. Pen., ex vi do art. 32.º, do RGCO, ou seja, é punível com a coima aplicável à contra-ordenação mais grave que integra a continuação.

Quando ocorra o concurso entre um crime e uma contra-ordenação, dispõe o art. 20.º, do RGCO, que o facto que simultaneamente preenche o tipo de ambas as infracções é punido a título de crime, sem prejuízo da aplicação das sanções acessórias previstas para a contra-ordenação.

O regime jurídico geral das sanções acessórias das coimas está delineado nos arts. 21.º e segts., do RGCO. O Cód. Pen., nos arts. 91.º e segts., prevê as medidas de segurança e, nos arts. 109.º e segts., a perda de instrumentos, produtos e vantagens. Há uma grande quantidade de medidas de segurança, de perda de instrumentos e de sanções acessórias admitidas por legislação especial.

As medidas de segurança do Cód. Pen. são: privativas da liberdade, o internamento de inimputáveis e não privativas da liberdade; a interdição do exercício de actividades (art. 100.º); a cassação da licença de condução de veículo motorizado (art. 101.º) e a interdição da concessão de licença de condução de veículo motorizado (art. 102.º).

Os objectos que tenham servido de instrumentos para a prática de factos ilícitos típicos ou que, por estes, tenham sido produzidos, se puserem em perigo a segurança das pessoas, a moral ou a ordem públicas, são declarados perdidos a favor do Estado (art. 109); se esses objectos pertencerem a terceiros, a perda ocorre se os seus titulares tiverem colaborado ou obtido vantagens da prática do acto ilícito (art. 110.°); também é perdida a favor do Estado a recompensa paga ou prometida aos agentes de um facto ilícito, bem como a coisa, direito ou vantagem directamente adquirido através do facto ilícito (art. 111).

O RGCO prevê a existência de sanções acessórias aplicáveis simultaneamente com as coimas (art. 21.°) ou independentemente destas (art. 25.°).

Como pressuposto geral da aplicação das sanções acessórias, é fixada a gravidade da infracção e da culpa do agente (corpo do art. 21.°).

Como pressupostos específicos, são determinados, correspondentemente, os seguintes (alíneas do n.° 1, do art. 21.° e art. 21.°-A):

a) Perda de objectos pertencentes ao agente – se serviram ou estavam destinados a servir para a prática de uma contra-ordenação, ou foram produzidos por ela;

b) Interdição do exercício de profissões ou actividades para as quais é exigido um título público ou equivalente – se o agente abusou da função, com violação grave dos seus deveres;

c) Privação do direito a subsídio ou benefício concedido por entidade pública – se a contra-ordenação tiver sido praticada no exercício ou por causa da actividade subsidiada ou beneficiada;

d) Privação de participar em feiras ou mercados – se a contra-ordenação tiver ocorrido em feira ou mercado;

e) Privação de participar em arrematações ou concursos públicos – se a contra-ordenação tiver sido praticada durante ou por causa dos actos públicos ou por causa das actividades com eles relacionadas;

f) Encerramento de estabelecimento autorizado ou licenciado administrativamente e a suspensão de autorizações, licenças

*Curso de Direito Sancionatório da Segurança Social*                83

e alvarás – se a contra-ordenação tiver sido praticada no exercício ou por causa da actividade ou do funcionamento.

O regime previsto na al. a), do art. 21.°, relativo à perda a favor do Estado dos objectos do agente que serviram para a prática de uma contra-ordenação ou foram por ela produzidos, aplica-se subsidiariamente (n.° 3, do art. 26.°) à perda de objectos de terceiros que tenham servido ou sido produzidos naquelas circunstâncias, quando representem grave perigo para a comunidade ou exista sério risco de que possam ser usados para a prática de um crime ou de outra contra-ordenação. Ainda assim, essa perda só pode ter lugar: ou quando os terceiros titulares dos bens tenham concorrido com culpa para a sua utilização ou produção, ou do facto tiverem obtido vantagem; ou quando, após a prática do facto, os tenham adquirido com conhecimento da proveniência (art. 26.°).

Em direito penal, a perda de instrumentos e produtos a favor do Estado decorre de terem servido ou serem produto da prática de um facto ilícito típico, quando, pela sua natureza ou pelas circunstâncias do caso, puserem em perigo a segurança das pessoas, a moral ou a ordem pública, ou houver sério risco de serem usados para o cometimento de novos factos ilícitos típicos (art. 109.°, do Cód. Pen.).

A referida perda não acontecerá se os objectos não pertencerem ao agente prevaricador ou ao beneficiário. Porém, serão perdidos os objectos pertencentes a terceiros: em primeiro lugar, se os seus titulares tiverem concorrido de forma censurável para a sua utilização ou produção, ou do facto recebem vantagens, ou, em segundo lugar, quando os objectos forem adquiridos depois da prática do facto, independentemente do título aquisitivo, mas com conhecimento da origem.

Os objectos de terceiros de boa-fé, que consistam em inscrições, representações ou registos lavrados em papel, podem ser perdidos. São restituídos depois de apagados ou destruídos mediante indemnização (art. 110.°, do Cód. Pen.).

O art. 110.°, do Cód. Pen., trata da perda de vantagens de carácter patrimonial dadas ou prometidas ao agente do facto ilícito, ou a outrem.

### 6.1.1.16. Da prescrição

Quer em direito penal, quer em direito contra-ordenacional, são autonomamente tratados os regimes prescricionais dos procedimentos (arts. 118.º a 121.º, do Cód. Pen. e 27.º a 28.º, do RGCO) e das sanções (penas, arts. 122.º a 126.º, do Cód. Pen., e 29.º a 31.º, do RGCO).

A prescrição consiste na extinção de um direito pelo seu não exercício durante o lapso de tempo estabelecido na lei, di-lo o art. 298.º, do Cód. Civ.

O procedimento criminal prescreve, ou, com rigor, extingue-se por prescrição, sempre que, não havendo suspensão ou interrupção da prescrição, decorram sobre o dia da prática do crime: 15 anos, relativamente aos crimes puníveis com prisão, cujo limite máximo é superior a 10 anos; 10 anos, para os crimes puníveis com prisão, cujo limite máximo for igual ou superior a 5 anos, mas que não exceda os 10 anos; 5 anos, para os crimes puníveis com prisão, cujo limite máximo for igual ou superior a 1 ano e inferior a 5 anos; 2 anos, nos restantes casos.

O dia de início do prazo de prescrição é o dia da consumação do crime. O prazo só corre: nos crimes permanentes, desde o dia em que cesse a consumação; nos continuados e nos habituais, desde o dia da prática do último acto e nos crimes não consumados, desde o dia do último acto de execução.

O decurso do prazo de prescrição pode suspender-se. Há suspensão da prescrição quando se conta o prazo decorrido até à verificação da causa da suspensão, não se conta durante a vigência dessa causa e volta a contar-se, adicionando-se, logo que cesse a referida causa. São várias as causas legais da suspensão da prescrição do procedimento criminal:

a) quando o procedimento não possa legalmente iniciar-se ou não possa continuar por falta de autorização legal, de sentença prévia de tribunal não penal, ou por efeito de devolução de questão prejudicial para juízo não penal;

*Curso de Direito Sancionatório da Segurança Social* 85

b) quando o procedimento esteja pendente, depois de notificada a acusação ou a decisão instrutória de pronúncia do arguido ou o requerimento para audiência em processo sumaríssimo;
c) enquanto vigorar a contumácia;
d) enquanto o delinquente cumprir, no estrangeiro, pena privativa da liberdade ou medida privativa da liberdade.

O prazo de prescrição do procedimento criminal, além de suspenso, pode ser interrompido (art. 121.°, do Cód. Pen.). A interrupção do prazo de prescrição inutiliza todo o tempo decorrido anteriormente, prazo esse que se reinicia, contando-se um novo prazo a partir do momento em que cessa ou termina o acto interruptivo (art. 326.°, do Cód. Civ.).

Constituem causas da interrupção do prazo prescricional do procedimento criminal:

a) a constituição de arguido;
b a notificação da acusação;
c) a notificação da decisão instrutória que pronuncie o arguido;
d) a notificação do arguido para julgamento em processo sumaríssimo;
e) a declaração de contumácia.

As penas e as medidas de segurança são susceptíveis de prescrever. As penas prescrevem nos prazos seguintes:

a) 20 anos, as penas superiores a 10 anos de prisão;
b) 15 anos, as penas de 5 a 10 anos de prisão;
c) 10 anos, as penas de 2 a 5 anos;
d) 4 anos, penas de prisão inferiores a 2 anos e outras penas.

O prazo de prescrição começa a contar a partir do trânsito em julgado da decisão que tiver aplicado a pena.

A prescrição da pena principal coenvolve a prescrição das penas acessórias e das outras consequências penais.

As medidas de segurança (art. 124.º, do Cód. Pen.) prescrevem no prazo de 15 anos, se forem privativas de liberdade, e no de 10 anos, se o não forem. A cassação da licença de condução prescreve no prazo de 5 anos. O prazo de prescrição das penas e das medidas de segurança suspende-se nos casos previstos no art. 125.º, do Cód. Pen., e interrompe-se nos termos previstos no art. 126.º, do Cód. Pen.

O procedimento contra-ordenacional extingue-se por prescrição.

A nova redacção dada ao art. 27.º do RGCO pela Lei n.º 109/2001 omitiu a remissão para o art. 17.º, n.º 1, do RGCO. Este artigo tem agora a redacção que lhe foi dada pelo art. 9.º do Decreto-Lei n.º 323/2001, de 17 de Dezembro.

O regime de prescrição do procedimento foi assim profundamente alterado.

O legislador, expressamente, deixou de ter em consideração a qualidade pessoal do infractor, pessoa individual ou colectiva, e fundou o período da prescrição correlacionando-o apenas com o montante da coima.

O procedimento contra-ordenacional prescreve quando hajam decorrido cinco anos sobre a prática da contra-ordenação, se a esta corresponder uma coima de montante máximo igual ou superior a 49.879,79 Euros.

O referido procedimento prescreve em três anos se à contra-ordenação corresponder uma coima de montante igual ou superior a 2.493,99 Euros e inferior a 49.879,79 Euros, e em um ano nos restantes casos.

Donde se extrai que os procedimentos contra-ordenacionais relativos a contra-ordenações praticadas por pessoas singulares prescrevem em três anos, se a coima correspondente se situar entre 2.493,00 Euros e 3.740,98 Euros, e em um ano nos demais casos.

A prescrição do procedimento contra-ordenacional suspende-se, designadamente: a) – durante o tempo em que não puder legalmente iniciar-se ou continuar por falta de autorização legal; b) – enquanto estiver pendente entre o momento do envio pelo M. P.

*Curso de Direito Sancionatório da Segurança Social*     87

até à sua devolução à autoridade administrativa que decidiu a coima;
c) – na pendência que medeia entre a notificação do despacho que
procede ao exame preliminar do recurso da decisão que aplica a
coima e a decisão final do recurso.

Nos dois últimos casos, a suspensão não pode prolongar-se para
além de seis meses (art. 27.º-A do RGCO).

A interrupção do prazo de prescrição do procedimento contra-
-ordenacional tem uma das seguintes causas:

a) a comunicação ao arguido de despachos, decisões ou
   medidas contra ele tomadas ou com qualquer notificação;
b) a realização de quaisquer diligências de prova;
c) a prestação de declarações do arguido no exercício do direito
   de audição, ou a sua notificação para esse efeito;
d) a decisão administrativa que aplica a coima.

As coimas prescrevem no prazo de 3 anos, se o seu montante
for superior ao máximo fixado no n.º 1, do art. 17.º, do RGCO, e no
de um ano nos restantes casos (art. 29.º do RGCO).

O prazo de prescrição conta-se a partir do carácter definitivo ou
do trânsito em julgado da decisão condenatória. A decisão com
carácter definitivo é o acto administrativo que aplica a coima
quando seja insusceptível de recurso hierárquico necessário e do
qual não tenha sido interposto recurso judicial no prazo legal – arts.
59.º e 60.º, do RGCO.

A prescrição da coima e das sanções acessórias, quando
aplicadas, suspende-se durante o tempo em que, por força da lei, a
sua execução não possa começar ou não possa continuar, ou quando
a execução for interrompida, ou ainda quando forem concedidas
facilidades de pagamento – arts. 30.º e 31.º, do RGCO.

A prescrição das coimas e das sanções acessórias interrompe-se
com a sua execução. A prescrição ocorre sempre que, descontado o
tempo de suspensão, sobre o seu início tenha decorrido o prazo
normal da prescrição, acrescido de metade, ou seja, 4 anos e meio
para as coimas abrangidas pela al. a), do n.º 1, do art. 29.º, do

RGCO, e ano e meio para as outras – arts. 30.º-A e 31.º, do RGCO – cf. Ac. Rel. Lisboa, de 30/05/2000, CJ, III – 140.

### 6.2. Os crimes contra a Segurança Social

Os chamados crimes contra a segurança social não constam da Parte Especial do Código Penal.

Em Portugal, aqueles crimes têm sido previstos em diplomas legais autónomos. Diferentemente acontece, por ex., em Espanha, em que esses crimes estão previstos no Código Penal, especificamente, no art. 307.º.

Entre nós, a Lei n.º 2115, de 18 de Junho de 1962, estabelecia na Base XX, que a falta de cumprimento das obrigações devidas pelas entidades patronais à segurança social constituía uma transgressão punível com multa. O Decreto-Lei n.º 45.266, de 23 de Setembro de 1963, veio regulamentar a Lei n.º 2115 e, no art. 169.º, dispõe que constituem transgressão punível com multa a falta de cumprimento pelas entidades patronais contribuintes no relativo à entrega de folhas de ordenados ou salários e dos boletins de identificação dos beneficiários, bem como ao pagamento de contribuições.

O Decreto-Lei n.º 511/76, de 3 de Julho, veio, pela primeira vez, distinguir as consequências da falta de cumprimento em função das contribuições descontadas nos salários, das contribuições do regime geral de previdência. Por força do art. 5.º, o não pagamento das quantias retidas aos salários passava a ser punido com as sanções previstas no art. 453.º, do Cód. Pen., se houvesse abuso de confiança. O não pagamento, pelas entidades patronais, das contribuições do regime geral, não constituía transgressão – art. 6.º. Posteriormente, o Decreto-Lei n.º 103/80, de 9 de Maio, art. 6.º, reafirmou a doutrina legal antecedente e estabeleceu que as entidades patronais são responsáveis pelas contribuições devidas pelos trabalhadores, para além da responsabilidade criminal, quando deixem de pagar as contribuições descontadas nos salários, caso em que cometem o crime de abuso de confiança, previsto e punido no art. 453.º, do Cód. Pen., então em vigor.

Integrado na reforma fiscal de 1988, surgiu, "com um ano de atraso, pelo menos, ... o diploma regulador das infracções fiscais (Decreto-Lei n.º 20-A/90, de 15 de Janeiro)"[110].

O Regime Jurídico das Infracções Fiscais não Aduaneiras (RJIFNA), aprovado por aquele D.-L. N.º 20-A/90, ao definir o âmbito da sua aplicação – art. 1.º – não se refere às contribuições para a segurança social. Todavia, no art. 24.º, n.º 1, tipifica o crime de abuso de confiança fiscal e, dos seus n.ºs 2 e 3, resulta que há crime de abuso de confiança fiscal quando alguém, com a intenção de obter para si ou para outrem vantagem patrimonial indevida, não entrega a prestação tributária que legalmente deduziu, ainda que essa prestação tributária tenha natureza parafiscal e possa ser entregue autonomamente[111].

Por esta via, o legislador incluía, no RJIFNA, a previsão e a punição do crime de abuso de confiança fiscal para a não entrega, pelas entidades patronais, das contribuições deduzidas nos salários e devidas à segurança social.

O RJIFNA foi alterado pelo Decreto-Lei n.º 394/93, de 24 de Novembro. Essa alteração não tocou no regime relativo ao crime de abuso de confiança fiscal contra a segurança social. O Decreto-Lei n.º 394/93 foi total e expressamente revogado pela al. b) do art. 2.º, da Lei n.º 15/2001, de 5 de Junho, excepto o seu art. 58.º (divisão do produto das coimas – vd. art. 5.º, do Decreto-Lei n.º 140/95, de 14 de Junho: o produto das multas constitui receita própria da segurança social, devendo ser consignada à acção social).

O Decreto-Lei n.º 140/95, de 14 de Junho, veio alterar o RJIFNA aprovado pelo Decreto-Lei n.º 20-A/90, de 15 de Janeiro.

---

[110] Cf. Henrique Medina Carreira, "Uma reforma fiscal falhada?", Inquérito, p. 28.

[111] Cf. neste sentido, Carlos Rodrigues de Almeida, "Os crimes contra a segurança social previstos no regime jurídico das infracções fiscais não aduaneiras", separata da RMP, n.º 72, p. 96 e reproduzido em seminário "Direito da Segurança Social", ed. Tribunal de Contas, p. 223 e, com dúvidas de que assim tenha acontecido, Alfredo José de Sousa, "Infracções fiscais", 3ª ed., Almedina, nota 8 ao art., p. 110.

A principal inovação introduzida consistiu em ter sido aditado ao RJIFNA um novo capítulo II epigrafado "Dos crimes contra a segurança social".

O capítulo II é composto pelos arts. 27.º-A a 27.º-E e, além da incriminação do abuso de confiança em relação à segurança social (art. 27.º-B), incriminou também a fraude à segurança social (art. 27.º-A); a frustração de créditos da segurança social (art. 27.º--C) e a violação de sigilo sobre a situação contributiva (art. 27.º-D).

Igualmente se alterou a epígrafe da Parte II do RJIFNA, que passou a designar-se: Das infracções fiscais em especial e das infracções contra a segurança social.

Com a Lei n.º 15/2001, de 5 de Junho, art. 2.º. al. b), revoga-se o RJIFNA e é aprovado, art. 1.º, o Regime Geral das Infracções Tributárias (RGIT).

O RGIT aplica-se às infracções tributárias, sejam elas crimes ou contra-ordenações decorrentes da violação das normas reguladoras:

a) Das prestações tributárias;
b) Dos regimes tributários, aduaneiros e fiscais, independentemente de regulamentarem ou não prestações tributárias;
c) Dos benefícios fiscais e franquias aduaneiras;
d) Das contribuições e prestações relativas ao sistema de
solidariedade e segurança social, sem prejuízo do regime de
contra-ordenações, que consta de legislação especial – cf.
art. 1.º.

A al. d), do art. 1.º, do RGIT, reafirma o disposto no n.º 2, do art. 1.º, da Lei n.º 15/01, que estabelece que "*O regime das contra--ordenações contra a segurança social consta de legislação especial*".

Donde se conclui que o RGIT apenas se aplica aos crimes contra a segurança social.

A sistemática do RGIT é bem diferente da constante do RJIFNA que, como se viu, resultou de acrescentos e enxertos.

O RGIT vale mais pelo seu âmbito de aplicação do que pela sistematização das matérias que oferece. A grande vantagem que apresenta, em relação à situação anterior, é que agora as infracções fiscais, aduaneiras e não aduaneiras, são tratadas num só diploma legal.

Os crimes ttributários contra a segurança social foram classificados uns como comuns e outros como "crimes contra a segurança social".

Os tributários comuns são a burla tributária, a frustração de créditos, a associação criminosa, a desobediência qualificada e a violação de segredo; mantiveram-se como crimes específicos ou concretos contra a segurança social a fraude e o abuso de confiança.

Verificou-se o alargamento da criminalização tributária aos crimes de burla, associação criminosa e desobediência qualificada.

Os crimes comuns são os crimes que podem ser praticados contra a Fazenda Pública (no âmbito fiscal e no âmbito aduaneiro) e contra a segurança social.

Aos crimes comuns contrapõem-se os crimes aduaneiros, os fiscais e os que são contra a segurança social, todos englobados na parte relativa às infracções tributárias em especial. O RGIT contém também um capítulo I sobre disposições comuns a todas as infracções e um capítulo II de disposições aplicáveis aos crimes tributários.

A sistematização do RGIT corresponde sobretudo a critérios pragmáticos e daí decorrem algumas dificuldades insuperadas e outras de conjugação com os regimes gerais substantivos (penal e contra-ordenacional) e adjectivos (processos penal e contra--ordenacional).

**6.2.1.** *Da constitucionalidade das incriminações contra a segurança social*

O tema enunciado coloca-se no contexto do Estado-Providência Keynesiano (EPK) que é aquele em que vivemos.

Para Ramesh Mishra, a história do EPK teria três fases, a última das quais com início por volta de 1980 e caracterizada pela ruptura ideológica decorrente de abordagens alternativas em relação ao EPK: o neoconservadorismo, à direita, e o social-corporativismo, à esquerda[112].

O EPK caracteriza-se, do ponto de vista que aqui interessa, por uma crescente e "pesadíssima pressão fiscal"[113] e por uma cada vez mais extensa e profunda instituição de segurança social[114].

Como escreve Saldanha Sanches, "com o aumento da carga fiscal e com a generalização das taxas progressivas nos impostos sobre o rendimento, surgiu necessariamente o que podemos considerar como uma fuga estrutural ao cumprimento das obrigações tributárias". Essa fuga, diz-se, atingiu "níveis inimagináveis"[115].

Raciocínio paralelo pode desenvolver-se quanto às contribuições para a segurança social.

Perante a fuga (a fuga fraudulenta, claro, não a elisão), que meios utilizar para a combater?

A legitimidade do poder de cobrar contribuições e impostos é controvertida: na Idade Média, S. Tomás de Aquino inspirou doutrinas que defendiam que a fraude só é condenável se tiver por objecto impostos justos e que "as normas tributárias não obrigam em consciência"[116]. Mais recentemente, em sentido convergente,

---

[112] Cf. "O Estado Providência", Celta, p. 91.

[113] Nuno Sá Gomes, "O princípio "non bis in idem" face à criminalização das infracções fiscais não aduaneiras", Estudos de homenagem à Dra. Maria de Lurdes Órfão de Matos Correia e Vale, CTF, n.º 171, p. 455.

[114] Sobre o tema: Pierre Rosanvallon, "La novelle question sociale", Seuil, pp. 221 e ss.; Numa Murard, "La protection sociale", Repères, pp. 103 e ss.; P. Van Parijs, "Refonder la solidarité", Cerf, pp. 41 e ss., Augusto Venturini, "Los fundamentos cientificos de la seguridad social", Ministério de Trabajo e Seguridad Social, trad. do italiano G. Tudela Cambronero, pp. 261 e ss. e M-T Join-Lambert e al, "Politiques sociales" 2.ª ed., Presses de Sciences Politiques et Dalloz.

[115] In "A segurança jurídica no estado social de direito", CTF, n.º 140, p. 287.

[116] Cf. J.-C. Martinez, "La fraude fiscale", PUF, p. 49 e Eduardo Correia, "Os artigos 10º do Decreto-Lei n.º 27153, de 31/10/1936...", Rev. Leg. e Jur., n.º 3352, p. 290.

Curso de Direito Sancionatório da Segurança Social 93

pronunciaram-se autores como Adam Smith, Jean-Baptiste Say, B. Constant, Proudhon, Hayek e Friedman[117].

A história do imposto traz-nos idênticos ensinamentos, desde a Magna Carta às Declarações dos Direitos do Homem.

Outras doutrinas defendem a necessidade da existência dos impostos, conferindo-lhes os mais diversos fins sociais, económicos e financeiros. Há mesmo quem, como José Casalta Nabais, os tenha por "O dever fundamental de pagar impostos"[118].

Maria Celeste Cardona enfatisa: "O imposto é uma consequência da liberdade, é uma exigência da fraternidade e é um imperativo da igualdade"[119].

No EPK, os impostos, bem como as contribuições para a segurança social desempenham um papel caracterizador e essencial. Tão essencial que merecem consagração nas constituições dos países civilizados, como, por ex., a portuguesa: art. 63.°, n.° 1, "Todos têm direito à segurança social"; art. 104.°, sobre os impostos sobre o rendimento (n.os 1 e 2), sobre o património (n.° 3) e sobre o consumo (n.° 4).

Isto posto, cabe ao Estado garantir a cobrança dos impostos e das contribuições para a segurança social. Também é sabido que os sujeitos passivos de uns e de outras sempre procuram todos os meios para se subtraírem ao respectivo pagamento. (Segundo os "Études économiques de l'OCDE", de Abril de 2001, sobre Portugal, p. 77, aquela organização considera que há um grande desrespeito pelas obrigações fiscais, a evasão fiscal é muito elevada e as autoridades têm um sério problema em fazer cumprir as leis. Entre 24 e 30 por cento do produto interno bruto é gerado em economia paralela.)[120].

---

[117] "Théories contre l'impôt", textos reunidos por Alain Laurent e apresentados por Claude Reichman, Les Belles Lettres, Paris, 2000.

[118] Título da sua tese de doutoramento, ed. Almedina.

[119] "Breves reflexões em torno da criminalização da infracção fiscal", CTF, Comemorações do XX Aniversário, vol. II, p. 428.

[120] Cf. João Ramos de Almeida, "Público", de 1/3/2001. Dados quantitativamente semelhantes para 1981, em Carlos Coelho, "A ilicitude fiscal aduaneira", Rei dos Livros, Lisboa, e Henrique Medina Carreira, "A situação

Meios esses que são, uns, legítimos e legais e, então, estaríamos perante fenómenos de evitação, evasão ou elisão fiscal ou contributiva, ou esses meios são ilegítimos e ilegais e, então, estaremos perante fenómenos de fraude fiscal ou à segurança social.

A evasão fiscal consiste na "utilização de meios perfeitamente legais, embora contrários ao fim e ao espírito da lei"[121], Laurent Leservoisier distingue a evasão da elisão, considerando que a evasão é sempre ilícita e que a elisão corresponde ao conceito acima exposto. Nuno Sá Gomes expõe os métodos de luta contra a elisão fiscal: a aplicação analógica das leis fiscais por via interpretativa; o alargamento de conceitos jurídicos de direito comum; métodos indirectos de determinação da matéria colectável; a desconsideração da personalidade jurídica e as leis gerais e especiais anti-abuso do direito à poupança fiscal[122].

No combate à fraude fiscal, bem como à fraude à segurança social, o Estado tem utilizado vários instrumentos, com especial destaque para o direito penal.

Mas a intervenção penal "só vale a pena, só tem sentido tornar certos actos crime, e portanto ameaçá-los com uma pena que pode ser mais ou menos grave, quando não forem suficientes um outro tipo de medidas que podem ser, por exemplo, medidas civis, medidas administrativas ou até medidas de política social (...) Por outro lado é necessário, também, que essa incriminação seja eficaz"[123].

Figueiredo Dias e Costa Andrade assentam a necessidade e a proporcionalidade da intervenção penal numa concepção teleológico-funcional complementada por uma perspectiva racional

---

fiscal em Portugal", 1984, pp. 225 e ss.; sobre a evolução das receitas, das despesas e da dívida à segurança social no período compreendido entre 1960 e 1992, H. Medina Carreira, "As políticas sociais em Portugal", Gradiva, 1996, pp. 91 a 108.

[121] Laurent Leservoisier, "Les paradis fiscaux", PUF, p. 68.

[122] Nuno Sá Gomes, "Evasão fiscal, infracção fiscal e processo penal fiscal", CTF, n.º 177.

[123] Teresa Beleza, "Direito Penal", 1º vol., p. 35.

Curso de Direito Sancionatório da Segurança Social 95

acolhida pelo n.º 2, do art. 18.º, da CRP[124]. Jacobs defende que "O princípio da subsidiariedade constitui a variante penal do princípio constitucional da proporcionalidade, em virtude do qual não está permitida a intervenção penal se o efeito se pode alcançar mediante outras medidas menos drásticas"[125]. Por isso, Roxin pondera que "o Direito Penal há-de ser a "ultima ratio" da política social. O Direito Penal é "subsidiário" relativamente às demais possibilidades de regulação dos conflitos ..."[126].

O legislador português optou pela criminalização de alguns comportamentos lesivos dos interesses da segurança social. Fê-lo no seguimento do compromisso constitucional traduzido no cit. art. 63.º, que exige uma protecção penal efectiva e completa da segurança social (neste sentido, em Espanha, Rosario de Vicente Martinez[127].

Uma vez que o direito penal visa, eminentemente, a protecção de bens jurídicos da maior dignidade, não pode deixar de se considerar que, consequência da sistemática jurídico-constitucional vigente, a criminalização dos comportamentos contra a segurança social é proporcionalmente acertada pois, outros meios se mostraram insuficientes[128].

---

[124] Figueiredo Dias e Costa Andrade, "Direito Penal – Lições", p. 66.

[125] Gunther Jacobs, "Derecho Penal", trad. al. J. C. Contreras e J. L. S. G. de Murillo, Marcial Pons, p. 61.

[126] Claus Roxin, em "Introducción al Derecho Penal y al Derecho Procesal", de quem também são autores G. Arzt e K. Tiedemann, trad. al., L. Arroyo Zapatero e J.-L. Gómez Colomer, Ariel, p. 23.

[127] Em "Los delitos contra la seguridad social en el Código Penal de la Democracia", Ibidem ed. p. 15. Sobre o assunto, vd. "Les enjeux de la pénalisation de la vie Economique» e "La justice pénale face à la deliquance économique et financière", Marie-Anne Frison-Roche (dirt.), Dalloz, Paris.

[128] Sobre o conceito, a teoria do bem jurídico e a sua origem constitucional, vejam-se: G. Marques da Silva, ob. cit., Vol. I, pp. 22 e ss. e Vol. II, pp. 21 e ss.; F. Muñoz Conde e M. G. Arán, "Derecho Penal – parte general", Tirant lo Blanch, pp. 64 e ss.; C. Roxin, "Derecho Penal – parte general", trad. al., D.-M. Luzón

Ainda que assim seja, é de sopesar a pertinente reflexão da citada catedrática castelhana, Rosario de Vicente "... não se deve pensar que com o recurso ao Direito Penal se erradicará a crise do sistema e o seu mais evidente sintoma: a fraude. A solução virá por outras vias: o reforço do processo informático da gestão financeira da segurança social, a reorganização dos corpos de fiscalização, o estabelecimento de secções de processos executivos integrados na Segurança Social, etc.".

### 6.2.2. *"Os concretos crimes contra a segurança social"*

Esta é a epígrafe/designação adoptada por Carlos Rodrigues de Almeida[129]. Appeles da Conceição propõe a expressão "específicos"[130].

Quando nos referimos aos crimes contra a segurança social, estamos a remeter para os crimes previstos no RGIT, Parte III, Capítulo IV, arts. 106.º e 107.º.

A designação adoptada não é a mais apropriada, mas, à falta de melhor, servirá, tanto mais quanto se sabe qual a realidade referida e que o legislador também não encontrou outra.

As normas legais que criminalizam as concretas condutas contra a segurança social patenteiam previsões semelhantes às que se referem aos crimes fiscais: à fraude fiscal – art. 103.º, corresponde, sob a óptica apontada, a fraude contra a segurança social – art. 106.º e ao abuso de confiança – art. 105.º, corresponde, com as necessárias adaptações, o abuso de confiança contra a segurança social – art. 107.

Essas mesmas normas são idênticas no que respeita às respectivas estatuições: o art. 106.º, n.º 2, limita-se a remeter para as penas estabelecidas nos n.os 1 e 3, do art. 103.º e o art. 107.º remete para o 105.º.

---

Peña, M. D. G. Conlledo e F. V. Remesal, Civitas, Tomo I, pp. 55 e ss. e sobre o bem jurídico fiscal, N. Sá Gomes, "O princípio ...", ob. cit., pp. 472 e ss.

[129] Loc. cit. p. 98.

[130] Em "Segurança Social – Manual Prático", Rei dos Livros, 6ª ed., p. 322.

Estas circunstâncias levam a que a interpretação feita para as normas fiscais criminalizadoras se aplique também às normas tipificadoras dos crimes contra a segurança social. Daí também que a elaboração doutrinal e jurisprudencial de umas se aplique, "mutatis mutandis", à outra.

Mas há mais razões que concorrem neste mesmo sentido. O direito subsidiário aplicável aos concretos crimes contra a segurança social, por força das remissões legalmente previstas é, dir-se-á, em primeiro grau, o aplicável aos crimes fiscais previstos no RGIT; em segundo grau será o Código Penal, quer por força do disposto no art. 3.º, do RGIT, quer por força do princípio expansivo de aplicabilidade que o Cód. Pen. a si mesmo se atribui no art. 8.º e, finalmente, em terceiro grau, o disposto para os crimes comuns correspondentes definidos na Parte Especial do Cód. Pen.: o de burla – art. 217, do Cód. Pen., à fraude fiscal e à segurança social e o do abuso de confiança – art. 205.º, do Cód. Pen., ao abuso de confiança fiscal e contra a segurança social.

Como já se viu, os crimes contra a segurança social constam de um diploma legal autónomo, uma lei, que aprova o RGIT.

As respectivas normas criminalizadoras são normas especiais em relação às normas correspondentes do direito penal comum ou de justiça. E são-no porque, como escreve Baptista Machado, "As normas especiais (ou de direito especial) não consagram uma disciplina directamente oposta à do direito comum; consagram todavia uma disciplina nova ou diferente para círculos mais restritos de pessoas, coisas ou relações"[131].

De acordo com o disposto no n.º 3, do art. 7.º, do Cód. Civ., a lei geral não revoga a lei especial, salvo inequívoca intenção do legislador em contrário.

Segundo Oliveira Ascensão e a doutrina dominante, "a lei especial posterior não revoga a lei geral anterior"[132].

---

[131] "Introdução ao Direito e ao Discurso legitimador", Almedina, 1983, p. 45.

[132] Cf. Oliveira Ascenção, "O Direito", F. Calouste Gulbenkian, 1978, p. 259 e I. Galvão Telles, "Introdução ao estudo do direito", AAFDL, Vol. I,

O que deve concluir-se é que, havendo uma lei especial, esta se aplica preferencialmente às relações que regula e posterga a aplicação da lei geral ou comum para momento ulterior.

É o que acontece quanto aos crimes contra a segurança social: são-lhe aplicáveis directamente os regimes definidos no RGIT (lei especial) e naquilo que aí não está previsto aplica-se o Cód. Pen. (lei geral).

Daí que se fale na regra da especialidade ou no efeito consumptivo das normas penais fiscais em relação às normas penais comuns[133]. Esta regra ou efeito adquire a maior relevância no que tange à aplicabilidade das sanções tributárias. Diga-se desde já que as sanções penais tributárias são, em abstracto, menos graves, "mais benignas", que as sanções penais comuns.

### 6.2.3. O art. 10.° do RGIT

Eis o texto do cit. art.:
*Especialidade das normas tributárias e concurso de infracções*

*Aos responsáveis pelas infracções previstas nesta lei são somente aplicáveis as sanções cominadas nas respectivas normas, desde que não tenham sido efectivamente cometidas infracções de outra natureza.*

A primeira questão interpretativa a colocar consiste em eleger "um critério normativo que nos consiga dar o número de crimes praticado pelo agente em sentido jurídico-penal"[134].

Resposta dada: "A grande ideia é que existem essencialmente dois tipos de concurso: o chamado concurso legal, aparente ou

---

p. 205. Discordamos da posição que defende a revogação – E. N. Santos Silva, "Introdução ao estudo do direito", PF ed., p. 177.

[133] Cf. Eduardo Correia, ob. cit., p. 323.

[134] Faria e Costa, "Formas de crime", Jornadas cit., pp. 177/8.

impuro e o chamado concurso efectivo verdadeiro ou puro... estamos face a um concurso legal quando o comportamento do agente preenche vários tipos legais ... só que o conteúdo da conduta é total e exclusivamente abrangido por "um" dos tipos violados, devendo, por consequência, os outros tipos retirarem para segundas linhas. Tal nada mais é que o reflexo, a nível penal (de que) as normas se podem conjugar dentro de específicos parâmetros: por uma relação, entre outras, de especialidade, consumação e subsidiariedade".

Conclui-se, então, que o art. 10.º estabelece o princípio de que quando há concurso de crimes contra a segurança social e crimes comuns, o agente será punido pelos crimes cometidos contra a segurança social quando estes estão com aqueles numa relação de especialidade, de consumação ou de subsidiariedade (é uma aplicação dos princípios "non bis in idem" e da proporcionalidade)[135].

Porém, esses princípios não se aplicam quando os crimes tenham outra natureza porque tenham violado, além dos interesses do Estado que sejam interesses da segurança social, outros interesses do Estado, ou interesses de terceiros. Nestes casos, aplica-se apenas o Código Penal.

### 6.2.4. *A fraude à segurança social*

Art. 106.º – *Fraude contra a segurança social*

1 – *Constituem fraude contra a segurança social as condutas das entidades empregadoras, dos trabalhadores independentes e dos beneficiários que visem a não liquidação, entrega ou pagamento, total ou parcial, ou o recebimento indevido, total ou parcial, de prestações de segurança social com intenção de obter*

---

[135] Cf. N. Sá Gomes, "O princípio ...", ob. cit., pp. 485 e ss.

*para si ou para outrem vantagem patrimonial ilegítima de valor superior a 7500 Euros.*

*2 – É aplicável à fraude contra a segurança social a pena prevista no n.° 1 do artigo 103.° e o disposto nas alíneas a) a c) do n.° 1 e o n.° 3 do mesmo artigo.*

*3 – É igualmente aplicável às condutas previstas no n.° 1 deste artigo o disposto no artigo 104.°.*

*4 – Para efeito deste artigo também se consideram prestação da segurança social os benefícios previstos na legislação da segurança social.*

Artigo 103.°, números 1, alíneas a) a c) e número 3

*1 – Constituem fraude fiscal, punível com pena de prisão até três anos ou multa até 365 dias, as condutas ilegítimas tipificadas no presente artigo que visem a não liquidação, entrega ou pagamento da prestação tributária ou a obtenção indevida de benefícios fiscais, reembolsos ou outras vantagens patrimoniais susceptíveis de causarem diminuição das receitas tributárias. A fraude fiscal pode ter lugar por:*

*a) Ocultação ou alteração de factos ou valores que devam constar dos livros de contabilidade ou escrituração, ou das declarações apresentadas ou prestadas a fim de que a administração fiscal especificamente fiscalize, determine, avalie ou controle a matéria colectável;*

*b) Ocultação de factos ou valores não declarados e que devam ser revelados à administração tributária;*

*c) Celebração de negócio simulado, quer quanto ao valor, quer quanto à natureza, quer por interposição, omissão ou substituição de pessoas.*

*2 – ...*

*3 – Para efeitos do disposto nos números anteriores, os valores a considerar são os que, nos termos da legislatura aplicável, devam constar de cada declaração a apresentar à administração tributária.*

# Curso de Direito Sancionatório da Segurança Social

Artigo 104.º – Fraude qualificada

*1 – Os factos previstos no artigo anterior são puníveis com prisão de um a cinco anos para as pessoas singulares e multa de 240 a 1200 dias para as pessoas colectivas, quando se verificar a acumulação de mais de uma das seguintes circunstâncias:*

*a) O agente se tiver conluiado com terceiros que estejam sujeitos a obrigações acessórias para efeitos de fiscalização tributária;*

*b) O agente for funcionário público e tiver abusado gravemente das suas funções;*

*c) O agente se tiver socorrido do auxílio do funcionário público com grave abuso das suas funções;*

*d) O agente falsificar ou viciar, ocultar, destruir, inutilizar ou recusar entregar, exibir ou apresentar livros, programas ou ficheiros informáticos e quaisquer outros documentos ou elementos probatórios exigidos pela lei tributária;*

*e) O agente usar os livros ou quaisquer outros elementos referidos na alínea anterior sabendo-os falsificados ou viciados por terceiro;*

*f) Tiver sido utilizada a interposição de pessoas singulares ou colectivas residentes fora do território português e aí submetidas a um regime fiscal claramente mais favorável;*

*g) O agente se tiver conluiado com terceiros com os quais esteja em situação de relações especiais.*

*2 – A mesma pena é aplicável quando a fraude tiver lugar mediante a utilização de facturas ou documentos equivalentes por operações inexistentes ou por valores diferentes ou ainda com a intervenção de pessoas ou entidades diversas das da operação subjacente.*

*3 – Os factos previstos nas alíneas d) e e) do n.º 1 do presente preceito com o fim definido no n.º 1 do artigo 103.º não são puníveis autonomamente, salvo se pena mais grave lhes couber.*

### 6.2.4.1. Bem jurídico

Sobre esta matéria, encontrámos uma excepcional resenha de José Luís Seoane Spiegelberg: "Têm sido várias as posturas que têm sido defendidas acerca de tal questão: A) A sua configuração como um delito de falsidade; B) como delito contra o dever de colaboração dos contribuintes; C) como delito contra a função tributária; D) delito contra o património da Fazenda Pública; E) delito pluriofensivo"[136].

A melhor doutrina espanhola (Martinez Pérez e José Aparício Pérez) defende a tese patrimonialista entendendo que a criminalização da fraude tem por principal objectivo defender os interesses patrimoniais da Fazenda Pública, ou da segurança social, acrescenta-se. Indirectamente a criminalização da fraude protege, por um lado, a ordem social e económica ao tutelar a recepção das receitas necessárias ao custeamento das despesas públicas, designadamente, as inerentes ao sistema da segurança social e, por outro, o funcionamento do Estado social de direito.

Entre nós, Augusto Silva Dias afasta a "eticização do sistema fiscal" como objectivo primacial da intervenção penal neste domínio. Sem excluir essa "eticização" como "pano de fundo", mantém que "os crimes tributários têm natureza "artificial", uma vez que estes crimes não têm correspondência nas "representações de valor preexistentes na consciência jurídica da comunidade"[137]. Por isso, o legislador deparou-se com três alternativas: centrar a ilicitude no dano causado ao erário público; centrar a ilicitude na violação dos deveres fundamentais de colaboração, de informação e de verdade para com a administração financeira; centrar a ilicitude num modelo ecléctico compromissório ou misto, que combine as

---

[136] Em "El delito de defraudación tributária", in Temas de derecho penal tributário, de C. Garcia Novoa e A. López Díaz (coords.), Marcial Pons, 2000, p. 83.

[137] "O novo Direito Penal Fiscal não aduaneiro", em Dto. Pen. Econ. e Eur., cit., vol. II, pp. 263 e ss.

*Curso de Direito Sancionatório da Segurança Social* 103

anteriores alternativas. Para o autor citado, "o legislador preferiu claramente o terceiro modelo".

Na mesma linha seguem Figueiredo Dias e Costa Andrade[138].

Optando "de jure constituendo" pela segunda alternativa, Eliana Gersão escreve: "o acento tónico da actividade delituosa não está mais na evasão, mas sim na "falta de colaboração com a Administração", ou seja, "na falta de cumprimento dos deveres preparatórios ou acessórios da obrigação (...)"[139].

Da análise das disposições legais em causa, art. 106.° e n.° 1 do art. 103.°, do RGIT, concluímos que o tipo legal de crime de fraude à segurança social assenta, por um lado, no carácter ilegítimo das condutas descritas nos n.°s 1 e 3 do art. 106.° e no objectivo que elas visam, causar dano patrimonial à segurança social. Daí resulta o eclectismo da solução legislativa, um binómio entre a ilicitude das condutas e o dano patrimonial. Não descortinamos razão para dar predominância a qualquer dos termos do enunciado binómio. O compromisso legislativo neste ponto é igualitário: a tutela dos interesses patrimoniais da segurança social tem a mesma dignidade jurídica da tutela legalmente atribuída aos valores de informação e de verdade exigidos às condutas dos contribuintes.

### 6.2.4.2. Sujeitos

Os agentes possíveis deste crime estão perfeitamente identificados no n.° 1 do art. 106.° e são as entidades empregadoras, os trabalhadores independentes e os beneficiários. Daí que este crime seja qualificado como específico próprio ou puro.

Se o agente ou sujeito activo é a entidade empregadora, o

---

[138] "O crime de fraude fiscal no novo Direito Penal Tributário Português", Dto. Econ. e Eur., cit., vol . II, p. 418 e "O Crime de fraude fiscal", RPCC, Ano 6°, 1°, pp. 82 e ss.

[139] "Revisão do sistema jurídico relativo à infracção fiscal", CTF, n.° 112, p. 39.

trabalhador independente ou o beneficiário, o sujeito passivo é a segurança social.

A importante inovação do RGIT nesta matéria é ter estendido a criminalização às condutas dos beneficiários.

### 6.2.4.3. Conduta

A conduta típica e ilegítima tem por objecto defraudar, por acção ou omissão, a segurança social, quer não permitindo a liquidação, a entrega ou o pagamento das contribuições, quer permitindo a obtenção indevida de reembolsos ou outras vantagens patrimoniais.

A conduta tem como característica essencial a intenção defraudatória que se revela pela ocultação ou alteração de factos ou valores, ou pela simulação de negócio. A conduta é enganosa, por isso faz com que o sujeito passivo erre na definição da contribuição e, consequentemente, sofra um prejuízo patrimonial.

São três as modalidades que reveste a conduta típica do crime de fraude à segurança social (als. a) a c) do n.º 1 do art. 103.º, do RGIT):

> a) *ocultação ou alteração de factos ou valores que devam constar dos livros de contabilidade ou escrituração, ou das declarações apresentadas ou prestadas, a fim de que a administração fiscal especificamente fiscalize, determine, avalie ou controle a matéria colectável;*
> b) *ocultação de factos ou valores não declarados e que devam ser declarados à administração tributária;*
> c) *celebração de negócio simulado, quer quanto ao valor, quer quanto à natureza, quer por interposição, omissão ou substituição de pessoas.*

Na alínea a), exige-se uma conduta activa assumida pelo agente; na al. b) está-se perante uma conduta omissiva e na al. c) menciona-se a simulação.

A ocultação ou alteração dos factos ou valores que devem constar das folhas de remunerações têm de impedir a segurança social de determinar, avaliar ou controlar o montante das contribuições que lhe são devidas.

Na alínea b), está em causa um comportamento omissivo que consiste essencialmente em não declarar o que deve ser declarado.

Na alínea c), a conduta consiste na celebração de negócio simulado (vd. art. 240.º, do Cód. Civ.). O negócio simulado é nulo. A declaração da nulidade dos negócios simulados é da competência dos tribunais comuns.

O negócio simulado pode ter por objecto o valor quando este é declarado superior ou inferior ao do negócio dissimulado, ou seja, ao realmente querido pelas partes.

Pode ser simulado quanto à natureza se o negócio dissimulado é encoberto pelo simulado de outro tipo.

Existe ainda negócio simulado quando há substituição de pessoas, quando uma parte no negócio é fictícia, aparente, porque foi com outra que, na verdade, foi celebrado o negócio.

Declarada a nulidade de um negócio jurídico simulado, as contribuições devidas são as decorrentes do negócio dissimulado.

Hoje merece consenso a tese lapidarmente exposta por Alfredo José de Sousa: "Para a instauração de processo por crime de fraude fiscal no caso de negócio jurídico simulado não se torna necessário a prévia declaração da nulidade no tribunal comum em acção proposta pelo Ministério Público"[140].

O legislador não autonomizou em artigo o crime de fraude qualificada contra a segurança social, mas consagrou a sua existência no n.º 3, do artigo 103.º.

A conduta fraudulenta, se for acompanhada por mais do uma das circunstâncias previstas nas als. a) a g) do n.º 1 do art. 104.º,

---

[140] Ob. cit., p. 97. Acerca da evolução histórico-legislativa da prejudicialidade desta questão, N. Sá Gomes, "Direito Penal Fiscal", CTF, n.º 128, pp. 146 e ss. Sobre uma figura próxima da simulação, ver Alberto Xavier, "O negócio indirecto em direito fiscal", Separata do n.º 147 de CTF.

passa a tipificar o crime de fraude qualificada contra a segurança social.

As alíneas a), c) e g) pressupõem o conluio do agente com terceiros ou com funcionário público.

Na alínea b), restringe-se o âmbito pessoal do agente pela qualidade de funcionário público. É sempre pressuposto que o funcionário público tenha abusado gravemente das suas funções.

Nas alíneas d) e e), são referidos modos de actuação do agente que agravam a ilicitude da falsificação ou viciação dos livros, programas ou ficheiros informáticos.

Na alínea f) é mencionada uma espécie de negócio simulado que consiste na interposição de pessoas residentes em paraísos fiscais e, por isso, com regime fiscal claramente menos, ou nada, gravoso.

Tanto os meios pelos quais podem ter lugar, previstos nas alíneas do n.º 1, do art. 103.º, como as circunstâncias mencionadas nas alíneas do n.º 1, do art. 104.º, constituem factores externos dos crimes de fraude contra a segurança social. Os factores internos respeitantes ao tipo subjectivo dos aludidos crimes são o dolo, como elemento geral, e a intenção de defraudar a segurança social, obtendo a não liquidação, entrega ou pagamento das contribuições ou o recebimento indevido de prestações, como elemento específico[141].

### 6.2.4.4. Resultado

Em Espanha, o crime de fraude contra a segurança social, previsto no art. 307.º do Cód. Pen., configura-se como um crime de resultado[142].

---

[141] Acerca da teoria do tipo objectivo e subjectivo, vd. C. Roxin, "Derecho Pen.", cit., pp. 302 e ss.

[142] Rosário de Vicente, loc. cit., p. 77 e Juan Martin Queralt, Carmelo Lozano Serrano, Gabriel Casado Ollero, José M. Tejerizo Lopéz, "Curso de Derecho Financiero y Tributario", Tecnos, 10.ª ed., p. 528.

É um crime de resultado e de lesão, pois que o normativo criminalizador pressupõe, como condições do seu cometimento, que seja causado um prejuízo económico efectivo à segurança social e restringe o âmbito da criminalização, através da imposição de um limite quantitativo mínimo expresso em milhões de pesetas (quinze).

A previsão normativa do art. 106.º exige apenas que o agente vise defraudar a segurança social, considerando que a assunção de qualquer das condutas previstas no seu n.º 1, revela a intenção do agente que prefigura o dolo do crime. A intenção do agente é sempre a de causar um prejuízo à segurança social através da diminuição das receitas a que esta legalmente tem direito, ou do aumento indevido das despesas prestacionais, mesmo que qualquer desses objectivos não seja atingido. Deste jeito o agente põe em perigo o regular funcionamento do sistema de solidariedade e segurança social.

Para Augusto Silva Dias "o legislador optou por privilegiar o desvalor da acção, configurando a fraude fiscal como um "crime de perigo", cuja consumação não depende da efectiva "obtenção das vantagens patrimoniais indevidas"[143].

Figueiredo Dias e Costa Andrade reconhecem na fraude fiscal uma natureza ambivalente, já que é tipicamente um crime de falsidade e, simultaneamente, do ponto de vista material, um crime contra o património fiscal[144]. O resultado lesivo não integra a factualidade típica do crime. Daí que, na esteira da doutrina e da jurisprudência alemãs, qualifiquem a fraude fiscal como crime de resultado cortado, pois, citando Jescheck, "o agente almeja um resultado, que há-de ter presente para a realização do tipo, mas que não é preciso alcançar".

O legislador aditou um limite quantitativo ao resultado obtido com a consumação do crime de fraude à segurança social.

---

[143] Apud, Alfredo José de Sousa, loc. cit., p. 92.
[144] Em "O crime de fraude ...", Dto. Pen. Econ. e Eur. cit., p. 422.

É discutível a coerência deste requisito com a natureza penal da conduta do agente. A opção do legislador compreender-se-á por razões pragmáticas, para que a investigação criminal se não "entupa" com "bagatelas".

A punibilidade do agente fica assim objectivamente condicionada ao facto de a vantagem patrimonial ilegítima pretendida ser superior a 7.500 Euros.

### 6.2.4.5. Pena, tipo qualificado e tipo privilegiado

A pena aplicável ao crime de fraude à segurança social é a prisão até três anos ou a multa até 360 dias – cf. arts. 106.°, n.° 2 e primeira parte do n.° 1, do art. 103.°, do RGIT.

A cada dia de multa corresponde uma quantia de 1 Euro a 500 Euros para as pessoas singulares, e de 5 Euros a 5.000 Euros para os demais entes.

A multa é fixada pelo juiz em função de todas as circunstâncias favoráveis e desfavoráveis ao agente e que não façam parte do tipo de crime. Entre essas circunstâncias destacam-se: o grau de ilicitude do facto, a intensidade do dolo e a situação económica e financeira do agente e dos seus encargos.

Na fraude qualificada contra a segurança social, a pena para as pessoas singulares é de prisão de um a cinco anos e para as pessoas colectivas é a multa de 240 a 1.200 dias.

A fraude contra a segurança social só é punida se o valor da vantagem patrimonial ilegítima desejada para si ou para outrem for superior a 7.500 Euros.

### 6.2.4.6. Concurso de crimes e crime continuado

As entidades empregadoras e os trabalhadores independentes devem comunicar à segurança social o início de actividade e, mensalmente, devem entregar as folhas de remunerações e respectivas guias de pagamento.

Um agente que não comunique o início de actividade e não entregue, nos meses subsequentes, nem as folhas de remuneração, nem proceda aos pagamentos, comete um crime continuado.

Um agente que deixe de apresentar mensalmente as folhas de remunerações e não pague, bem como um beneficiário que mensalmente receba um subsídio indevido, em cada mês comete um crime (concurso real de crimes).

**6.2.5.** O abuso de confiança contra a segurança social

Artigo 107.º do RGIT – Abuso de confiança
contra a segurança social

1 – *As entidades empregadoras que, tendo deduzido do valor das remunerações devidas a trabalhadores e membros dos órgãos sociais o montante das contribuições por estes legalmente devidas, não o entreguem total ou parcialmente, às instituições de segurança social, são punidas com as penas previstas nos n.ºs 1 a 5 do artigo 105.º.*

2 – *É aplicável o disposto nos n.ºs 4, 6 e 7 do artigo 105.º.*

Artigo 105.º – Abuso de confiança (fiscal)

1 – *Quem não entregar à administração tributária, total ou parcialmente, prestação tributária deduzida nos termos da lei e que estava legalmente obrigado a entregar, é punido com pena de prisão até três anos ou multa até 360 dias.*

2 – *...*

3 – *...*

4 – *Os factos descritos nos números anteriores só são puníveis se tiverem decorrido mais de 90 dias sobre o termo do prazo legal de entrega da prestação.*

5 – *Nos casos previstos nos números anteriores, quando a entrega não efectuada for superior a 50.000 Euros, a pena é a de*

*prisão de um a cinco anos e de multa de 240 a 1.200 dias para as pessoas colectivas.*

*6 – Se o valor da prestação a que se referem os números anteriores não exceder 1.000 Euros, a responsabilidade criminal extingue-se pelo pagamento da prestação, juros respectivos e valor mínimo da coima aplicável pela falta de entrega da prestação no prazo legal, até 30 dias após a notificação para o efeito pela administração fiscal.*

*7 – Para efeito do disposto nos números anteriores os valores a considerar são os que, nos termos da legislação aplicável, devam constar de cada declaração a apresentar à administração tributária.*

### 6.2.5.1. Bem jurídico

O abuso de confiança consiste tipicamente na apropriação ilegítima de coisa móvel alheia que o agente detém ou possui em nome alheio[145].

O abuso de confiança em relação à segurança social é, na sua essência típica, a apropriação ilegítima pelas entidades empregadoras do montante das contribuições devidas à segurança social e que foi deduzido às remunerações pagas aos trabalhadores.

A situação apresenta grande paralelismo com o que se passa com a retenção na fonte de certos impostos, como, por exemplo, o Imposto sobre o Rendimento das Pessoas Singulares (IRS), quando estas trabalham por conta de outrem.

Em ambos os casos estamos perante situações de substituição tributária.

No caso da segurança social as contribuições deduzidas aos salários devem ser entregues até ao dia 15 do mês seguinte àquele

---

[145] Cf. Figueiredo Dias, in "Comentário Conimbricense ao Código Penal", Coimbra Ed., T. II, p. 94.

*Curso de Direito Sancionatório da Segurança Social*

a que respeitam (art. 5.º, n.º 2, do Decreto-Lei n.º 103/80, de 9 de Maio e n.º 2 do art. 10.º, do Decreto-Lei n.º 199/99, de 8 de Junho).

Com o crime de abuso de confiança em relação à segurança social o bem jurídico que se protege é exclusivamente a propriedade das contribuições objecto do crédito tributário de que é titular a segurança social.

O núcleo essencial deste crime está em entidades empregadoras se apropriarem, sem título translativo da propriedade, do montante das contribuições deduzidas aos salários e que são devidas pelos trabalhadores à segurança social.

O facto de a segurança social confiar nas entidades empregadoras para que procedam à dedução das contribuições e à sua entrega consubstancia um dever acessório que sobre elas impende. A relação de fidúcia existente faz com que o abuso de confiança em relação à segurança social seja um crime especial, com forma de crime de dever.

### 6.2.5.2. Sujeitos

De acordo com o disposto no normativo em análise, no crime de abuso de confiança em relação à segurança social, o sujeito activo ou agente do crime está inequivocamente identificado, só podem ser as entidades empregadoras e o sujeito passivo é a segurança social.

### 6.2.5.3. Conduta

No crime em análise a conduta típica é a apropriação ilegítima pelas entidades empregadoras das contribuições devidas pelos trabalhadores e que aos salários deduziram.

É claro que esta acção é acompanhada pela omissão resultante da não entrega daquelas contribuições à segurança social.

Entendemos que neste crime a conduta ou comportamento típico consiste na apropriação ilegítima do montante das contribuições, apropriação essa que, no caso, tem como indispensável pressuposto a não entrega das contribuições à segurança social.

A primeira opção das entidades empregadoras, face à imposição legal para que deduzam o montante das contribuições aos salários, é proceder ou não a essa dedução. Se não procedem, incorrem numa contra-ordenação, se procedem, advém uma segunda opção: entregam ou não o respectivo montante à segurança social; se entregam cumprem a lei, se não entregam, aparece uma terceira opção: ou se limitam a possuir ou deter esse montante ou dele se apropriam. A consumação do crime só acontece com a apropriação.

No crime de abuso de confiança em relação à segurança social, a violação do dever acessório de não entregar não traduziria um desvalor da acção, uma reprovação ética que só por si revestisse dignidade criminal.

A relação de confiança entre a segurança social e as entidades empregadoras só é quebrada quando a quantia deduzida aos salários é por estas apropriada.

Essa relação de confiança é elemento objectivo deste crime, pois a segurança social confia nas entidades empregadoras para que deduzam o montante das contribuições e posteriormente lho entreguem. Entre o momento da dedução e o da entrega, as entidades empregadoras desempenham o papel de fieis depositários (cf. arts. 1185.º e ss., CC, e 755.º, n.º 1, e), do CC), e, por isso, gozam do direito de retenção sobre o montante deduzido.

A apropriação referida, por um lado caracteriza-se por as entidades empregadores passarem a utilizar as quantias deduzidas como se fossem os seus donos, "uti dominus" e, por outro, revela-se por actos "objectivamente idóneos e concludentes"[146].

A quantia antes de deduzida é parte do salário e como tal propriedade do trabalhador. Quantia que, dada a sua natureza tributária, ele é obrigado a entregar à segurança social. Entrega que é feita através da operação lógico-matemática-contributiva que é a dedução. Feita a dedução, a quantia resultante é retida na fonte, ou

---

[146] Figueiredo Dias, ibidem, p. 103.

Curso de Direito Sancionatório da Segurança Social    113

seja, na entidade empregadora, e, posterior e legalmente, entregue à segurança social. Grosso modo, e em poucas palavras, poder-se-á dizer que o trabalhador entrega uma quantia à entidade empregadora que, por seu turno, a entrega à segurança social.

As contribuições resultantes da aplicação da taxa social única são subtraídas à propriedade salarial dos trabalhadores pela segurança social que confia a execução operativa material às entidades empregadoras que, enquanto suas fiéis depositárias, são obrigadas a entregá-las ao seu credor legítimo, a segurança social.

O tipo subjectivo é idêntico no crime de abuso de confiança em relação à segurança social e no crime comum de abuso de confiança. Em ambos se reconduz à apropriação ilegítima de coisa alheia com lesão da relação de confiança que presidiu à entrega.

Augusto Silva Dias coloca a questão da ilicitude nos casos das empresas em situação económica difícil que, por insuficiência de tesouraria, deixam de entregar ao Fisco as retenções na fonte relativas ao IRS (do mesmo modo se pode colocar a questão para as contribuições decorrentes da aplicação da taxa social única), mas continuam em actividade e a pagar a parte restante dos salários. Verificadas certas condições (impossibilidade de cumprimento simultâneo dos dois deveres ... por insuficiente receita mensal da empresa ... impossibilidade no momento do cumprimento e... utilização das receitas para pagar parte dos salários ou para investir em equipamentos ou matéria prima) conclui que o comportamento será "lícito"[147]. É uma questão de muito difícil resposta, merecedora da ponderação de muitos argumentos da mais diversa natureza (moral, social, económica, jurídica).

No que respeita à segurança social, temos por decisivo um argumento: o não pagamento destas contribuições representa uma diminuição de receitas e o tempo em que a empresa não cumpridora se mantiver a laborar faz aumentar as despesas da segurança social, pois os trabalhadores continuam plenamente beneficiários. Nesta óptica a ilicitude do comportamento das entidades empregadoras é

---

[147] "Crimes e contra-ordenações", Dto. Pen. Econ. e Eur. cit., pp. 462 e ss.

patente. Das consequências destas considerações, financeiras para a segurança social e empresariais, para o funcionamento do mercado, não cabe tratar aqui. (Numa perspectiva mais frontal é aconselhado que seja requerida pela segurança social a falência das empresas incumpridoras, tendo em conta o desemprego e o "lobbying")[148].

### 6.2.5.4. Resultado

O crime de abuso de confiança em relação à segurança social produz-se sempre que o agente, entidade empregadora, se apropria, ilegitimamente, de quantias que pertencem à segurança social e que foram deduzidas aos salários. Os interesses patrimoniais da segurança social são assim ofendidos, porque as entidades empregadoras invertem o título de posse ou de detenção das quantias deduzidas, isto é, em vez de entregarem essas quantias à segurança social, usam-nas para outros fins, como se elas fossem suas.

Com este comportamento o agente lesa o erário da segurança social. Ofende o direito de propriedade de que é titular a segurança social e que tem por objecto as quantias contributivas.

Daí que o crime de abuso de confiança relativo à segurança social seja um crime de resultado.

### 6.2.5.5. Pena e tipos agravados e privilegiados

Por imposição do art. 107.º do RGIT, ao crime de abuso de confiança em relação à segurança social são aplicáveis as penas previstas no art. 105.º, relativo ao crime de abuso de confiança fiscal.

---

[148] Cf. Livro Branco da Segurança Social – Janeiro de 1998, p. 240. No mesmo sentido, foi recentemente levantada a suspensão de aplicabilidade do art. 35º do Cód. das Socs. Coms., como dispõe o art. 4º do Decreto-Lei n.º 237/2001, de 30 de Agosto.

O tipo fundamental do crime em análise é punido:

– com prisão até 3 anos ou multa de 10 até 360 dias quando a entrega não efectuada por pessoas singulares é igual ou inferior a 50.000 euros;
– com pena de multa de 20 até 720 dias quando idêntica entrega não é efectuada por pessoas colectivas;
– se a entrega não efectuada é superior a 50.000 Euros, com prisão de 1 a 5 anos, para as pessoas singulares e multa de 240 a 1.200 dias, para as pessoas colectivas – cf. arts. 7.º, n.º 3 e 12.º do RGIT.

No n.º 5, do artigo 105.º, prevê-se a agravação do crime.

No n.º 6 está previsto um caso de extinção da responsabilidade criminal. Esta extinção resulta do pagamento da prestação de valor inferior a 1.000 Euros, dos juros e do valor mínimo da coima aplicável pela falta de entrega da prestação no prazo legal e desde que feito até ao trigésimo dia posterior à notificação da administração da segurança social, para o efeito.

Os valores a ter em conta são os que, nos termos da lei, devem constar dos documentos a entregar às instituições de segurança social.

### 6.2.5.6. Outras questões

– As contribuições para a segurança social devem ser-lhe entregues mensalmente, por isso se põe a questão de saber se as apropriações indevidas e as faltas de entregas ao longo dos meses constituem um crime continuado ou se há tantos crimes quantas as faltas de pagamento.

Se não se verificarem os pressupostos do crime continuado, configurar-se-á um concurso real de crimes[149].

---

[149] Cf. Carlos Rodrigues de Almeida, ob. cit., pp. 106/7 e Alfredo José de Sousa, ob. cit., p. 111.

– Entre o abuso de confiança em relação à segurança social e o abuso de confiança do art. 205 do Cód. Pen, há uma relação de especialidade e de consumpção, já que entre ambos medeia "uma relação de sobreposição" total; por isso, uma conduta submetida ao concurso legal do cit. art. 205.º e do art. 107.º, do RGIT, será subsumida tão somente a este último, visto a aplicação deste (art.107.º) afastar a aplicação daquele (art. 205.º)[150].

– O n.º 4 do art. 105.º estabelece o prazo de 90 dias durante o qual o agente infractor pode ainda entregar as contribuições devidas. Esse prazo conta-se a partir do termo do período legal de entrega. Se o agente infractor entregar a quantia contributiva durante os mencionados 90 dias, há uma contra-ordenação, se o fizer depois de decorridos aqueles 90 dias, há crime.

O prazo de 90 dias já era visto no regime anterior ao actualmente em vigor como uma condição de procedibilidade processual. Daí que o procedimento criminal só pode ser instaurado depois de decorridos 90 dias sobre o termo do prazo legal de entrega das contribuições[151]. Para quem configure o crime de abuso de confiança contra a segurança social como um crime em que o bem jurídico ofendido é o erário de que é titular a segurança social pelo incumprimento de um direito de crédito, então o prazo de 90 dias não é uma condição de procedibilidade processual, mas sim um elemento do tipo que define "o prazo de realização da acção imposta pela norma criminal portadora de uma ilicitude própria"[152]. Nesta maneira de ver o dito prazo constitui uma condição de punibi-lidade.

---

[150] Cf. Figueiredo Dias e M. Costa Andrade, "O crime ...", loc. cit., p. 436.
[151] Cf. Augusto da Silva Dias, "Crimes e ...", loc. cit., p. 463.
[152] Carlos Rodrigues de Almeida, ob. cit., p. 106.

*Curso de Direito Sancionatório da Segurança Social* 117

## 6.2.6. *Crimes tributários comuns*

### 6.2.6.1. Burla tributária

Art. 87.º, do RGIT – *Burla tributária*

1. *Quem, por meio de falsas declarações, falsificação ou viciação de documento fiscalmente relevante ou outros meios fraudulentos, determinar a Administração Tributária ou a Administração da Segurança Social a efectuar atribuições patrimoniais das quais resulte enriquecimento do agente ou de terceiro, é punido com prisão até três anos ou multa até 360 dias.*
2. *Se a atribuição patrimonial for de valor elevado, a pena é a de prisão até cinco anos ou multa até 600 dias.*
3. *Se a atribuição patrimonial for de valor consideravelmente elevado, a pena é a de prisão de dois a oito anos para as pessoas singulares e a de multa de 480 a 1.920 dias para as pessoas colectivas.*
4. *As falsas declarações, a falsificação ou viciação de documento fiscalmente relevante ou a utilização de outros meios fraudulentos com o fim previsto no n.º 1 não são puníveis autonomamente, salvo se pena mais grave lhes couber.*
5 *A tentativa é punível.*

#### 6.2.6.1.1. Bem jurídico

O crime comum de burla simples, previsto no art. 217.º, do Cód. Pen., inicia o capítulo intitulado "Dos crimes contra o património em geral". A criminalização da burla visa proteger o património.

A redacção do art. 87.º, do RGIT, impõe a mesma interpretação: a burla tributária foi tipificada para protecção do património da segurança socia!. Com efeito, a expressão "efectuar atribuições patrimoniais" é claramente a transposição escrita do mencionado propósito do legislador. São assim de afastar as concepções que vêem o bem jurídico protegido pela burla como a lealdade das transacções ou a confiança social nessa lealdade.

A noção penal de património reveste características que importa realçar. O Título II do Cód. Pen. intitula-se "Dos crimes contra o património", o seu Capítulo II "Dos crimes contra a propriedade".

Logo daqui advém que a noção de património é mais vasta que a de propriedade. Nos crimes contra o património englobou o legislador os crimes contra a propriedade material e os direitos reais, contra a posse e os direitos de crédito.

O conceito de património em direito penal tem um núcleo base económico-jurídico que a jurisprudência vem aplicando a cada caso concreto. A base económica e jurídica é constituída pelo conjunto de bens e direitos, economicamente valiosos e susceptíveis de avaliação pecuniária que o ordenamento jurídico reconhece a uma pessoa.

### 6.2.6.1.2. Sujeitos

O sujeito activo do crime de burla é o burlão, qualquer burlão. Nenhuma especificação é feita em relação ao agente do crime. Por isso, o artigo 87.º, n.º 1, começa pela palavra "Quem". Nestes casos, o que o legislador quer dizer é que qualquer pessoa pode cometer esse crime. Daí que seja denominado crime geral ou comum.

O sujeito passivo é a segurança social.

### 6.2.6.1.3. Conduta

A conduta, no crime de burla tributária, é composta por três elementos: a prática de actos que causem um prejuízo patrimonial; que os meios utilizados com esse fim sejam as falsas declarações, a falsificação ou viciação de documento tributariamente relevante ou outros meios fraudulentos; que haja a intenção do agente em obter para si ou para terceiro um enriquecimento ilegítimo.

A conduta objectivamente tipificada no crime de burla tributária é uma acção enganosa praticada pelo agente do crime, com o objectivo de se enriquecer ou enriquecer alguém (ânimo de lucro). Acção essa eficaz, adequada e suficiente para causar um erro na administração da segurança social e, com esse erro, levar a segurança social a efectuar um acto de disposição patrimonial que lhe causa um prejuízo, existindo, por isso, um nexo de causalidade entre a atribuição patrimonial e o prejuízo sofrido. O que não quer dizer que o valor do prejuízo tenha de ser igual ao da atribuição patrimonial.

O tipo subjectivo do crime de burla tributária exige o dolo. Não basta a negligência. A determinação da administração da segurança social tem de ser provocada por falsas declarações, falsificação ou viciação, logo, tem de assentar em algo astuciosamente elaborado.

É esta actuação dolosa que permite distinguir a burla do ilícito civil. Na burla, o sujeito activo sabe, desde o início, desde o momento em que celebra o negócio jurídico, que o não vai cumprir ou não vai prestar aquilo a que se obrigou.

A burla tributária é um crime de intenção, pois além de se exigir o dolo de causar prejuízo à segurança social, igualmente é exigida a obtenção de um enriquecimento indevido.

A tentativa é punível.

### 6.2.6.1.4. Resultado

O resultado da burla tributária é, em primeiro lugar, determinar a segurança social a efectuar uma atribuição patrimonial indevida, o que representa, desde logo, um prejuízo efectivo e uma diminuição do património da segurança social. O crime é de dano.

Além do prejuízo patrimonial, para que haja burla tributária necessário se torna que a atribuição patrimonial se realize, se consume e que, daí, resulte enriquecimento do agente ou de terceiro. Diferentemente do que se exige para o crime comum de resultado cortado, no qual tem de existir a intenção do agente de obter para si ou terceiro um enriquecimento ilegítimo, independentemente deste se concretizar ou não, a burla tributária só se consuma quando há enriquecimento ilegítimo do agente ou de terceiro.

### 6.2.6.1.5. Pena

Quem comete o crime de burla tributária é punido com prisão até três anos ou multa até 360 dias.

Há um crime de burla qualificada quando a atribuição patrimonial for de valor elevado. A burla qualifica é punida com a pena de prisão até cinco anos ou multa até 600 dias. O agravamento é maior se a atribuição patrimonial for de valor consideravelmente elevado, caso em que a pena é de prisão de dois a oito anos para as pessoas singulares e de multa de 480 a 1.920 dias para as pessoas colectivas.

Não diz o artigo 87.º o que é um "valor elevado", nem "consideravelmente elevado". No art. 218.º, do Cód. Pen., com a epígrafe de "definições legais", estabelece-se que se considera de valor elevado: aquele que exceder 50 unidades de conta avaliadas no momento da prática do facto, e de valor consideravelmente elevado: aquele que exceder 200 unidades de conta avaliadas no momento da prática do facto. Não há razões que impeçam a utilização destas definições para a qualificação da burla tributária contra a segurança social.

A unidade de conta vale 79,81 Euros – cf. art. 3.º do Decreto-Lei n.º 323/01.

### 6.2.6.1.6. Outras questões

O regime geral do Cód. Pen. admite, sem excepções, a possibilidade de existência do concurso real da burla com outros crimes – arts. 30.º e 77.º a 79.º.

O n.º 4, do art. 87.º, do RGIT, estabelece a regra de que a burla tributária consome os crimes relativos às falsas declarações, à falsificação ou viciação de documentos e ás fraudes.

A regra da consumpção não se aplica se a esses crimes couber pena mais grave do que a que cabe à burla tributária.

### 6.2.6.2. Frustração de créditos

Art. 88.º – *Frustração de créditos*

*1. Quem, sabendo que tem de entregar tributo já liquidado ou em processo de liquidação ou dívida às instituições de segurança social, alienar, danificar ou ocultar, fizer desaparecer ou onerar o seu património com intenção de, por essa forma, frustrar total ou parcialmente o crédito tributário, é punido com prisão até dois anos ou multa até 240 dias.*

*2. Quem outorgar em acto ou contratos que importem a transferência ou oneração de património com a intenção e os efeitos referidos no número anterior, sabendo que o tributo já está liquidado ou em processo de liquidação ou que tem dívida às instituições de segurança social, é punido com prisão até um ano ou multa até 120 dias.*

### 6.2.6.2.1. Bem jurídico

A Lei n.º 16/92, de 6 de Agosto, concedeu ao Governo autorização legislativa para revogar o art. 324.º e para alterar os arts. 325.º a 327.º, todos do Cód. Pen.

O Decreto-Lei n.º 132/93, de 23 de Abril, aprovou o Código dos Processos Especiais de Recuperação de Empresas e de Falências (CPEREF). Aquele Decreto-Lei revogou o artigo 324.º do Cód. Pen., e alterou a redacção dos arts. 325.º a 327.º do Cód. Pen. O CPEREF, no art. 3.º, distingue duas situações: a de insolvência e a economicamente difícil. Esta, supõe-se, apresenta um grau maior de recuperabilidade e, por isso, se admite que, com a aplicação de medidas de recuperação, seja ultrapassada a situação. Essas medidas foram definidas fora do CPEREF, no Decreto-Lei n.º 316/98, da mesma data, com coincidente entrada em vigor (art. 11.º) e que institui um procedimento administrativo de conciliação extrajudicial (PEC), parecido com o existente em França[153].

Com base em critérios diferentes é considerada a situação mais grave, a de insolvência. Qualquer critério tem vantagens e inconvenientes, ainda assim o do legislador é o melhor e ... mais "à la page...". Insolvente é o devedor (arts. 3.º e 27.º do CPEREF) que não pode cumprir <u>pontualmente</u> as suas obrigações porque o seu activo disponível não é suficiente para satisfazer o seu passivo exigível. O seu activo tem de estar disponível, não basta que seja líquido, para que o devedor possa pagar pontualmente e, além disso, tem de ser superior ao passivo exigível.

Para a superação da insolvência estão previstas as providências de recuperação – cf., em especial, arts. 62.º a 121.º do CPEREF.

O regime actual da insolvência unificou os antigos regimes da falência (só para os comerciantes) e da insolvência (só para os não comerciantes).

O crime comum de insolvência dolosa está previsto e sancionado no art. 227.º do Cód. Pen. e é o que mais se assemelha ao crime de frustração de créditos da segurança social. Todavia, a frustração de créditos não tem correspondência, nem nominal, nem material, com a insolvência dolosa.

Sem prejuízo, em ambos os mencionados crimes, o bem jurídico protegido é o património. O património do devedor que serve de garantia ao cumprimento da dívida contributiva já constituída e que, por esse facto, já integrava o passivo do património.

---

[153] Cf. Pedro Caeiro, "Sobre a natureza dos crimes falenciais", Coimbra ed., nota 290, p. 127; Corinne Saint-Alary-Houin, «Droit des entreprises en difficulté», Montchrestien, pp., 105 e ss. e Alain Couret, Nicolas Morvilliers, Guy-Alain de Sentenac, «Le traitement amiable des difficultés des entreprises», Economica, Paris.

### 6.2.6.2.2. Sujeitos

Os sujeitos activos do crime de frustração de créditos da segurança social podem ser as entidades empregadoras e os trabalhadores independentes que sabem que têm dívidas contributivas às instituições da segurança social. Os beneficiários excepcionalmente poderão ser sujeitos activos. O crime só poderá ser praticado por aquelas entidades devedoras. Nessa medida, será um crime específico ou próprio. Todavia, uma vez que os beneficiários poderão também ser devedores, por exemplo, de reembolsos de subsídios, juros e coimas, o crime terá de considerar-se como geral. Esta é outra importante diferença em relação ao regime anterior.

Os sujeitos passivos são as instituições da segurança social credoras.

### 6.2.6.2.3. Conduta

O elemento material do crime compreende cinco modalidades: a alienação, danificação, ocultação, desaparecimento e oneração do património do devedor.

O património é a garantia geral do cumprimento das obrigações – cf. arts. 601.º e ss. do Cód. Civ.

Qualquer das modalidades típicas da conduta deve ter como objectivo frustrar total ou parcialmente os créditos das instituições da segurança social. É essa intenção, conjuntamente com o dolo, que formam o tipo subjectivo deste crime.

### 6.2.6.2.4. Resultado

A consumação das condutas típicas (alienação, danificação, ocultação, desaparecimento, oneração do património do devedor) produz um resultado que se traduz na fragilização ou desaparecimento da garantia geral do cumprimento das dívidas às instituições da segurança social.

### 6.2.6.2.5. Pena

A pena prevista no n.º 1 do art. 88.º é a de prisão até dois anos ou multa até 240 dias e, a prevista no n.º 2, é a de prisão até um ano ou multa até 120 dias.

### 6.2.6.2.6. Outras questões

– Duas notas, segundo Augusto Silva Dias: 1ª – o conceito de ocultação abrange o de simulação; 2ª – podem ocorrer casos de concurso aparente entre o n.º 1 e o n.º 2 do art. 25.º e, respectivamente, os crimes de insolvência dolosa e de receptação do Cód. Pen.[154].

O n.º 2 do art. 88.º.

Neste normativo dispõe-se que quem com dívida contributiva outorgar em actos ou contratos que transfiram ou onerem o património com a intenção e os efeitos no número anterior, é punido com prisão até um ano ou multa até 120 dias.

Como se vê claramente, as condutas típicas deste n.º 2 são diferentes das do n.º 1. No n.º 2, as condutas estão reconduzidas à outorga de negócios jurídicos cujo objecto seja transferir ou alienar o património. Negócios jurídicos que tanto podem ser unilaterais como bilaterais.

Na interpretação do n.º 2, afigura-se que deve ser dado o merecido relevo à expressão escolhida pelo legislador: "outorgar". Na verdade, as partes ou contraentes, para alienar, danificar, ocultar, fazer desaparecer ou onerar o património, praticam actos e celebram contratos (art. 405.º do CC), o que está previsto no n.º 1, alienarem ou onerarem. Porém, se os bens patrimoniais forem bens imóveis ou bens sujeitos a registo, então os agentes infractores

---

[154] Loc. cit. p. 465.

*Curso de Direito Sancionatório da Segurança Social* 125

terão de outorgar um acto ou um contrato (arts. 46.° a 48.° do Código do Notariado) para os transferir ou onerar (cf. n.° 3, art. 9.°, do CC), o que vem previsto no n.° 2.

Deste modo, se compreendem os dois aspectos da previsão legal: primeiro, que as modalidades da conduta sejam apenas a transferência ou a oneração, pois os bens em causa, maxime, os imóveis, são, em certo sentido, insusceptíveis de danificação, ocultação ou desaparecimento e segundo, que a intenção seja a de obter, para si ou para outrem, um benefício ilegítimo, ou de causar prejuízo ao sistema de segurança social ou a terceiros.

A pena é privilegiada em relação à prevista no n.° 1. É que quanto ao património visado no n.° 2 há para o credor outros meios conservatórios dessa garantia.

### 6.2.6.3. Associação criminosa

Art. 89.° – *Associação criminosa*

1. *Quem promover ou fundar grupo, organização ou associação cuja finalidade ou actividade seja dirigida à prática de crimes tributários é punido com pena de prisão de um a cinco anos, se pena mais grave não lhe couber, nos termos de outra lei penal.*
2. *Na mesma pena incorre quem fizer parte de tais grupos, organizações ou associações ou que os apoiar, nomeadamente, fornecendo armas, munições, instrumentos de crime, armazenagem, guarda ou locais para as reuniões, ou qualquer auxílio para que se recrutem novos elementos.*
3. *Quem chefiar ou dirigir os grupos, organizações ou associações referidos nos números anteriores é punido com pena de prisão de dois a oito anos, se pena mais grave não lhe couber, nos termos de outra lei penal.*
4. *As penas referidas podem ser especialmente atenuadas ou não ter lugar a punição se o agente impedir ou se esforçar seriamente para impedir a continuação dos grupos, organizações*

*ou associações, ou comunicar à autoridade a sua existência, de modo a esta poder evitar a prática de crimes tributários.*

### 6.2.6.3.1. Bem jurídico

O crime de associação criminosa é um "crime de organização". Estes crimes estão actualmente sob os holofotes da comunicação social e são alvo da curiosidade da opinião pública. Tudo isso tem levado a uma atenção e a uma generalização cada vez maior por parte do legislador.

O crime de associação criminosa antes de estar previsto no RGIT estava-o no Cód. Pen., e no Regime Jurídico das Infracções Fiscais Aduaneiras, art. 34.°.

No âmbito da segurança social desconhece-se que tenham sido praticados crimes de associação criminosa. Isto, porém, não significa que não possam vir a ocorrer e, então, bem andou o legislador em prevenir a sua generalizada ocorrência.

Enquanto no Cód. Pen., art. 299.°, se prevê a promoção ou fundação de uma organização para a prática de crimes, no RGIT prevê-se o mesmo para a prática de crimes tributários.

O bem jurídico dos primeiros é a paz pública, a dos segundos será a paz pública tributária, ou seja, o tranquilo e são funcionamento das instituições tributárias.

O crime de associação criminosa tributária é um crime de perigo abstracto, pois basta que a associação exista com esses fins para que sejam óbvias as perturbações no regular funcionamento das instituições.

### 6.2.6.3.2. Sujeitos

Qualquer pessoa pode fundar ou promover uma associação criminosa tributária, por isso, será sujeito activo, já que, dado o princípio da pessoalidade, os crimes serão cometidos pelos associados e não pela associação. Os sujeitos activos podem ser

*Curso de Direito Sancionatório da Segurança Social* 127

fundadores, promotores, membros, apoiantes, chefes ou dirigentes.

Serão sujeitos passivos as instituições contra as quais forem cometidos os crimes.

### 6.2.6.3.3. Conduta

O tipo objectivo do crime consiste em promover ou fundar a associação; fazer com que ela se destine à prática de crimes tributários; apoiá-la; chefiá-la ou dirigi-la.

A associação pressupõe a existência de duas ou mais pessoas; uma certa duração de vida; um mínimo de organização e que seja orientada por uma vontade colectiva.

O tipo subjectivo exige que, na mente dos associados, a associação tenha por objecto ou fim a prática de vários crimes. Todos devem saber e conhecer o carácter criminoso da actuação e da prática da associação. O crime de associação criminosa tributária é doloso.

### 6.2.6.3.4. Resultado

O resultado visado pela associação é a prática de crimes tributários. A qualificação depende da natureza dos crimes praticados.

### 6.2.6.3.5. Pena

O crime de associação criminosa é punido com pena de prisão de um a cinco anos, se, nos termos de outra lei penal, não lhe couber pena mais grave.

Há uma agravação especial da pena para os chefes ou dirigentes. Para estes a pena é de prisão de dois a oito anos, se pena mais grave lhes não couber, nos termos de outra lei penal.

No caso de desistência do agente que impeça a continuação da associação ou que comunique com a autoridade, de modo a que esta impeça a associação de prosseguir o seu escopo, as penas podem ser especialmente atenuadas ou até nem haver punição.

### 6.2.6.4. Desobediência qualificada

art. 90.º – *Desobediência qualificada*

*A não obediência devida a ordem ou mandado legítimo regularmente comunicado e emanado do Director-Geral dos Impostos ou do Director-Geral das Alfândegas e dos Impostos Especiais sobre o Consumo, ou seus substitutos legais, ou de autoridade judicial competente em matéria de derrogação do sigilo bancário, é punida como desobediência qualificada, com pena de prisão até dois anos, ou de multa até 240 dias.*

O crime de desobediência está previsto no art. 248.º, n.º 1, do Cód. Pen.

O crime de desobediência qualificada está, em branco, previsto e punido no n.º 2 do cit. art. 248.º do Cód. Pen.

O crime tributário de desobediência qualificada, manifestamente não é comum à segurança social já que, inexplicavelmente, o legislador não previu a hipótese de que uma autoridade administrativa da segurança social pudesse emitir ordem ou mandato derrogatório do sigilo bancário.

### 6.2.6.5. Violação do segredo

art. 91.º – *Violação do segredo*

*1 – Quem, sem justa causa e sem consentimento de quem de direito, dolosamente revelar ou se aproveitar do conhecimento do segredo fiscal ou da situação contributiva perante a segurança social de que tenha conhecimento no exercício das suas funções ou por causa delas é punido com prisão até um ano ou multa de 240 dias.*

*2 – O funcionário que, sem estar devidamente autorizado, revele segredo de que teve conhecimento ou que lhe foi confiado, no exercício das suas funções ou por causa delas com a intenção de obter para si ou para outrem um benefício ilegítimo ou de causar prejuízo ao interesse público, ao sistema de segurança social ou a terceiros é punido com prisão até três anos ou multa até 360 dias.*

*3 – A pena prevista no número anterior é aplicável ao funcionário que revele segredo de que teve conhecimento ou que lhe foi confiado no exercício das suas funções ou por causa delas, obtido através da derrogação do sigilo bancário ou outro dever legal de sigilo.*


**6.2.6.5.1.** Bem jurídico

Por segredo entende-se "o facto ou tema particular de cada um que se deseja esconder ou ocultar, isto é, que se deseja manter afastado do conhecimento de um círculo restrito de pessoas"[156].

Os crimes comuns de violação de segredo e de aproveitamento indevido de segredo estão previstos, respectivamente, nos arts. 195.° e 196.° do Cód. Pen.

Sobre o bem jurídico protegido há duas teses extremas: uma que defende que o bem jurídico típico é um valor pessoal-individual identificável com a privacidade contributiva das entidades empregadoras e dos trabalhadores independentes e outra que sustenta que o bem jurídico é supra-individual institucional, em parte identificado com a "funcionaidade sistémico-social de determinadas profissões ou ofícios"[157].

---

[155] Vd. Armando Lopes de Lemos Triunfante, ob. cit.

[156] M. Leal-Henriques e M. Simas Santos, "Código Penal – anotado", Rei dos Livros, 2° vol., p. 581 e, em geral, Y.-H. Bonello, "Le secret", PUF, Paris.

[157] M. Costa Andrade, "Com. Con. ao Cód. Pen.", ob. cit., p. 774.

A opção legislativa estampada no art. 91.º do RGIT leva à conclusão de que o bem jurídico protegido é o da privacidade individual. Esta interpretação é reforçada pela comparação com o disposto no art. 195.º do Cód. Pen.

Leal Henriques e Simas Santos sublinham esta protecção ao ponto de afirmarem que "qualquer que seja a situação, o interesse individual sobrepõe-se ao do Estado, uma vez que a manutenção da confiança geral dos confidentes ganha relevo sobre o interesse público na punição dos criminosos"[158].

### 6.2.6.5.2. Sujeitos

Neste crime o sujeito activo é quem, no exercício de funções ou por causa delas, viole o segredo a que estava obrigado. A especificação feita pelo exercício de funções ou por sua causa não se afigura suficiente para que deixe de qualificar-se o crime como geral.

Como sujeitos passivos aparecem o sistema de segurança social e os terceiros. Terceiros são os contribuintes ou quem possa sofrer os prejuízos decorrentes da revelação ou do aproveitamento da situação contributiva total ou parcial.

### 6.2.6.5.3. Conduta

As condutas típicas são a revelação da situação contributiva e o aproveitamento do seu conhecimento.

Revelação é o acto que desnuda a situação contributiva de alguém que se torna identificável. Aproveitamento é o acto pelo qual o agente utiliza o segredo para obter um ganho[159].

---

[158] Ibidem, p. 581.

[159] Cf. Rodrigo Santiago, "Do crime de violação do segredo profissional no Código Penal de 1982", Almedina, p. 117 e Augusto Silva Dias, ob. cit., p. 466.

Tanto a revelação como o aproveitamento pressupõem que o conhecimento da situação contributiva tenha sido adquirido no exercício de funções ou por causa delas, ou através da derrogação do sigilo bancário ou equivalente e pressupõem que esse conhecimento tenha por objecto uma situação contributiva que deve ser mantida em segredo, que não é, nem deve ser do conhecimento público.

A ilicitude da conduta só existe se não houver justa causa, nem consentimento.

O art. 195.º do Cód. Pen. não menciona a justa causa, quedando-se pela exigência da ausência de consentimento.

Há casos em que o dever de revelação de segredo supera o dever de sigilo. Nestes casos, de conflito de interesses, a justa causa deve entender-se como a realização de um interesse legítimo, valorativamente superior ao interesse sacrificado.

O consentimento consiste no acordo do sujeito passivo, o que desqualifica o tipo.

A ilicitude da conduta típica fica assim dependente da inexistência simultânea de justa causa e de consentimento.

Não há outros elementos além do dolo que integrem o tipo subjectivo. Mas o dolo eventual é suficiente.

### 6.2.6.5.4. Resultado

O resultado do crime de violação de sigilo sobre a situação contributiva é o dano ou lesão causado com a revelação ou com o aproveitamento do sigilo. Consequência de se ter considerado como crime de dano, a revelação da situação contributiva sigilosa deve produzir a identificação dos factos secretos das pessoas cuja privacidade foi ofendida. Se assim não acontecer, não há crime.

### 6.2.6.5.5. Pena

O crime só será punido se a revelação ou o aproveitamento causarem prejuízo ao sujeito passivo.

O prejuízo constitui, portanto, uma condição de punibilidade.

A pena prevista para o crime de violação de sigilo sobre a situação contributiva é a de prisão até um ano ou multa até 240 dias. De acordo com o n.º 2 do art. 91.º, há uma qualificação para o caso de o crime ser cometido por um funcionário, sem a devida autorização e com a intenção de obter para si ou para outrem um benefício ilegítimo ou de causar prejuízo ao sistema de segurança social ou a terceiros. Para este crime, a pena é a de prisão até três anos ou multa até 360 dias. Se o funcionário estiver devidamente autorizado, a revelação de segredo que fizer não é uma conduta ilícita.

A expressão "devidamente autorizado" deve ser interpretada em conformidade com o disposto no art. 71.º da Lei n.º 17/2000, de 8 de Agosto, que aprova as bases gerais do sistema de solidariedade e de segurança social. O n.º 1 do citado artigo consagra o princípio geral de que qualquer pessoa ou entidade tem direito a que a segurança social não divulgue os seus dados de natureza estritamente privada, quer pessoais, quer económicos ou financeiros – cf. arts. 26.º da CRP, 8.º da CEDH e 12.º da DUDH. O n.º 2 considera que não há "divulgação indevida" sempre que o interessado (o sujeito passivo no crime) dê a sua concordância ou haja obrigação legal da sua comunicação.

Outros casos em que a divulgação de certos dados deixou de ser indevida são os previstos no art. 15.º do Decreto-Lei n.º 42/2001, de 9 de Fevereiro: o transmissário de bens imóveis pode informar-se acerca da existência de privilégios creditórios da segurança social.

O conceito de funcionário, para efeitos criminais, é o definido pelo art. 386.º do Cód. Penal. É um conceito lato e autónomo que abrange todos os que estão submetidos ao regime legal da função pública[160].

Deve admitir-se que possam produzir-se situações de concurso aparente entre o crime previsto e punido pelo art. 91.º e os crimes

---

[160] Cf. Acs. do STJ, de 19/9/91, BMJ, 409-464 e de 20/1/94, proc. n.º 45786.

*Curso de Direito Sancionatório da Segurança Social* 133

comuns previstos e punidos pelos arts. 195.° e 196.° do Cód. Penal. Entre o primeiro e os últimos a relação é de especialidade.

### 6.3. *O processo penal da segurança social*

O processo penal aplicável aos crimes contra a segurança social vem regulado na Parte II, no Capítulo I, arts. 35.° e segts. do RGIT.

No que respeita ao processo das contra-ordenações tributárias, regem os arts. 51.° e segts. do RGIT.

Desde logo dispõe o art. 30.° do RGIT que o Código de Processo Penal e a legislação complementar são subsidiariamente aplicáveis. O legislador antevendo que algumas dificuldades pudessem ter advindo desta escolha esclareceu, no Preâmbulo do Decreto-Lei n.° 20-A/90, de 15 de Janeiro, rectificado no D.R., 1ª Série, 2.° Sup., de 28 de Fevereiro de 1990, que cabe à administração tributária tomar conhecimento, em primeiro lugar, dos elementos de facto e conduzir o processo de averiguações. Este concluído e acompanhado de parecer fundamentado é enviado ao M. P. que poderá arquivá-lo, abrir inquérito ou deduzir acusação.

Apesar deste esclarecimento, a publicação do Decreto-Lei n.° 124/96, de 10 de Agosto, levantou uma nova questão. O dito Dec.-Lei faz parte de um conjunto legislativo designado por QARESD – Quadro de Acção para a Recuperação de Empresas em Situação financeira Difícil e conhecido por "Plano Mateus"[161].

No âmbito de aplicação do regime de regularização das dívidas fiscais e à segurança social aconteceu que algumas empresas declararam factos qualificáveis como crimes. O Ministério das Finanças, apelando ao princípio da oportunidade, defendia que, nesses casos, era desnecessário instruir o processo de averiguações, o que impossibilitava o exercício da acção penal pelo M. P. A Lei n.° 51-A/96, de 9 de Dezembro, veio estabelecer que o processo de

---

[161] Cf. Resolução do Conselho de Ministros n.° 100/96, de 16/5/96, pub. no DR, I S-B, de 4/7/96.

averiguações estava submetido aos princípios da oficialidade e da legalidade, pelo que devia sempre ser instruído e enviado ao M. P. que, no exercício da acção penal, daria o encaminhamento adequado ao processo[162].

Ainda face ao disposto no cit. art. 30.° do RGIT, se conclui que o processo penal tributário aplicável no domínio da segurança social é um processo especial em relação ao processo comum regulado no Cód. Proc. Pen.

### 6.3.1. *Fases do processo penal tributário da segurança social*

**6.3.1.1.** 1ª Fase: aquisição da notícia do crime

O processo penal inicia-se com a notícia do crime – cf. n.° 1, cit. art. 35.° e art. 241.° do CPP.

O que é o auto de notícia, que menções deve conter e a quem é obrigatoriamente remetido é dito pelos arts. 35.° do RGIT e 243.° do CPP. Quem pode adquirir o conhecimento do crime é o M. P. e próprio agente da administração da segurança social, os órgãos de polícia criminal, um denunciante, ou qualquer das entidades mencionadas no art. 242.° do CPP.

Em todos os casos a notícia do crime é obrigatoriamente transmitida à entidade administrativa com competência delegada para a realização do processo de inquérito, ou seja, o presidente do conselho directivo do ISSS ou o do EGFSS, podendo este socorrer--se, para o efeito, do NAIC – núcleo de apoio à investigação criminal, se existir – cf. al. c) do n.°1 e n.° 2 dos art. 41.° do RGIT e 11.° do Decreto-Lei n.° 316-A/2000, de 7 de Dezembro.

---

[162] Cf. art. 219° da CRP; Nuno Sá Gomes, "O processo penal fiscal de averiguações como condição de procedibilidade dos actos de inquérito do Ministério Público, relativos a crimes fiscais não aduaneiros", CTF, n.° 379, pp. 7 e ss. e Armando Faria Menezes, "Processo penal fiscal e de Segurança social", RPCC, Ano 7, Fasc. 3°, pp. 445 e ss.

## 6.3.1.2. 2ª Fase: o inquérito

O processo de inquérito deve então passar a ser conduzido por técnicos dotados de conhecimentos específicos em matérias da segurança social, com vista à determinação dos elementos constitutivos do crime e às circunstâncias da sua verificação[163]. Para tanto, a entidade competente dispõe dos poderes e exerce as funções que cabem no processo penal comum aos órgãos de polícia, mais os que decorrem da presumida delegação pelo M. P. para a prática dos actos que este pode delegar nos órgãos da polícia criminal[164].

A competência para os actos de inquérito que se presume delegada pelo M. P. é-o, relativamente aos crimes comuns e especiais contra a segurança social, nos presidentes das pessoas colectivas de direito público, a quem estejam cometidas as atribuições nas áreas dos contribuintes e dos beneficiários, ou seja, principalmente, nos presidentes do Instituto de Gestão Financeira da Segurança Social e do Instituto de Solidariedade e Segurança Social, respectivamente.

Acabadas as diligências do inquérito, no prazo máximo de 8 meses, a entidade competente conclui o processo de investigações, emite sobre ele um parecer fundamentado e remete o auto de inquérito ao M. P.

## 6.3.1.3. 3ª Fase: decisão do Ministério Público

Recebido o auto de inquérito e respectivo parecer, o M. P. pode, nos termos dos arts. 277.º a 283.º do CPC:
- Deduzir a acusação se considerar terem sido recolhidos indícios suficientes da prática do crime e do seu autor;
- Proceder, por despacho, ao arquivamento, se considerar que os factos constantes do processo de inquérito não indiciam a

---

[163] Cf. Alfredo José de Sousa, loc. cit., p. 198.
[164] Cf. arts. 7º da CEDH; 2º do Protocolo n.º 4; 27º da CRP e Germano Marques da Silva, "Curso de Processo Penal", Verbo, vol. I, pp. 253 e ss.

existência de qualquer crime ou não permitem identificar os seus autores;

– Proceder a actos de inquérito, quando a averiguação lhe deixe dúvidas quanto à decisão a tomar ou que considere indispensáveis ao esclarecimento da situação e que lhe permitam tomar uma atitude;

–Devolver o processo de inquérito objecto de arquivamento à entidade competente para eventual procedimento contra-ordenacional – cf. art. 45.º do RGIT.

Sempre que haja lugar a abertura de processo de inquérito, o contribuinte pode requerer, a partir desse momento, que seja constituído como arguido e passe a gozar dos respectivos direitos – cf. arts. 57.º a 61.º do CPP.

Por força do disposto no art. 44.º do RGIT, o M. P., nos termos e circunstâncias já abordados, pode ordenar o arquivamento do processo. É, no dizer de Augusto Silva Dias, um poder discricionário vinculado do M. P. Diferente é a posição de Nuno Sá Gomes que entende haver um direito do infractor colaborante ao arquivamento, pelo que o M. P. nenhum poder discricionário teria a este respeito[165].

O arquivamento do processo só pode ser decidido pelo M. P. depois de ouvida a administração da segurança social, de obtido o acordo do juiz de instrução e se trate de um crime em relação ao qual a lei preveja expressamente a possibilidade de dispensa de pena.

O arquivamento do processo, se a acusação já tiver sido deduzida, pode ser decidido pelo juiz de instrução, depois de ouvir

---

[165] Obs. cits., pp. 475 e 22, respectivamente. Vd. Estatuto do Ministério Público, aprovado pela Lei n.º 47/86, de 15 de Outubro, posteriormente alterada, anotado por Álvaro Lopes-Cardoso, Almedina; sobre o M.P., em geral: António Cluny, "Pensar o Ministério Público hoje", prefácio de António Almeida Santos, Ed. Cosmos; Diogo Freitas do Amaral "Sumários de Introdução ao Direito", Principia, 2ª ed., pp. 63 e ss. e, mais desenvolvidamente, "O excesso de poderes do Ministério Público em Portugal", em "Justiça em crise? Crises da Justiça?" de António Barreto (org. e prefácio), Dom Quixote, pp. 147 e ss.

*Curso de Direito Sancionatório da Segurança Social* 137

a administração da segurança social, depois de obtido o acordo do M. P. e do arguido e se se verificarem os pressupostos da dispensa da pena.

Os pressupostos legais da dispensa da pena são enumerados no art. 22.º do RGIT.

A pena pode ser dispensada:

a) Se o agente repuser a verdade sobre a situação tributária;
b) Se o crime for punível com pena de prisão igual ou inferior a três anos;
c) Se a ilicitude do facto e a culpa do agente não forem muito graves.
d) Se a prestação tributária e demais acréscimos legais tiverem sido pagos, ou tiverem sido restituídos os benefícios injustificadamente obtidos;
e) Se à dispensa da pena se não opuserem razões de prevenção.

**6.3.1.4.** 4ª Fase: Instrução

No processo penal da segurança social é admissível a instrução tal como existe no processo penal comum – cf. arts. 286.º e ss. do CPP.

A instrução visa a comprovação judicial da decisão de deduzir acusação ou de arquivar o inquérito em ordem a submeter ou não a causa a julgamento.

Daí que o arguido possa requerer a abertura da instrução para comprovação judicial da decisão de acusação do M. P.

**6.3.1.5.** 5ª Fase: Discussão e julgamento

Os crimes contra a segurança social previstos no RGIT são julgados nos mesmos termos que os crimes comuns, isto é, são julgados de acordo com o preceituado no Cód. Proc. Pen. (arts. 311.º a 380.º).

No processo penal da segurança social as regras relativas à competência por conexão previstas no CPP valem exclusivamente para os processos penais da segurança social entre si – cf. art. 46.º do RGIT.

O processo penal da segurança social suspende-se se estiver a correr processo de impugnação judicial ou tiver lugar oposição de executado, nos termos do Cód. de Procedimento e Processo Tributário (CPPT). A suspensão mantém-se até que transitem em julgado as sentenças proferidas naqueles processos. Estas sentenças constituem caso julgado no processo penal da segurança social, quanto às questões nelas decididas – cf. arts. 47.º e 48.º do RGIT e 99.º e ss. e 203.º e ss. do CPPT.

Outro caso de suspensão do processo é o previsto na Lei n.º 51-A/96, de 9 de Dezembro. Se na pendência do processo o contribuinte celebrar um acordo de pagamento prestacional para regularizar a situação, enquanto cumprir o acordo, o processo suspende-se. Se o acordo for pontualmente cumprido, o processo suspenso será subsequentemente objecto de despacho de arquivamento, porque a responsabilidade criminal é dada por extinta – cf. arts. 3.º e 6.º da cit. Lei.

A discussão e o julgamento processam-se nos termos comuns – cf. arts. 311.º a 380.º do CPP.

Os responsáveis civis pelo pagamento de multas podem intervir no processo penal como os arguidos, mas tão só no que se refere à defesa dos seus interesses.

A administração da segurança social assiste tecnicamente o M. P. em todas as fases do processo – cf. art. 50.º do RGIT – e pode constituir-se assistente no processo – cf. arts. 68.º e ss.; 284.º e 401.º do CPP.

## CAPÍTULO III – Das Sanções contra-ordenacionais

### 7. Contra-ordenações no âmbito dos regimes de segurança social

O Livro Branco da Segurança Social (Janeiro 98), elaborado essencialmente com vista ao estudo da situação e prospectivas financeiras do sistema, repetidamente foca o grave problema das dívidas e dos meios adequados à sua resolução.

Desses meios o primeiro a receber destaque respeita ao melhoramento do sistema de cobranças. Neste domínio é necessário e "essencial que exista capacidade administrativa e logística para cumprir três funções básicas. A primeira é monitorar as obrigações contributivas dos beneficiários e empresas e detectar desde cedo situações de incumprimento. A segunda é manter registos actualizados, completos e com acesso funcional dos processos e contas destes contribuintes, que permitam a utilização da informação, não só para efeitos administrativos e de prevenção, como possibilitem aos próprios beneficiários e pensionistas receber anualmente e periodicamente informação sobre responsabilidades e direitos face à segurança social. A terceira é dotar a segurança social de instrumentos jurídicos, dos recursos informáticos e do capital humano que permitam uma actuação célere e efectiva prevenindo e punindo situações de incumprimento de obrigações e de fraude".

O regime das contra-ordenações no âmbito dos regimes de segurança social constante do Decreto-Lei n.° 64/89, de 25 de Fevereiro, dá, como adiante se verá, deficiente resposta às actuais solicitações do sistema. De fora do seu âmbito concreto de aplicação ficaram as contra-ordenações previstas no Decreto-Lei n.° 133--A/97, de 30 de Maio, relativas à falta de licenciamento e de autorização de funcionamento de estabelecimentos particulares de apoio social e que são da competência dos centros distritais de solidariedade e segurança social.

Como é dito no Preâmbulo do cit. Decreto-Lei n.º 64/89, até ao seu aparecimento a violação das normas legais e regulamentares dos regimes da segurança social era punida com multas através de processos penais de contravenção e, se de beneficiários se tratasse, com sanções na base da suspensão da concessão de benefícios.

A Lei n.º 28/84, de 14 de Agosto, Lei de Bases da Segurança Social, define no art. 41.º as garantias de legalidade no que concerne à aplicação das coimas. Enunciam-se princípios gerais que vieram a concretizar-se em diplomas dispersos. O princípio da garantia judiciária tem consagração na actual lei de bases, no art. 14.º da Lei n.º 17/2000, de 8 de Agosto.

Com o objectivo de criar um enquadramento normativo próprio, tanto substantivo como processual, bem como dotar o ordenamento contra-ordenacional de mais fácil aplicação e de maior eficácia é publicado o cit. Decreto-Lei n.º 64/89. Com ele se pretende regulamentar, global e sistematizadamente, o regime sancionatório contra-ordenacional na segurança social, designadamente no que respeita ao regime geral. Para isso são definidas as contra-ordenações e respectivas coimas.

O Decreto-Lei n.º 64/89, está dividido em três capítulos: o primeiro, intitulado contra-ordenações; o segundo, processo de contra-ordenação e o terceiro, disposições finais.

O primeiro capítulo, secção I, é composto pelas <u>disposições gerais</u> sobre as contra-ordenações na segurança social e os princípios gerais que as regem; a secção II versa sobre as contra-ordenações em especial, define e tipifica as contra-ordenações relativas à vinculação, às contribuições, às prestações e à falta de apresentação de documentos.

O capítulo segundo contém as normas que regulam o processo de contra-ordenação. Também quanto ao processo vale a remissão do art. n.º 2 para o Decreto-Lei n.º 433/82 e, deste, para o Cód. Proc. Penal, art. 41.º.

O capítulo III, art. 33.º, alarga o âmbito de aplicação do regime estabelecido no artigo 1.º do diploma aos demais ilícitos contra-ordenacionais previstos na legislação da segurança social. O último artigo do capítulo e do decreto-lei é uma norma revogatória e o penúltimo artigo alarga o seu âmbito de aplicação territorial às Regiões Autónomas dos Açores e da Madeiras – cf. art. 34.º e 4.º do RGCO (território, barcos e aeronaves).

O n.º 1 do art. 1.º delimita a aplicação do regime estabelecido no diploma às contra-ordenações no âmbito dos regimes de segurança social.

Esses regimes da segurança social devem hoje ser encarados à luz da nova lei de bases como abrangendo os sub-sistemas de protecção social de cidadania, o sub-sistema de protecção à família e o sub-sistema previdencial – cf. art. n.º 1 do Decreto-Lei n.º 64/89 e art. 23.º da Lei n.º 17/00.

O regime de segurança social caracteriza-se "como o conjunto de disposições legais, imperativas ou facultativas, que definem a estrutura, o conteúdo e a amplitude do direito à segurança social de determinados grupos ou categorias pessoais, criando direitos e estabelecendo obrigações adequadas à sua efectivação, mediante a utilização de determinadas técnicas"[166].

Na óptica de J. F. Blasco Lahaz, J. López Gaudia e M. ª M. Carrasco, os regimes da segurança social definem as fronteiras do campo de aplicação dos sujeitos incluídos dentro do sistema da segurança social, distinguindo três conceitos básicos: regime geral, regimes especiais e sistemas especiais[167].

Thierry Tauran trata especificamente do conceito jurídico de regime da segurança social. Para este professor, sistema e regime são realidades diferentes, sendo que o sistema tem maior dimensão que o regime. O regime seria definido por três critérios: o estatutário, o de organização administrativa e o de mecanismo de redistribuição.

---

[166] Apud, Ilídio das Neves, loc. cit., p. 656.
[167] "Curso de Seguridad Social", Tirant lo Blanch, p. 93.

No sentido de estatuto, o regime é "um conjunto de regras destinadas a reger a cobertura social duma categoria determinada de filiados, fixando designadamente a taxa das cotizações e o montante das prestações a que podem pretender". Sob o critério da organização administrativa, regime é o modo como as prestações são geridas, os regimes correspondem a "caixas" que são administradas com uma certa autonomia. Como mecanismo de redistribuição verifica-se que enormes massas financeiras são transferidas de uns regimes para outros.; dos regimes com situação sã para os de situação financeira deficitária. Em França, além de um sistema de compensação financeira dentro de cada regime, existe um sistema de compensação entre regimes. Sob este ponto de vista, e ainda segundo o mesmo autor, a situação tem-se tornado mais complexa devido à sucessiva criação, pelo legislador, dos chamados <u>fundos</u> (por ex., entre nós, o tão falado Fundo de Capitalização da Segurança Social)[168].

O n.º 2 do cit. art. 1.º dispõe que em tudo o que não estiver previsto no diploma se aplica o regime geral das contra-ordenações. Isso significa que o direito subsidiário do regime contra-ordenacional da segurança social é o regime geral constante do Decreto-Lei n.º 433/82, de 7 de Outubro. Em relação ao regime geral, o direito subsidiário acha-se no Cód. Penal – cf. art. .º 32.º do RGCO.

Por força do art. 2.º do Decreto-Lei n.º 64/89, nas contra-ordenações de segurança social a negligência é sempre punida. De acordo com os arts. 13.º e 15.º do Cód. Penal, só é punível o facto praticado com negligência nos casos especiais previstos na lei e a negligência pode ser consciente ou inconsciente. O art. 8.º do RGCO apresenta um regime semelhante ao do cit. art. 13.º do Cód. Penal. Temos assim que, nesta matéria, o ordenamento contra-ordenacional da segurança social é mais severo que o regime geral,

---

[168] "Droit de la Securité Social», PUG, pp. 102 e ss. ; C. M. Pereira da Silva,"Taxa de rentabilidade não é como um balão", Diário de Notícias, 7/5/2001 e Vítor Bento, "A Polémica do Fundo da Segurança Social", Diário Económico, 16/4/2001.

*Curso de Direito Sancionatório da Segurança Social* 143

pois os factos praticados com negligência são sempre puníveis – cit. art. 2.º do Dec.-Lei n.º 64/89.

No regime geral das contra-ordenações a medida concreta da coima é determinada em função da culpa, da situação económica e do benefício económico. No regime contra-ordenacional especial da segurança social cabe à entidade competente da administração da segurança social fixar a medida concreta da coima, ou na linguagem do Decreto-Lei n.º 64/89, proceder à graduação da coima. Contudo, neste regime, sem prejuízo dos critérios gerais, a coima é concretizada mediante a aplicação de um factor determinante que é a duração do período de tempo em que se verificou o não cumprimento – cf. art. 3.º do Decreto-Lei n.º 64/89.

A duração do período de tempo abarca não só o tempo de duração em que se verificou o incumprimento das obrigações permanentes, como também o número de incumprimentos das obrigações periódicas verificados durante determinado período de tempo.

O n.º 2 do art. 3.º apresenta um dispositivo algo estranho: a reincidência não é, nos termos do Decreto-Lei n.º 433/82, de 27 de Outubro, factor de agravamento das coimas.

O legislador neste inciso aproveita para colocar uma norma interpretativa do Decreto-Lei n.º 433/82. Na verdade, remetendo este diploma para o Cód. Penal poderia interpretar-se que a reincidência (arts. 75.º e 76.º do Cód. Penal) se aplicaria subsidiariamente ao regime geral das contra-ordenações no que concerne à determinação concreta da medida da coima (art. 18.º do RGCO). E foi neste sentido que, efectivamente, veio a ser interpretado[169].

Cremos que depois de ter entrado em vigor o Decreto-Lei n.º 64/89, nenhuma dúvida pode subsistir no intérprete de que a

---

[169] Manuel Lopes Rocha, Mário Gomes Dias e Manuel C. Ataíde Ferreira, "Contra-ordenações", Escola Superior de Polícia, 1985, p. 30 e António Joaquim Fernandes, "Regime geral das contra-ordenações – notas práticas", Ediforum, 1998, pp. 43/4.

reincidência não constitui agravante modificativa da coima no RGCO e, por causa disso, no regime especial da coima aplicável às contra-ordenações da segurança social – Decreto-Lei n.° 64/89, art. 3.°, n.° 2. Esta posição é exposta e melhor defendida por M. Simas Santos e Jorge Lopes de Sousa[170].

O art. 16.° do Decreto-Lei n.° 103/80, de 9 de Maio, admite, como princípio geral, que o contribuinte simultaneamente credor e devedor de qualquer uma das instituições da segurança social possa invocar a compensação – cf. arts. 847.° e ss. do Cód. Civil; 40.°, n.° 2 da LGT, 88.° e 89.° do CPPT, para a compensação das prestações tributárias.

A compensação pode operar-se quando um infractor contra--ordenacional seja simultaneamente titular do direito a prestações da segurança social e devedor de uma coima. São ainda requisitos da compensação: que o infractor esteja avisado de que a compensação se pode operar e que, apesar disso, não tenha efectuado o pagamento no prazo fixado para o efeito, nem interposto recurso da decisão da aplicação da coima – cf. art. 4.° do Decreto-Lei n.° 64/89. São requisitos gerais da compensação: a reciprocidade dos créditos; a validade, exigibilidade e exequibilidade do contracrédito; a homo-geneidade das prestações e a existência e a validade do crédito principal – cf. art. 848.° do Cód. Civil[171].

O produto das coimas constitui receita do orçamento da segurança social, devendo ser consignada à acção social – cf. art. 5.° do Decreto-Lei n.° 64/89 e arts. 34.° e ss. e al. g) do art. 84.° da Lei de Bases (Lei n.° 17/2000).

Têm competência para aplicar coimas o Instituto da Solidariedade e Segurança Social (ISSS) e o Instituto de Gestão Financeira da Segurança Social (IGFSS) – cf. Decreto-Lei n.° 316--A/2000, de 7 de Dezembro, Estatutos al. g), do n.° 2, do art. 4.°, e Decreto-Lei n.° 260/99, de 7 de Julho, Estatuto al. g), do n.° 1, art. 10.°.

---

[170] Loc. cit., p. 164 e Ac. Rel. Lisboa, de 25/5/94, CJ, 1994, T III, p. 153.
[171] M. J. Almeida Costa, ob. cit., pp. 986 e ss.

*Curso de Direito Sancionatório da Segurança Social* 145

## Na Secção II do capítulo I, o legislador dispõe sobre as "contra-ordenações em especial"

### 7.1. *art. 6.° – contra-ordenações relativas à vinculação ao sistema*

– Arts. 2.° e 3.° do Decreto-Lei n.° 124/84 de 18 de Abril, com a redacção dada pelo Decreto-Lei n.° 330/98, de 2 de Novembro e arts. 1.° a 3.° do Decreto-Lei n.° 103/80, de 9 de Maio.

*1 – Constitui contra-ordenação ao sistema:*

*a) as falsas declarações ou a utilização de qualquer outro meio de que resulte enquadramento num regime de segurança social, sem que se verifiquem as condições legalmente exigidas, que é punível com coima de 15.000$00 a 50.000$00;*

*b) a falta de entrega ou a entrega fora do prazo do boletim de identificação dos trabalhadores por parte das entidades empregadoras, que é punível com coima de 15.000$00 a 35.000$00;*

*c) a falta ou atraso na comunicação do início de actividade das entidades empregadoras, bem como da respectiva cessação, que é punível com coima de 10.000$00 a 35.000$00;*

*d) a falta ou atraso na entrega da declaração de início de actividade independente, que é punível com coima de 3.000$00 a 20.000$00;*

*e) a falta de declaração da cessação de actividade independente, desde que se mantenha indevidamente o pagamento de contribuições, que é punível com coima de 3.000$00 a 10.000$00.*

*2 – Nos casos em que o atraso no cumprimento das obrigações referidas nas alíneas b), c) e d) do número anterior não exceda 30 dias, os limites máximos das coimas aplicáveis não podem exceder, respectivamente, 17.000$00, 13.000$00 e 4.000$00.*

*3 – A falta de entrega ou entrega fora de prazo do boletim de identificação dos trabalhadores independentes não é punível.*

Sistematizando, pode afirmar-se que as condutas tipificadas e puníveis com as coimas previstas neste art. 6.º relativo à vinculação ao sistema se reconduzem a três grupos.

Num primeiro grupo acham-se as condutas em que as contra-ordenações são cometidas por omissão. É a omissão de declarar que se desdobra na falta de entrega do boletim de identificação do trabalhador por parte das entidades empregadoras (n.º 1, al. b); na falta de comunicação do início e da cessação de actividade das entidades empregadoras (n.º 1, als. c) e e) – cf. arts. 1.º a 3.º do cit. Decreto-Lei n.º 103/80 – e na falta de entrega da declaração de início de actividade independente (n.º 1, al. d)[172].

As condições em que as entidades empregadoras e os trabalhadores devem fazer as declarações de vinculação ao sistema da segurança social são reguladas nos Decretos-Leis n.º 103/80, de 9 de Maio e n.º 124/84, de 18 de Abril, este regulamentado pelo Despacho Normativo n.º 123/84, de 22 de Junho[173].

No citado despacho, se impõe a utilização, para o efeito, de um modelo próprio que é designado por boletim de identificação do trabalhador. Ora, o Decreto-Lei n.º 124/84 foi alterado pelo Decreto-Lei n.º 330/98, de 2 de Novembro, que logo, no art. 1, dá nova redacção aos arts. 2.º e 3.º do Decreto-Lei n.º 124/84. Agora as entidades empregadoras e os trabalhadores por conta de outrem ficam obrigados a comunicar o início de actividade, por qualquer meio escrito. Nestes termos e tendo em conta os valores e as circunstâncias em causa, deve entender-se que a coima prevista para a falta de entrega do boletim do trabalhador pelas entidades empregadoras é agora aplicável à falta de entrega daquele "qualquer meio escrito" previsto na nova redacção do art. 2.º do Decreto-Lei

---

[172] Cf. Ilídio das Neves, loc. cit., pp. 624/5.

[173] O despacho está transcrito por Appeles Conceição em "Legislação da Segurança Social – sistematizada e anotada", Ed. Rei dos Livros, pp. 331 e ss.

Curso de Direito Sancionatório da Segurança Social 147

n.º 124/84 e àquele equivalente – cf. cit. art. 2.º, n.º 3). Diga-se a propósito que se essa falta de entrega determina que as entidades empregadoras suportem a aplicação da coima, para os trabalhadores determina a irrelevância dos períodos de actividade profissional para efeitos de acesso ou de cálculo das prestações da segurança social. A comunicação feita por qualquer meio escrito deve conter todos os elementos que devem constar dos boletins de identificação dos trabalhadores e, se assim for, as instituições de segurança social promovem oficiosamente a respectiva inscrição – cf. n.º 3 do cit. art. 2.º[174].

A falta de entrega de declaração da cessação da actividade independente só configura uma contra-ordenação desde que se mantenha indevidamente o pagamento de contribuições – cf. cit. art. 2.º , n.º 1, al. e).

Num segundo grupo incluem-se as condutas que se caracterizam pelo atraso na entrega das declarações, seja do boletim de identificação dos trabalhadores, seja da comunicação de início de actividade das entidades empregadoras, seja da declaração de início de actividade independente. Todavia, se o atraso não for superior a 30 dias, o limite máximo da coima é reduzido para 17.000$00, 13.000$00 e 4.000$00, respectivamente – cf. n.º 2 do cit. art. 2.º. Em qualquer caso, a falta de entrega ou o atraso na entrega do boletim de identificação dos trabalhadores independentes não é punível.

Num terceiro grupo integram-se as contra-ordenações mais graves.

A conduta consiste em, através de falsas declarações ou por qualquer outro meio, fazer resultar um enquadramento num regime de segurança social sem que se verifiquem as condições legalmente exigidas. A coima destas contra-ordenações é de 15.000$00 a 50.000$00 – cf. al. a), do n.º 1 do cit. art. 2.º.

---

[174] Cf. Dr.ª Graça Moura, "Contra-ordenações à segurança social", Almeida e Leitão, Lda., p. 15.

A conversão dos escudos em euros, na ausência de norma especial, deve fazer-se nos termos gerais: 1 Euro = 200$482 – cf. Regulamento n.° 2866/98/CE, do Conselho, de 31 de Dezembro de 1998 (taxas de conversão) e Decreto-Lei n.° 138/98, de 16 de Maio (regras fundamentais a observar no processo de transição para o Euro, complementando o direito comunitário).

### 7.2. Artigo 7.° – Contra-ordenações relativas à relação jurídica contributiva

– art. 4.° do Decreto-Lei n.° 103/80, de 9 de Maio

*1 – Constitui contra-ordenação relativa à relação jurídica contributiva:*

> *a) As falsas declarações ou a utilização de qualquer outro meio de que resulte a aplicação indevida de um esquema contributivo, quer quanto à base de incidência, quer quanto às taxas de contribuições, que é punível com coima de 15.000$00 a 50.000$00;*
>
> *b) A falta de entrega das folhas de remuneração nos prazos regulamentares ou a não inclusão dos trabalhadores nas mesmas, que é punível com coima de 5.000$00 a 50.000$00;*
>
> *c) A indicação nas folhas de remuneração de valores diferentes dos legalmente considerados como base de incidência, que é punível com coima de 5.000$00 a 50.000$00;*
>
> *d) A falta de entrega ou a entrega fora dos prazos legalmente estabelecidos das declarações de rendimento colectável dos trabalhadores independentes, que é punível com coima de 3.000$00 a 20.000$00.*

*2 – Não são consideradas folhas de remunerações, para os efeitos da alínea b) do n.° 1, as folhas-guias respeitantes ao pessoal do serviço doméstico.*

*Curso de Direito Sancionatório da Segurança Social* 149

Este artigo tipifica as contra-ordenações relativas à relação jurídica contributiva. Comparando as epígrafes dos artigos 6.° e 7.°, logo ressalta uma importante diferença: enquanto a do art. 6.° se refere à vinculação ao sistema, a do art. 7.° reporta as contra-ordenações à relação jurídica contributiva. Daí se conclui que o legislador seguiu a via exposta por Manuel de Andrade e só considerou como relação jurídica a contributiva, porque só esta é uma relação jurídica numa acepção restrita[175]. Efectivamente, estamos perante uma relação da vida social disciplinada pelo Direito, mediante a atribuição às instituições de segurança social de um direito subjectivo de crédito às cotizações e às contribuições e a correspondente imposição do dever de as pagar aos trabalhadores por conta de outrem e às entidades empregadoras, respectivamente. Há regimes em que, para se adquirir a qualidade de beneficiário se deve antes adquirir a de contribuinte. Nestes casos, a relação jurídica contributiva tem características semelhantes. Na estrutura ou conteúdo dessa relação jurídica destacam-se: os sujeitos, o objecto e o facto jurídico. Os sujeitos são o activo e o passivo. Sujeito activo são as instituições de segurança social e passivo, os contribuintes; o objecto é a contribuição e o facto jurídico a prestação do trabalho. As contribuições, como se viu, são calculadas a partir das bases de incidência, em geral, as remunerações mediante a aplicação de taxas, sendo estas demasiado variadas. As cotizações mais as contribuições constituem as fontes de financiamento das prestações substitutivas dos rendimentos de actividade profissional – cf. art. 82.°, n.°s 1 e 3 da Lei de Bases[176].

A obrigação contributiva cumpre-se, recorda-se, mediante a entrega das folhas de remuneração – base de incidência – o pagamento da contribuição – guias de pagamento – e a liquidação da contribuição que é realizada pelo contribuinte através da aplicação das taxas legais (Regime Geral = Taxa Social Única de 34,75%,

---

[175] "Teoria geral da relação jurídica", vol. I, 1960, p. 2.
[176] Livro Branco cit. pp. 88 e ss.

cabendo 11% ao trabalhador e 23,75% ao empregador – cf. Decreto-
-Lei n.º 199/99, de 8 de Junho).

A metodologia seguida para a análise do art. 6.º vale para o
art. 7.º. Com efeito, também no art. 7.º se descortinam três grupos
de contra-ordenações.

Num primeiro grupo enquadra-se a conduta omissiva que consiste na falta de entrega das folhas de remuneração, na não inclusão
de trabalhadores naquelas e a falta de entrega das declarações de
rendimento colectável dos trabalhadores independentes – cf. art. 7.º,
n.º 1, als. b) e d).

Num segundo grupo, as condutas que se concretizam na
declaração em atraso, ou seja, entrega das folhas de remuneração,
ou de rendimento colectável fora dos prazos regulamentares –
cf. art. 7.º, n.º 1, als. b) e d).

Num terceiro grupo incluem-se as contra-ordenações mais
graves e que consistem em condutas que se exprimem na prestação
de falsas declarações ou na utilização de qualquer outro meio de que
resulte, quer a aplicação indevida de um esquema contributivo, quer
a alteração da base incidência, quer quanto às taxas de contribuições
– cf. art. 7.º, n.º 1, als. a) e c). Note-se que neste grupo incluímos as
contra-ordenações previstas na al. c) do n.º 1 do art. 7.º, porque a
declaração de valores de remunerações diferentes dos legalmente
considerados configura uma contra-ordenação comissiva por acção
de falsas declarações de que resulta a aplicação indevida de um
esquema contributivo, por falsificação da base de incidência.

As contra-ordenações tipificadas na al. a) do n.º 1, do art. 7.º,
são punidas com coima de 15.000$00 a 50.000$00; as da al. b) do
cit. n.º 1 com coima de 5.000$00 a 50.000$00; as da al. c) com
coima de 5.000$00 a 50.000$00 e as da al. d) com coima de
3.000$00 a 20.000$00.

A falta de apresentação da guia de pagamento faz com que o
contribuinte incorra numa situação de mora. A falta de entrega da
folha de registo de remunerações no prazo regulamentar configura
uma contra-ordenação.

Curso de Direito Sancionatório da Segurança Social

A entrega das folhas de registo das remunerações é um acto autónomo em relação à entrega das guias de pagamento e com consequências legais diferentes.

"Porém, mais grave, é não declarar, ou não apresentar a folha de registo de remunerações dentro do prazo regulamentar. Porque, para além de incorrer em processo contra-ordenacional, impede que os seus trabalhadores tenham as suas contas correntes actualizadas para efeitos de benefícios imediatos: doença, desemprego, doença profissional e prestações familiares, o que pode constituir crime"[177].

O regime do pessoal do serviço doméstico, também no âmbito do direito contra-ordenacional, oferece algumas especialidades, designadamente, não são consideradas folhas de remuneração as folhas-guias, para efeitos do disposto na al. b), do n.º 1, do art. 7.º e algumas contra-ordenações têm a coima reduzida a metade – cf. n.º 2 do art. 7.º e art. 8.º.

### 7.3. *Artigos 9.º, 10.º e 11.º – Contra-ordenações relativas às prestações*

– art. 47.º do Decreto-Lei n.º 79-A/89, de 13 de Março, com a redacção dada pelo Decreto-Lei n.º 418/93, de 24 de Dezembro, e arts. 22.º e 25.º do Decreto-Lei n.º 132/88, de 20 de Abril

Concessão é um termo polissémico. Rigorosamente quer dizer pôr à disposição dos titulares as prestações devidas. Na prática, tem-se usado com o sentido de atribuição e de pagamento[178].

Prestação é a conduta a que o devedor está obrigado – cf. art. 397.º do Cód. Civil[179].

---

[177] Dr.ª Graça Moura, loc. cit., p. 71.

[178] Ilídio das Neves, "Dicionário", ob. cit., pp. 194, 107 e 486, respectivamente.

[179] Pessoa Jorge, "Direito das Obrigações", AAFDL, 1963/64, p. 37.

A conduta, por seu turno, tem um objecto, que tanto pode ser uma coisa, como um facto. A prestação, no direito das obrigações, tanto pode ser encarada como o objecto imediato ou como objecto mediato do direito subjectivo. O objecto imediato é o comportamento do devedor e o objecto imediato é a própria coisa que deve ser entregue. Nas prestações de facto a distinção dos objectos é "evanescente"[180].

No âmbito do direito da segurança social a prestação é aquilo, quantia em dinheiro ou facto, que as instituições de protecção social devem aos beneficiários, nos termos e condições definidos por cada regime. As instituições de protecção social obrigadas a prestações podem ser a administração pública, as instituições de segurança social, as instituições particulares de solidariedade social e ainda outras.

No que concerne aos arts. 9.º a 11.º, as prestações são devidas pelas instituições de segurança social.

*Artigo 9.º – Contra-ordenações relativas à concessão*
*de prestações em geral.*

*Constitui contra-ordenação relativa à concessão de prestações:*

*a) A falta de declaração determinante do favorecimento do montante das prestações, a qual é punível com coima de 5.000$00 a 20.000$00;*

*b) A falta de comunicação determinante da concessão indevida de prestações, a qual é punível com coima de 10.000$00 a 35.000$00;*

*c) As falsas declarações ou a utilização de qualquer meio de que resulte a concessão indevida de prestações, a qual é punível com coima de 15.000$00 a 50.000$00;*

---

[180] Mota Pinto, "Teoria geral do Direito Civil", Coimbra Ed., 3ª ed., p. 331.

*Curso de Direito Sancionatório da Segurança Social* 153

*d) A acumulação de prestações como exercício de actividade normalmente remunerada, em contravenção a disposição legal expressa, a qual é punível com coima de 15.000$00 a 50.000$00.*

Quanto à concessão de prestações, em geral, as contra--ordenações podem ser divididas por três grupos, tendo por critério a conduta tipificada: primeiro, o grupo das contra-ordenações em que a conduta é comissiva por omissão, a falta de declaração determinante do favorecimento do montante das prestações e a falta de comunicação determinante da concessão indevida de prestações – cf. als. a) e b) do cit. art. 9.°, respectivamente; o segundo, o da acumulação de prestações com o exercício de actividade normalmente remunerada, em violação de disposição legal expressa – cf. al. d), do art. 9.° e, por fim, o terceiro grupo, o das mais graves, o das falsas declarações ou da utilização de qualquer meio de que resulte a concessão indevida de prestações – cf. al. c) do art. 9.°.

As contra-ordenações previstas na al. a) do cit. art. 9.° são punidas com coima de 5.000$00 a 20.000$00; as previstas na al. b), com coima de 10.000$00 a 35.000$00; as previstas nas als. c) e d) com coima de 15.000$00 a 50.000$00.

*Artigo 10.° – Cumulação dos subsídios de desemprego e de doença com o exercício de actividade profissional*

*O exercício de actividade normalmente remunerada durante o período de tempo em que esteja a ser concedido o subsídio de desemprego ou o subsídio de doença, ainda que se não prove o pagamento da correspondente remuneração, constitui contra--ordenação punível com coima de 15.000$00 a 50.000$00.*

*Artigo 11.° – Comunicação do pagamento de indemnização*

*Nos casos em que tenha havido concessão provisória de prestações por incapacidade decorrente de acidente de trabalho* *ou de acto de terceiro que determinem direito a indemnizações, a falta de comunicação às instituições de segurança social pelo interessado do pagamento das mesmas pelo terceiro responsável constitui contra-ordenação punível com coima de 5.000$00 a 50.000$00.*

Os artigos que se acabam de transcrever reportam-se a prestações por incapacidade temporária para o trabalho.

O subsídio de desemprego vem regulado no Decreto-Lei n.° 119/99, de 14 de Abril. A reparação da situação de desemprego realiza-se através de medidas gerais, activas e passivas, bem como de medidas excepcionais. São medidas gerais passivas: a atribuição do subsídio de desemprego e a atribuição do subsídio social de desemprego inicial ou subsequente ao subsídio de desemprego – cf. arts. 1.° e 2.° do cit. Decreto-Lei – sobre as restantes medidas, vd. arts. 3.° e 4.° do cit. diploma legal.

O subsídio de doença está regulado no Decreto-Lei n.° 132/88, de 8 de Maio.

O subsídio de doença é a prestação pecuniária que visa proteger o trabalhador na eventualidade doença. Doença é toda a situação mórbida, evolutiva, de causa não profissional, que determine incapacidade temporária para o trabalho. O subsídio de doença é atribuído na presunção da perda de remuneração pelo beneficiário e destina-se a compensar essa perda. O valor do subsídio corresponde a 65% da remuneração de referência – cf. arts. 1.° a 4.° e 15.° do cit. Decreto-Lei.

Presentemente não cabe à segurança social o pagamento das indemnizações por acidentes de trabalho, embora esteja previsto que o papel desempenhado, nesta área, pelas companhias de seguros passe a ser desempenhado pela segurança social – art. 11.° da Lei n.° 17/2000, de 8 de Agosto. Já a anterior Lei de Bases continha disposição programática equivalente – cf. art. 72.° da Lei n.° 28(84, de 14 de Agosto. No entanto, no caso de concorrência, pelo mesmo facto, do direito a prestações pecuniárias dos regimes de segurança social com o de indemnização a suportar por terceiros, as instituições de segurança social ficam sub-rogadas nos direitos do lesado

Curso de Direito Sancionatório da Segurança Social          155

até ao limite do valor das prestações que lhes cabe conceder – cf. art. 66.° da Lei de Bases vigente.

Os artigos 10.° e 11.° do Decreto-Lei n.° 64/89 referem-se à concessão de prestações por incapacidade temporária para o trabalho causada pelo desemprego, por doença, por acidente de trabalho ou por acto de terceiro.

A contra-ordenação prevista no cit. art. 10.° tem como conduta típica o exercício de actividade normalmente remunerada durante o período de tempo em que esteja a ser concedido ou o subsídio de desemprego ou o subsídio de doença. Esta contra-ordenação é punida com coima de 15.000$00 a 100.000$00.

A contra-ordenação prevista no cit. art. 11.° tem como conduta típica a falta de comunicação pelo interessado às instituições de segurança social de que o terceiro responsável pagou as indemnizações, no caso em que tenha havido concessão provisória de prestações por incapacidade decorrentes de acidente de trabalho ou de acto de terceiro. Em regra o terceiro pagador das indemnizações será uma companhia seguradora pelo que nenhuma confusão haverá com o eventual terceiro causador da incapacidade. A coima prevista para esta contra-ordenação é de 5.000$00 a 50.000$00.

A contra-ordenação prevista no art. 12.° do cit. Decreto-Lei n.° 64/84 tipifica a falta de entrega pelas entidades empregadoras aos trabalhadores da declaração comprovativa da cessação do contrato de trabalho e é punida com coima de 10.000$00 a 50.000$00. Mas se a mesma conduta for assumida por entidades empregadoras com menos de vinte trabalhadores, a contra-ordenação é privilegiada e os limites da coima são reduzidos a metade.

### 7.4. Artigo 13.° – Falta de apresentação de documentação

*A falta de apresentação de declarações ou de outros documentos legalmente exigidos, não especialmente punida nos termos dos artigos anteriores, constitui contra-ordenação punível com coima de 5.000$00 a 20.000$00, quando dessa apresentação dependa a constituição ou modificação de uma obrigação* *contributiva, a extinção ou suspensão de um direito, a redução de uma prestação ou a cessação de uma situação favorecida.*

A CRP, no art. 29.°, consagra o princípio da legalidade da aplicação da lei penal. Princípio que o Cód. Penal acolhe no art. 1.°. O RGCO dedica-lhe o art. 2.° e a ele, em parte, se refere no art. 1.° – princípio da tipicidade. Segundo os princípios da legalidade e da tipicidade só pode ser punido com uma coima quem cometa uma contra-ordenação tipificada por lei anterior ao momento do seu cometimento.

Há, contudo, tanto no ordenamento penal, como no contra--ordenacional as chamadas normas em branco[181].

Normas sancionatórias em branco são as que remetem para outra fonte normativa a fixação dos seus próprios pressupostos. A remição feita pela norma em branco tem dois limites: a definição do tipo legal e a determinação da pena.

A esta luz o art. 13.° em análise é uma norma sancionatória em branco, já que sanciona a falta de apresentação de declarações ou de outros documentos legalmente exigidos. Há, portanto, uma indeter-minação que não permite ao intérprete saber de imediato os pressu-postos da contra-ordenação. Assim, a completação desses pressupos-tos fica dependente de uma segunda operação que consistirá na descoberta de quais as declarações ou documentos cuja entrega está legalmente exigida.

O tipo objectivo da contra-ordenação só ficará completo, como expressamente prevê o cit. art. 3.°, quando não esteja especialmente punida nos artigos anteriores – pressuposto negativo – e quando dessa apresentação dependa a constituição ou modificação de uma obrigação contributiva, a extinção ou suspensão de um direito, a redução de uma prestação ou a cessação de uma situação favorecida – pressuposto positivo.

A contra-ordenação é punível com coima de 5.000$00 a 20.000$00.

---

[181] Cf. Teresa Beleza, ob. cit., pp. 438 e ss.; Germano Marques da Silva, "DPP", ob. cit., I, pp. 230/1 e M. Simas Santos e J. Lopes de Sousa, ob. cit., p. 78.

*Curso de Direito Sancionatório da Segurança Social* 157

## 7.5. *Nota conclusiva*

São notórias e do conhecimento geral as dificuldades financeiras do sistema da segurança social. Dificuldades que alimentam projecções que antevêem a ocorrência de ruptura do sistema entre 2010 e 2015[182].

As coimas mantêm hoje os valores fixados em 1989. O Ministério das Finanças actualiza as coimas utilizando coeficientes – cf. Portaria n.º 314/2001, de 2 de Abril.

## 8. Processo de contra-ordenação

O processamento das contra-ordenações no âmbito da segurança social está especialmente previsto nos artigos 14.º e segts. do Decreto-Lei n.º 64/89.

Tem como direito supletivo o Decreto-Lei n.º 433/82, com as alterações introduzidas pelo Decreto-Lei n.º 244/95, de 14 de Setembro, que regula, em geral o processamento das contra-ordenações nos artigos 33.º e segts. – cf. art. 1.º, n.º 1, do Decreto-Lei n.º 64/89.

Não obstante, há princípios que pela sua natureza e imposição constitucional também se aplicam ao processo contra-ordenacional da segurança social.

### 8.1. *Princípio da prossecução do interesse publico*

A Administração Pública prossegue o interesse público sempre com respeito pelos direitos e interesses legalmente protegidos – cf. art. 266.º da CR.

Por isso, as autoridades administrativas entre as quais se contam as da segurança social, no processamento das contra-ordena-

---

[182] Livro Branco, cit. p. 115. As mais recentes reformas (2001) parece tornarem o panorama do futuro próximo mais animador.

ções devem respeitar os direitos fundamentais dos infractores – cf. arts. 12.º e ss. da CR – com destaque para o art. 18.º, que impõe a imediata aplicação dos preceitos constitucionais respeitantes àqueles direitos.

## 8.2. *Princípio da legalidade*

Este princípio obriga a que os órgãos e os agentes administrativos actuem em conformidade com o estabelecido na Constituição e na lei. A importância deste princípio é tal que não só serve para caracterizar todo o direito público, como é repetido em todos os diplomas de maior significado e alcance. Neste caso está o regime geral contra--ordenacional que o acolhe no art. 43.º – cf. art. 266.º, n.º 2, da CRP.

Em obediência ao constitucionalmente preceituado, a Administração Pública, além de actuar em conformidade com a lei e o direito, deve fazê-lo dentro dos limites dos poderes que lhe estão atribuídos e em conformidade com os fins para que os mesmos lhe foram conferidos. Em resumo: "a formulação moderna do princípio da legalidade consubstancia-se na ideia de que os órgãos e agentes da Administração Pública só podem agir com fundamento na lei e dentro dos limites por esta estabelecidos" – cf. art. 3.º do Código de Procedimento Administrativos (CPA)[183].

Deve igualmente obediência aos princípios da igualdade, da proporcionalidade, da justiça, da imparcialidade e da boa-fé.

## 8.3. *Princípio da igualdade*

O conteúdo jurídico-constitucional do princípio da igualdade abrange a proibição do arbítrio, da discriminação e a obrigação de diferenciação[184].

---

[183] João Caupers, "Direito Administrativo", Ed. Notícias, p. 45.

[184] Vital Moreira e Gomes Canotilho, "Constituição da República Portuguesa – anotada", Coimbra Ed., 2ª ed., 1º vol., p. 149.

*Curso de Direito Sancionatório da Segurança Social* 159

A igualdade de princípio impõe o reconhecimento das diferenças. O princípio da igualdade faz com que se tratem por igual situações iguais e de maneira diferente situações diferentes[185].

## 8.4. *Princípio da proporcionalidade*

O princípio da proporcionalidade ou da proibição do excesso desdobra-se em várias exigências ou sub-princípios: da adequação, o acto deve ser conforme ao interesse público e apto à prossecução do fim que o justifica: da exigibilidade, as medidas restritivas devem ser necessárias e exigíveis porque os fins visados pela lei não podiam ser obtidos por outros meios menos onerosos para os direitos fundamentais; da proporcionalidade, em sentido restrito, que significa que os meios legais restritos e os fins obtidos devem situar-se numa "justa medida", impedindo-se a adopção de medidas legais restritivas desproporcionadas, excessivas, em relação aos fins obtidos[186].

## 8.5. *Princípio da justiça*

O princípio da justiça exige que a Administração Pública subordine a sua actividade aos critérios materiais e aos valores superiores plasmados na Constituição[187].

---

[185] Martim de Albuquerque, "Da igualdade", sobretudo pp. 331 e ss.; jurisprudência do Tribunal Constitucional, por ex., Ac. n.º 958/96, de 10/7, in "Acórdãos do Tribunal Constitucional", 34º vol., pp. 397 e ss.; Parecer da Procuradoria Geral da República, em "Pareceres", vol. I, pp. 183 e ss.; numa perspectiva cultural, Charles Taylor, "Multiculturalisme – différence et démocratie", trad. fr. de D.-A. Canal, Flammarion e a perspectiva católica na Encíclica "A solicitude social da Igreja", de S. S. João Paulo II, principalmente no capítulo IV, "O desenvolvimento humano autêntico".

[186] Vital Moreira e Gomes Canotilho, ob. cit., notas ao art. 18º, n.º 2, da CR; Marcelo Rebelo de Sousa, "Lições de Direito Administrativo", pp. 145/6 e Esteves de Oliveira, P. C. Gonçalves e J. Pacheco de Amorim, "CPA", 2ª ed., pp. 103/4.

[187] V. Moreira e G. Canotilho, ob. cit., 2º vol., p. 420 e Gregório Peces Barba, "Los valores superiores", Tecnos, Madrid.

## 8.6. *Princípio da imparcialidade*

O princípio da imparcialidade é de enorme importância para a actividade e para o procedimento administrativo. A imparcialidade impõe que a Administração Pública pondere em equidistância, antes de decidir, todos os interesses particulares envolvidos e que não os considere em função de valores estranhos à sua função[188].

## 8.7. *Princípio da boa fé*

O princípio da boa fé tanto pode ser considerado como um padrão ou standard jurídico, como um princípio geral de direito.

A análise deste princípio é vasta, profunda e complexa[189].

O Cód. Civil, em que o princípio aflora, contém sete definições de boa fé subjectiva. Não há uma noção legal de boa fé.

A doutrina refere-se quer à boa fé objectiva (ou boa fé em sentido ético) para significar a consideração razoável e equilibrada dos interesses dos outros, a honestidade e a lealdade nos comportamentos, quer à boa fé subjectiva como a convicção errónea e não culposa da existência de um facto ou de um direito ou da validade de um negócio, ou a ignorância desculpável dos fundamentos de invalidade ou de um vício de um negócio[190].

Em sentido geral, boa fé é a atitude que traduz a convicção ou a vontade de cumprir as normas jurídicas e que permite ao interessado subtrair-se aos rigores da lei[191].

---

[188] Esteves de Oliveira, ob. cit., p. 107; V. Moreira e G. Canotilho, ibidem, e a valiosa tese de mestrado de Maria Teresa de Melo Ribeiro, "O princípio da imparcialidade da Administração Pública", Almedina.

[189] Menezes Cordeiro, "Da boa-fé no direito civil", Almedina, 2 vols., 1046 pp. e Delia Matilde Ferreira Rubio, "La buena fe", Ed. Montecorvo, Madrid.

[190] Ana Prata, "Dicionário Jurídico", voz "Boa-fé".

[191] Gérard Cornu, ob. cit., entrada "Bonne foi"

## 9. Processo de contra-ordenação – Princípios gerais do processo penal

Por força da dupla remissão já abordada, também os princípios gerais do processo penal se aplicam ao processo contra-ordenacional de segurança social.

Como veremos o processo de contra-ordenação tem duas fases: uma administrativa e outra judicial. Para já indagaremos em que medida os princípios gerais do processo penal se aplicam na fase administrativa do processo contra-ordenacional.

Os princípios fundamentais do processo penal serão mais facilmente compreendidos se agrupados do seguinte modo: princípios relativos à promoção processual; princípios relativos à prova; princípios relativos à forma e princípios relativos à estrutura do processo.

### 9.1. *Princípios relativos à promoção processual*

Os princípios relativos à promoção processual incluem os princípios da oficialidade, da legalidade e da acusação.

### 9.1.1. *Princípio da oficialidade*

O princípio da oficialidade quer dizer que é ao M. P. que cabe a iniciativa e a investigação das infracções penais, bem como a decisão de deduzir ou não a acusação. Há um limite a este princípio: quando se trate de crimes particulares é necessária a queixa do ofendido para que o M. P. promova a abertura do processo. A grande importância deste princípio advém do facto de tornar a investigação pré-acusatória pública – cf. arts. 219.° da CR e 48.° e 53.°, n.° 2, al. a) do CPP.

O processo de contra-ordenação é iniciado oficiosamente pelas autoridades administrativas; mediante participação das autoridades policiais ou fiscalizadoras ou, ainda, mediante denúncia particular – cf. arts. 33.° e 54.° do RGCO.

A mesma doutrina legal vale para o processo de contra-ordenação de segurança social, pois também este se inicia com a comunicação da infracção, que é efectuada mediante auto de notícia, participação ou denúncia particular – cf. art. 18.°, n.° 1 do Decreto-Lei n.° 64/89.

### 9.1.2. *Princípio da legalidade*

Em estreita conexão com o princípio da oficialidade acha-se o princípio da legalidade da iniciativa. Segundo este, o M. P. e só ele tem legitimidade para promover o processo penal, mas a esta prerrogativa junta-se o dever de proceder sempre que se verifiquem os pressupostos processuais de um crime. Este princípio tem as limitações legais previstas nos arts. 49.° e 52.° do CPP (legitimidade dependente de queixa e legitimidade no caso de concurso de crimes). Além destas, "outras existem constantes da CRP e de leis ordinárias de natureza especial que se não encontram revogadas, nomeadamente, as respeitantes ao Presidente da República, deputados, membros do Governo, magistrados judiciais e do M. P."[192].

A estas limitações de direito acrescem as limitações de facto. Perante o aumento da conflitualidade, da litigiosidade e da criminalidade, nem sempre ao M. P. é fisicamente possível prosseguir todos os crimes, daí que, além de outras, aconteçam as prescrições dos procedimentos criminais – cf. arts. 118.° e ss. do Cód. Pen.[193].

---

[192] Maia Gonçalves, "Código de Processo Penal – anotado", Almedina, nota ao art. 48°.

[193] Cf. Boaventura Sousa Santos, Maria Manuel Leitão Marques, João Pedroso, Pedro Lopes Ferreira, "Os tribunais nas sociedades contemporâneas – o caso português", Ed. Afrontamento, pp. 111 e ss.; Intervenção de Sua Excelência o Ministro da Justiça, Dr. Vera Jardim, no Colóquio "A Justiça em Portugal", Conselho Económico e Social, pp. 25 e ss. e Andreas Auer, "O princípio da legalidade como norma, como ficção e como ideologia", em António Hespanha, "Justiça e litigiosidade", Ed. Fund. Calouste Gulbenkian, pp. 123 e ss.

Ultimamente muito se tem colocado a questão de saber se o princípio da legalidade deveria ser substituído pelo princípio que se lhe contrapõe, o princípio da oportunidade. Segundo este o M. P. promove ou não o processo consoante o que entenda conveniente. A CR não acolhe nem um nem outro dos princípios. Argumentos têm-se trocado bastantes. Na prática, o princípio da oportunidade impõe-se em muitas circunstâncias. Para evitar arbítrios e discricionaridades seria melhor admiti-lo, legislá-lo, inseri-lo numa política criminal predefinida e até conjugá-lo com o princípio da legalidade[194].

### 9.1.3. *Princípio da acusação*

O princípio da acusação significa que a jurisdição só julga se tiver sido solicitada pela acusação e só julga as pessoas e os factos que são objecto da acusação. O princípio funciona em benefício do acusado na medida em que estabelece limites à matéria de que tem de defender-se. Em processo penal a acusação é deduzida pelo M. P. ou pelo juiz de instrução e julgada pelo juiz que é uma entidade diferente e independente da entidade autora da acusação.

No processo de contra-ordenação o princípio da acusação sofre importante adaptação. Na realidade, a mesma autoridade administrativa é competente para instruir o processo, deduzir a acusação, decidir o caso e, aplicar ou não, sanções. Porque assim acontece já foi colocada a pergunta: punir sem julgar? – cf. art. 41.°, n.° 2 da RGCC[195].

No domínio da segurança social os processos de contra--ordenação são instruídos e decididos pelas instituições competentes. O princípio da acusação não tem aqui aplicação – cf. art. 14.°, n.° 1 do Decreto-Lei n.° 64/89.

---

[194] Cf. Carlos Adérito Teixeira, "Princípio da oportunidade", Almedina, e Luís Maria Diez-Picazo, "El poder de acusar", Ariel.

[195] Mireille Delmas-Marty e C. Teitgen-Colly, "Punir sans juger? De la répression administrative au droit administratif pénal" , Economica, Paris.

## 9.2. Princípios relativos à prossecução processual

Os princípios relativos à prossecução processual englobam os princípios do contraditório, da investigação e da suficiência.

### 9.2.1. Princípio do contraditório

O n.º 5 do art. 32.º da CR estabelece que o processo criminal tem estrutura acusatória e que a audiência de julgamento e os actos instrutórios que a lei determinar estão subordinados ao princípio do contraditório. Este princípio funciona, segundo o CPP, na fase de inquérito – arts. 61.º, n.º 1, als. a), b) e f) e 69.º, n.º 2, al. a); na fase de instrução – arts. 271.º, 298.º e 301.º, n.º 2 e na fase de julgamento – arts. 321.º, n.º 3, 327.º, n.ºs 1 e 2, 355.º, n.º 2 e 360.º, n.ºs 1 e 2.

O princípio do contraditório traduz-se em cada parte processual poder pronunciar-se sobre qualquer atitude processual assumida pela outra parte, antes do tribunal decidir.

O oposto do princípio do contraditório é o princípio inquisitório. Em conformidade com este princípio o arguido, uma vez feita a prova, estava inibido de contestar a acusação[196].

Com o princípio da investigação quer-se exprimir a ideia de que é ao tribunal que compete investigar, esclarecer e instruir os factos que o tribunal há-de julgar, tudo sem prejuízo da colaboração e das contribuições das partes em levarem para o processo as provas que acharem convenientes e adequadas.

### 9.2.2. Princípio da investigação

O princípio da investigação tempera o princípio do acusatório, é um princípio estruturante do nosso processo penal e aflora no CPP

---

[196] "O último regimento da inquisição portuguesa", introdução e actualização de Raúl Rego. Ed. Excelsior.

*Curso de Direito Sancionatório da Segurança Social* 165

em várias fases do processo: na da instrução, arts. 288.º a 290.º e na de julgamento, arts. 327.º, 340.º e 354.º.

O princípio da investigação visa tendencialmente a descoberta da verdade material. A este nível de observação opõe-se-lhe o princípio dispositivo ou da verdade formal.

No processo de contra-ordenação o princípio da investigação aparece muito diluído. É certo que a autoridade administrativa e entidade decisória pode ordenar à instrução a realização de novas diligências para o apuramento dos factos, mas ela própria não é titular do poder-dever de esclarecer e instruir autonomamente, para além da acusação e defesa, os factos submetidos à sua decisão.

Na medida em que aos órgãos gestores das instituições da segurança social competentes para decidir os processos de contra--ordenação não cabe criar a base necessária àquela decisão, o princípio da investigação não tem aplicação.

### 9.2.3. *Princípio da suficiência*

O princípio da suficiência está expressamente consagrado no n.º 1 do art. 7.º do CPP. O que este princípio significa é que o processo penal é promovido independentemente de qualquer outro e nele se resolvem todas as questões que interessem à decisão da causa. "O princípio da suficiência da acção penal tem um fundamento manifesto, que é o de arredar obstáculos ao exercício do jus puniendi (direito de punir) que, directa ou indirectamente, possam entravar ou paralisar a acção penal"[197].

Na fase administrativa do processo de contra-ordenação o princípio da suficiência não tem qualquer aplicação. A decisão administrativa que põe termo ao processo pode ser objecto de impugnação judicial – cf. art. 55.º do RGCO.

---

[197] Maia Gonçalves, ob. cit., nota ao art. 7º.

## 9.3. *Princípios relativos à prova*

Os princípios relativos à prova compreendem os princípios: da presunção da inocência; de, na dúvida, a favor do réu; da livre apreciação da prova e o da investigação ou da verdade material.

### 9.3.1. *O princípio da presunção de inocência*

O princípio da presunção de inocência é tido por um dos pilares do direito penal. Acha-se consagrado no art. 32.°, n.° 2, da CR, na DUDH, art. 11.°, na CEDH, art. 6.° e na Carta dos Direitos Fundamentais da União Europeia, art. 48.°.

O princípio impõe que qualquer pessoa acusada de ter praticado um facto criminoso se presuma inocente até ao trânsito em julgado da sentença da condenação, o que quer dizer que a prova do facto criminoso compete à acusação[198].

### 9.3.2. *O princípio de na dúvida a favor do réu ("in dubio pro reo")*

Sempre que a acusação não consiga convencer o tribunal quanto aos factos que alega e o tribunal fique portanto com dúvidas razoáveis sobre a prova dos factos, então funciona o princípio e, na dúvida, o réu é absolvido. Este princípio equaciona-se directamente com os factos e, no caso deles não se provarem (non liquet), porque há o princípio da presunção de inocência, o réu deve ser absolvido.

### 9.3.3. *O princípio da livre apreciação da prova ou da prova livre*

O que o princípio da prova livre significa é que o juiz é o "senhor da prova".

---

[198] Sobre este princípio e a Constituição, Rui Pinheiro e Artur Maurício, "A Constituição e o Processo Penal", Rei dos Livros, 2ª ed., pp. 123 e ss.

A entidade competente para apreciar a prova tem uma liberdade tão ampla que apenas critérios gerais e imprecisos limitam. No CPP – art. 127.º – esses critérios são as regras da experiência e a livre convicção. No CPC – art. 655.º – os juízes apreciam livremente as provas. A decisão de qualquer causa resume-se à aplicação do Direito aos factos dados como provados. Costuma dizer-se, com exagero, é claro, que Direito todos sabem, por isso, essencial é o apuramento da matéria de facto. Ora este apuramento é o que maiores exigências coloca à capacidade dos decisores. Daí que a livre apreciação constitua um grande risco assegurado na medida do humanamente possível pelas garantias dadas pelos juízes: sujeição à lei – fundamentação da decisão, independência, imparcialidade, irresponsa-bilidade e inamovibilidade – cf. arts. 202.º e ss. da CR; arts. 4.º e ss. do Estatuto dos Magistrados Judiciais, ultimamente alterado pela Lei n.º 143/99, de 31 de Agosto, edição Almedina, anotado por Álvaro Lopes Cardoso e, quanto aos juízes do Tribunal Constitucional, art. n.º 222.º, n.º 5, da CR.

**9.3.4.** *O princípio da investigação ou da verdade material*

O princípio da investigação releva tanto ao nível da prossecução processual, como ao nível da prova.

Ao nível da prova o que o princípio significa é que devem constituir objecto da prova os factos, todos os factos que permitam a reconstituição do que, na verdade, aconteceu. Exige-se mais do que é exigido numa reconstituição histórica, exige-se a verdade material.

Este é o objectivo do princípio, todavia, acontece que nem sempre as circunstâncias o permitem. Erros humanos e a limitação processual dos meios de prova lícitos e admissíveis fazem com que nem sempre os desejos coincidam com as realidades (processuais)[199].

---

[199] M. Costa Andrade, "Sobre as proibições de prova em processo penal", Coimbra ed.; João de Castro Mendes, "Do conceito de prova em processo civil", Ed. Ática, Ilya Prigogine, "O fim das certezas", Gradiva e Fernando Gil "Preuves", Aubier.

## 9.4. *Princípios relativos à forma*

Os princípios relativos à forma abrangem os princípios da publicidade, da oralidade, da imediação e da concentração.

### 9.4.1. *Princípio da publicidade*

O princípio da publicidade aplica-se em processo penal a partir da decisão instrutória ou, se esta não ocorrer, a partir do momento em que já não possa ser requerida. A partir de um dos dois mencionados momentos, o processo penal passa a ser público, sob pena de nulidade – cf. art. 86.° do CPP. Isto quer dizer que, para garantia contra manipulações de secretaria, o público, o povo pode assistir ao desenrolar dos actos processuais. Nos termos do n.° 2, do citado artigo, a publicidade do processo implica: a) a assistência do público aos actos processuais; b) a comunicação social pode narrar ou reproduzir os actos processuais; c) os autos podem ser consultados e deles podem ser obtidos extractos, cópias e certidões.

O princípio tem como limites o segredo de justiça – cf. art. 86.°, n.os 3 e ss. – e a exclusão da publicidade decretada pelo juiz em casos excepcionais – cf. art. 87.° do CPP.

O princípio da publicidade não tem aplicação no processo de contra-ordenação na fase administrativa. Embora a administração pública deva ser aberta e transparente daí não pode concluir-se que o público, directamente ou pelos meios de comunicação social, tenha acesso aos processos administrativos. Na verdade, os cidadãos gozam do direito de acesso aos processos administrativos desde que sejam interessados e o requeiram – cf. art. 268.° da CR e Lei n.° 65/93, de 26 de Agosto[200].

Que o processo devia ser público e sem qualquer princípio de secretismo é a posição defendida por João Soares Ribeiro[201].

---

[200] Raquel Carvalho, "Lei de acesso aos documentos da administração", Publicações da Universidade Católica Porto.

[201] Em "Contra-ordenações laborais", Almedina, p. 140.

## 9.4.2. *Princípio da oralidade*

O princípio da oralidade significa que a prestação de quaisquer declarações se processa por forma oral – cf. art. 96.°, n.° 1, do CPP. Entende-se que a forma oral facilita o diálogo e a discussão, logo, a descoberta da verdade. É o caminho da razão para a verdade.

Com este princípio se relaciona estreitamente o princípio da publicidade.

O facto das declarações serem prestadas oralmente não impede o seu registo escrito.

O princípio da oralidade manifesta-se em pleno na audiência de discussão e julgamento.

No processo de contra-ordenação, na fase administrativa, as declarações podem ser prestadas por escrito ou, sendo oralmente prestadas, são reduzidas a escrito. A decisão do processo também é tomada por escrito. Nestas circunstâncias pode afirmar-se que o princípio da oralidade não tem aplicação no processo contra-ordenacional, na fase administrativa.

### 9.4.3. *Princípio da imediação*

O princípio da imediação significa que as questões suscitadas no processo penal devem ser decididas por quem tenha assistido à produção das provas e à discussão pela acusação e pela defesa; que a decisão deve ser proferida logo que possível e que as provas directas devem preferir às restantes.

No processo de contra-ordenação, na fase administrativa, não há discussão; as provas não são oralmente discutidas e a decisão é tomada por quem não assistiu à prova. Daí resulta que, o princípio da imediação não se aplica ao processo de contra-ordenação na fase administrativa.

### 9.4.4. *Princípio da concentração*

O princípio da concentração decorre directamente do princípio da oralidade. De acordo com as exigências do princípio da concentração todos os termos e actos processuais devem decorrer de modo contínuo e sem hiatos espaciais ou temporais, salvo se tal não for possível. O princípio da concentração adquire maior relevância em relação à audiência de discussão e julgamento. Esta deve ser unitária e continuada, isto é, as provas devem ser discutidas sem interrupções e a sentença deve seguir-se ao encerramento da discussão. O princípio da concentração sofre adaptações à prática, por isso, prevê-se que haja intervalos e adiamentos da audiência – cf. arts. 328.º e 365.º do CPP.

No processo de contra-ordenação, na fase administrativa, a prova ou é escrita ou reduzida a escrito e tem intervalos temporais mais ou menos longos e pode também tê-los espaciais. Não havendo oralidade neste processo daí decorre que o princípio da concentração não se aplica.

Conclusão: nenhum dos princípios vigentes em processo penal e relativos à forma processual se aplica ao processo contra-ordenacional, na fase administrativa.

O art. 138.º, n.º 1, do CPC, diz que "Os actos processuais terão a forma que, nos termos mais simples, melhor corresponda ao fim que visam atingir". Daí que se possa concluir que forma é o modo como o acto se exterioriza e ao qual a lei atribui determinados efeitos e impõe certos prazos. A lei que regula a forma dos actos é a que vigora no momento em que são praticados – cf. art. 142.º do CPC.

## 9.5. *Princípios relativos à estrutura do processo*

Os princípios relativos à estrutura do processo são: o da jurisdição; do juiz natural; da lealdade; da igualdade de oportunidades; do acusatório; do direito a defensor e o do processo equitativo.

### 9.5.1. *Princípio da jurisdição*

Com o princípio da jurisdição pretende traduzir-se a ideia de que os tribunais têm exclusiva competência para aplicar definitiva-

Curso de Direito Sancionatório da Segurança Social 171

mente a lei penal. É lugar comum identificar o tribunal com o juiz e com a jurisdição. Em rigor, ao juiz da jurisdição compete decidir o conflito processual, mas sem acusação e defesa não há conflito judicial. Todos compõem o tribunal.

Os tribunais são órgãos de soberania (com o Presidente da República, a Assembleia da República e o Governo – cf. art. 110.º da CR) a quem incumbe assegurar a defesa dos direitos e interesses dos cidadãos legalmente protegidos – cf. art. 202.º da CR.

A função do juiz é adequada à fase do processo em que intervém. A função mais polémica reporta-se à fixada pelo art. 32.º, n.º 4, da CR: "toda a instrução é da competência de um juiz..." como se sabe a competência instrutória está atribuída ao M. P. A intervenção do juiz resta como garantia processual dos direitos fundamentais do arguido. Não estamos já no tempo em que Salgado Zenha afirmava "sem instrução judiciária, e apenas com instrução policial, todas as garantias de defesa serão inexistentes, por mais belos que sejam os códigos que as apregoam". Mas não estamos ainda suficientemente longe da sua exclamação que se parafraseia: tal era a prática em 1802. Tal era a prática em 1968. Tal é, em muitos casos, a prática em 2001[202].

### 9.5.2. *Princípio do juiz natural*

O princípio do juiz natural ou legal está consignado no n.º 9, do art. 32.º da CR: nenhuma causa pode ser subtraída ao tribunal cuja competência esteja fixada em lei anterior.

Este preceito tem por objectivos: impedir a criação de tribunais especiais ou extraordinários para julgarem certos e determinados crimes e obstar a que seja escolhido um juiz para julgar um dado caso.

---

[202] Em "Notas sobre a instrução criminal", Braga, 1968, pp. 110 e ss.

### 9.5.3. *Princípio da lealdade*

O princípio da correcção ou lealdade deduz-se do n.º 8, do art. 32.º da CR. Segundo este normativo são nulas as provas obtidas através de tortura, coacção, ofensa física ou moral, intromissão abusiva na vida privada, no domicílio, ou nas comunicações.

Cabem, no âmbito deste princípio, como práticas incorrectas ou desleais, os comentários ofensivos das testemunhas feitos nos tribunais.

### 9.5.4. *Princípio da igualdade de oportunidades*

O princípio da igualdade de oportunidades impõe que a acusação e a defesa gozem das mesmas possibilidades de intervenção processual. Como se sabe, em regra, a acusação é feita pelo M. P., que pelas funções que exerce e pelo estatuto de que desfruta – cf. arts. 219.º e 220.º da CR – em muito se distingue do advogado, a quem, em regra, cabe a defesa – art. 208.º da CR.

Perante esta realidade, entende-se o princípio como a atribuição e o reconhecimento à acusação e à defesa de meios igualmente eficazes para fazer valer os direitos dos intervenientes processuais. Esta igualdade de armas apenas não se verifica na fase de instrução e apenas se verifica tendencialmente na fase de discussão e julgamento.

### 9.5.5. *Princípio do acusatório*

O princípio do acusatório é enunciado no n.º 5, do art. 32.º, da CR: O processo criminal tem estrutura acusatória, estando a audiência de julgamento e os actos instrutórios que a lei determinar subordinados ao princípio do contraditório.

O princípio do acusatório define a situação processual penal como um confronto entre acusação e defesa, deixando ao julgador um lugar de independência e de equidistância em relação aos outros dois. Pensa-se que por este meio melhor defendidos poderão ser os

*Curso de Direito Sancionatório da Segurança Social* 173

direitos do arguido e, por isso, se lhe chama processo de tipo democrático[203].

Ao princípio acusatório contrapõe-se o princípio inquisitório essencialmente caracterizado por ser escrito, secreto e o instrutor e julgador serem a mesma pessoa.

### 9.5.6. *Princípio do direito a defensor*

O princípio do direito a defensor em todos os actos do processo está consagrado no n.º 3 do art. 32.º da CR. O arguido pode escolher um defensor e tem direito a ser por ele assistido. Se o arguido não escolher defensor, pode ser-lhe nomeado um, oficiosamente. Sobre a constituição de defensor em processo penal dispõe o art. 61.º do CPP e sobre os direitos do defensor o art. 62.º do CPP.

Nos termos do n.º 2, do art. 2.º, da CR, todos têm direito ao patrocínio judiciário e a fazer-se acompanhar por advogado perante qualquer autoridade, nos termos da lei.

Estas garantias do arguido existem também no processo contra--ordenacional – cf. art. 53.º do RGCO.

Também existem no processo contra-ordenacional da segurança social – cf. art. 26.º do Decreto-Lei n.º 64/89. Segundo este, o arguido em qualquer fase do processo pode fazer-se acompanhar pelo advogado que tiver escolhido.

Quando não haja advogado constituído será nomeado um defensor oficioso. O defensor será preferencialmente um advogado ou advogado estagiário constante de lista que deve ser solicitada à Ordem dos Advogados[204].

---

[203] Cf. Henriques Eiras, "Processo Penal Elementar", Quid juris, p. 105.

[204] Vd. Salvador da Costa, "Apoio Judiciário", Ed. Rei dos Livros; Carlos Alegre, "Acesso ao direito e aos Tribunais", Almedina; Miguel Cid Cebrian, "La justicia gratuita", Aranzadi Ed.; Mauro Cappelletti, "Dimensioni della giustizia", Il Mulino; Conseil d'Etat, "L'aide juridique", La Documentation Française; Joshua Rozenberg, «The search for justice», Sceptre; Mauro Cappelletti (dir.); «Accès à la justice et Etat-Providence», Economica, e Lorena Bachmaier, "La assistencia juridica gratuita", Ed. Colmares.

### 9.5.7. *Princípio do processo equitativo*

O princípio do processo equitativo ou do "due process of law".

O n.º 1, do art. 32.º, da CR, ao proclamar que "o processo criminal assegura todas as garantias de defesa, incluindo o recurso" é tão abrangente que se poderia interpretar como compreendendo todos os princípios do processo penal e, assim, englobando também o princípio do processo equitativo.

Este mesmo princípio está consagrado no art. 6.º da CEDH, no art. 47.º da Carta Dtos. Funds. Da EU e no art. 10.º da DUDH.

O citado art. 6.º, no n.º 3, estabelece: *O acusado tem, como mínimo, os seguintes direitos: a) Ser informado, no mais curto prazo, em língua que entenda e de forma minuciosa, da natureza e da causa da acusação contra ele formulada; b) Dispor do tempo e dos meios necessários para a preparação da sua defesa; c) Defender-se a si próprio ou ter a assistência de um defensor da sua escolha e, se não tiver meios para remunerar um defensor, poder ser assistido gratuitamente por um defensor oficioso, quando os interesses da justiça o exigirem; d) Interrogar ou fazer interrogar as testemunhas de acusação e obter a convocação e o interrogatório das testemunhas de acusação; e) Fazer-se assistir gratuitamente por intérprete, se não compreender ou não falar a língua usada no processo.*

Por força do disposto no art. 2.º da CR, o princípio do processo equitativo também se aplica ao processo civil[205]. Neste processo que é inequivocamente um processo de partes particulares, o problema põe-se com maior acuidade em relação à posição ocupada pelo M. P. que, em certos processos, aparece como claramente violadora do princípio da equidade[206].

O princípio do processo equitativo deve ser apreciado em concreto, caso a caso e tomando em consideração o processo no seu conjunto.

---

[205] Quanto à aplicação da garantia do art. 6º da CEDH ao domicílio "civil" e "penal", vd. Louis-Edmond Petitti e al (dirts.) ob. cit., pp. 249 e ss.

[206] Cf. Miguel Teixeira de Sousa, "Introdução ao Processo Civil", Lex, pp. 52 e ss. e A. M. Pessoa Vaz, "Direito Processual Civil", Almedina, pp. 243 e ss.

*Curso de Direito Sancionatório da Segurança Social* 175

"Um processo equitativo exige, como elemento conatural, que cada uma das partes tenha possibilidades razoáveis de defender os seus interesses numa posição não inferior à da parte contrária. Pelo seu lado o tribunal tem a obrigação de proceder a um exame efectivo dos meios, argumentos e elementos de provas oferecidos pelas partes"[207].

### 9.6. *O princípio do recurso*

O n.º 1 do art. 32.º da CR nas garantias de defesa inclui o recurso.

O art. 14.5 do Pacto Internacional Relativo aos Direitos Civis e Políticos diz: "Quem for declarado culpado de um crime terá direito a que a sentença condenatória e a pena imposta sejam submetidas a um tribunal superior, nos termos da lei".

O recurso consiste na impugnação de uma decisão judicial não transitada em julgado de um tribunal ("a quo") para um tribunal superior ("ad quem").

Entre nós, para os crimes mais graves, vigora o regime do duplo grau de jurisdição, ou seja, uma decisão condenatória pode sempre ser objecto, por via do recurso, de apreciação jurisdicional, pelo menos, por um tribunal superior.

O recurso, como garantia de defesa, tem por objectivo evitar os erros humanos judiciários e eventuais abusos. Não dispomos de estudos sobre a eficácia dos recursos, que são tanto mais necessários quanto a natureza dos recursos é ambivalente. Os recursos ordinários previstos no CPP, arts. 399.º e ss., recaem sobre as sentenças e sobre certos despachos da 1ª instância para a Relação ou para o Supremo e o acórdão da Relação para o Supremo.

---

[207] Cf. Irineu Cabral Barreto, "A Convenção Europeia dos Direitos do Homem", Aequitas, p. 94.

Há também o recurso de constitucionalidade para o Tribunal Constitucional.

Quando haja recurso de decisão final, o tribunal superior não pode modificar, na sua espécie ou medida, as sanções constantes da decisão recorrida, em prejuízo de qualquer arguido. Este princípio comporta uma excepção relativa à pena de multa.

O princípio que acaba de se enunciar designa-se pela proibição da "reformatio in pejus" – cf. art. 409.º do CPP.

Só com respeito pela proibição da reformulação para pior é que o recurso é uma verdadeira garantia. Por isso, como princípio, deveria ser de aplicação universal. Mas, na realidade, não é. A al. c) do n.º 2 do art. 31.º do Decreto-Lei n.º 64/89 é peremptória: "Não vigora a proibição da reformatio in pejus". O que constitui uma lamentável especialidade em relação ao regime geral das contra-ordenações em que a reformulação para pior está proibida – cf. art. 72.º-A, n.º 1, do RGCO e Ac. do TC n.º 291/2000, in DR, I-A, de 19 de Junho de 2000.

Para encerrar esta parte medite-se no disposto no n.º 10 do art. 32.º da CR: nos processos de contra-ordenação, bem como em quaisquer processos sancionatórios, são assegurados ao arguido os direitos de audiência e defesa.

## 10. A tramitação do processo de contra-ordenação da segurança social

### 10.1. *Competência*

O princípio geral é o de que para o processamento das contra-ordenações e a aplicação das coimas e das sanções acessórias são competentes as autoridades administrativas – cf. art. 33.º do RGCO.

No âmbito da segurança social, autoridades administrativas são hoje os organismos que sucederam aos centros regionais de segurança social, ou seja, os centros distritais de solidariedade e segurança social; o Centro Nacional de Pensões, hoje serviço integrado no ISSS, e a Caixa Nacional de Seguros de Doenças Profissionais, que entretanto foi extinta e substituída pelo Centro Nacional de Protecção contra os Riscos Profissionais.

Competentes para aplicar coimas são o ISSS e o IGFSS, por isso a evolução que se desenha será no sentido de o ISSS guardar a competência para o processo contra-ordenacional relativo às infracções praticadas pelos beneficiários no âmbito dos regimes e o IGFSS ficar com a competência para os processos decorrentes das infracções praticadas pelos contribuintes no âmbito das contribuições. Assim deverá vir a ficar repartida a competência em razão da matéria – cf. art. 34.º do RGCO.

A decisão dos processos contra-ordenacionais é da competência dos órgãos gestores das instituições de segurança social, isto é, dos respectivos conselhos directivos.

A organização e instrução dos processos de contra-ordenação compete a serviços próprios das instituições.

Em razão do território a competência reparte-se em função da área geográfica da jurisdição de cada uma das autoridades administrativas da segurança social. Tanto o ISSS, como o IGFSS, têm serviços responsáveis em cada distrito: o ISSS, os centros e o IGFSS, as delegações. Como nem sempre haverá serviços responsáveis de jurisdição concelhia, a competência territorial deverá pertencer aos serviços distritais em que a contra-ordenação se tiver consumado ou, se não tiver havido consumação, onde tenha sido praticado o último acto de execução ou o último acto preparatório se este for punível – cf. art. 35.º do RGCO.

No caso de haver concurso de contra-ordenações qualquer das autoridades administrativas competentes em razão da matéria e do território é competente por conexão para a organização do processo, um só processo. Também há competência por conexão quando uma coima é passível de ser aplicada a várias pessoas – cf. art. 36.º do RGCO.

Sempre que haja concurso de crime e contra-ordenação ou quando pelo mesmo facto uma pessoa responda por crime e outra por contra-ordenação a organização do processo cabe ao M. P. ou em quem este puder delegar.

Quando haja concurso de crime e contra-ordenação e quando o mesmo facto implique responsabilidade criminal e contra-ordenacional, a autoridade competente para aplicar a pena e a coima é o juiz competente para o julgamento do crime.

O direito contra-ordenacional é um instrumento sancionatório disponível pela administração pública, por isso através do respectivo processo a administração conhece e sanciona as contra-ordenações. Da decisão sancionatória pode o arguido interpor recurso para o tribunal para que os factos sejam reapreciados. Desconhece-se o grau de eficácia destes recursos.

Sempre que na fase administrativa do processo de contra-ordenação a autoridade organizadora se aperceba que a infracção constitui um crime fica obrigada a remeter os autos do processo ao M. P. Se este considerar que não há crime o processo é enviado ao remetente para que prossiga seus termos, como de contra-ordenação.

O RGCO é omisso quanto à forma dos actos processuais do processo de contra-ordenação, daí que lhe sejam subsidiariamente aplicáveis os preceitos do CPP sobre a matéria, por exemplo, os arts. 92.º e ss. António Leones Dantas defende a aplicação subsidiária do CPP quanto aos prazos, reconduzível, ao fim e ao cabo, ao CPC no que concerne ao cômputo dos prazos[208].

## 10.2. Do início do processo

O processo contra-ordenacional de segurança social inicia-se com base na aquisição da comunicação da infracção pelas autoridades administrativas – cf. n.º 1, art. 18.º do Decreto-Lei n.º 64/89 e art. 241.º do CPP.

---

[208] Em "Considerações sobre o processo das contra-ordenações – a fase administrativa", RMP, Ano 16º, Janeiro/Março, 1995, n.º 61, p. 108.

*Curso de Direito Sancionatório da Segurança Social* 179

A comunicação é efectuada por auto de notícia, participação ou denúncia particular.

Haverá auto de notícia quando a infracção for verificada, presenciada por entidades ou serviços competentes para o levantar – cf. n.º 2, cit. art. do Decreto-Lei n.º 64/89 e n.º 1 do art. 243.º do CPP.

Haverá participação quando um funcionário, no exercício das suas funções, detectar uma infracção. A participação tem a mesma eficácia do auto de notícia – cf. n.º 3 do cit. art. 18.º.

Haverá denúncia quando uma entidade particular comunicar, verbalmente ou por escrito, uma infracção a uma instituição – cf. n.º 4 do cit. art. 18.º e 244.º do CPP.

O auto de notícia deve obedecer a determinados requisitos, pois deve conter: o dia, o local e as circunstâncias em que foi praticada a infracção; os factos que constituem a infracção e a identificação o mais completa possível do autuado; as disposições legais violadas; a identificação e assinatura do autuante e quaisquer outros elementos exigidos por lei ou que possam interessar – cf. n.º 1 do art. 19.º do Decreto-Lei n.º 64/89.

Se o auto for levantado só contra um infractor isso não impede que outros posteriormente descobertos venham a ser chamados ao processo.

O auto deve ser levantado mesmo que o autuante repute a infracção como não punível.

A participação deve conter, além das menções exigidas para o auto de notícia, a identificação pessoal do funcionário seu autor e a assinatura deste – cf. art. 20.º do Decreto-Lei n.º 69/89 e 386.º do CPP.

A denúncia deve obedecer aos requisitos do auto de notícia e mencionar os meios de prova e a identificação do denunciante. Se a denúncia for verbal será reduzida a escrito pelo funcionário que a receber, se for escrita deve ser assinada pelo denunciante – cf. art. 21.º do Decreto-Lei n.º 64/89 e 244.º do CPP.

Os autos de notícia devem ser remetidos aos conselhos directivos das instituições de segurança social competentes para que, organizado e instruído o processo, possam aplicar a coima correspondente à contra-ordenação enunciada. As participações e as denúncias são dirigidas a esses conselhos directivos – cf. art. 22.° do Decreto-Lei n.° 64/89 e art. 245.° do CPP.

### 10.3. *Registo e distribuição*

Logo que seja recebida a comunicação da infracção deve a secretaria do serviço de contra-ordenações proceder ao respectivo registo. Do registo ficam a constar o número de ordem atribuído, a data da entrada, o nome do indiciado como infractor e o de quem comunicou a infracção. Recebida e registada a comunicação devem ser-lhe juntos os elementos oficiais disponíveis e necessários aos esclarecimentos dos factos.

A comunicação da infracção devem ser opostos o número de ordem e a data de entrada. À comunicação e aos elementos oficiais, se os houver, é atribuído pela secretaria um número sequencial que futuramente permite identificar o processo de contra-ordenação. Distribuição é o acto pelo qual a entidade administrativa designa o instrutor do processo.

### 10.4. *Instrução*

Distribuído o processo, inicia-se a fase da instrução. O escrivão leva o processo a despacho do instrutor. O despacho pode ser de arquivamento, se concluir que nenhuma infracção foi praticada. Os despachos de arquivamento são fundamentados e trimestralmente enviados aos conselhos directivos – cf. art. 24.° do Decreto-Lei n.° 64/89. Se o instrutor concluir que pode haver contra-ordenação manda notificar o infractor.

### 10.5. *Notificação*

A notificação executada pelo escrivão do processo segue por carta registada e deve mencionar: os factos que são imputados ao infractor; as disposições legais que os prevêem e punem; a coima aplicável; o direito de que o infractor é titular de, em 10 dias, poder contestar querendo e ainda ser acompanhada pelos meios materiais (guias em quadruplicado) para que o infractor possa proceder, querendo, ao pagamento voluntário da coima – cf. art. 25.º do Decreto-Lei n.º 64/89.

### 10.6. *Defesa*

Perante a notificação, o arguido, que tem o direito a fazer-se acompanhar de patrono forense em qualquer fase do processo, pode reagir de várias maneiras:
- recebe a notificação e efectua o pagamento voluntário da coima mínima;
- não recebe a notificação por insuficiência de endereço. O arguido desconhece a notificação. Cabe à autoridade administrativa diligenciar no sentido de obter informações que permitam a notificação e evitem a prescrição do procedimento – cf. art. 28.º do RGCO; art. 113.º do CPP, com a nova redacção dada pelo Decreto-Lei n.º 320-C/2000, de 15 de Dezembro; art. 228.º do CPC e 268.º, n.º 3, da CR;
- recusa-se a receber a notificação, o facto é constatado por escrito pelo distribuidor do serviço postal; o acto equivale à recepção da notificação; considera-se o arguido notificado no 5.º dia posterior à data indicada pelo distribuidor;
- contesta ou a matéria de facto ou a matéria de direito, ou ambas, tal como constam da notificação e indica os meios de prova;
- contesta, mas não indica os meios de prova, nesta hipótese é notificado para os apresentar;
- aceita os factos e o direito notificados, mas alega a reduzida gravidade da infracção e da culpa, possibilitando a aplicação da pena de admoestação – cf. art. 51.º da RGCO.

O arguido deve sempre ser ouvido antes de lhe ser aplicada qualquer coima. Se o arguido recusar a notificação ou for desconhecido o seu paradeiro, o processo segue à sua revelia e é notificado o seu patrono oficioso – cf. art. 27.º do RGCO.

Em qualquer altura do processo o arguido pode proceder ao pagamento voluntário da coima – cf. art. 50.º-A da RGCO.

### 10.7 *Meios de prova*

Se for apresentada prova testemunhal, o rol de testemunhas deve acompanhar a contestação. Não podem ser arroladas mais de três testemunhas, quer para a prova de cada infracção, quer pelo infractor em sua defesa – cf. art. 29.º do Decreto-Lei n.º 64/89. Se as testemunhas arroladas residirem fora da área de jurisdição da autoridade administrativa organizadora do processo ou são ouvidas por deprecada ou são apresentadas pelo arguido. As testemunhas devem ser ouvidas dentro dos 30 dias seguintes à data do seu oferecimento.

O prazo para a prática de qualquer acto processual é de 10 dias, salvo se a lei estabelecer outro. À contagem dos prazos aplicam-se as regras do processo civil – cf. arts. 103.º e ss. do CPP[209].

Instruído o processo, entra-se na fase da decisão.

### 10.8. *Conclusão*

Os serviços de contra-ordenação, nos 30 dias seguintes ao termo do prazo para a contestação ou à data da audição da última testemunha, enviam ao conselho directivo o processo pronto para decisão.

---

[209] Cf. João Soares Ribeiro, ob. cit., pp. 184/5.

## 10.9 *Decisão*

Nos termos do art. 31.º do Decreto-Lei n.º 64/89, a decisão que aplica a coima deve conter:

1.a) a identificação dos arguidos e dos eventuais participantes;
1.b) a descrição do facto imputado e das provas obtidas, bem como a identificação das normas que o punem;
1.c) a coima e as sanções acessórias aplicáveis;
1.d) a data e a assinatura de quem profere a decisão.

Dado a coima revestir natureza pecuniária e, portanto, representar para o infractor uma redução dos seus direitos de propriedade é que o legislador tomou o cuidado de exigir que a decisão fosse o mais completa e esclarecedora possível.

Neste sentido, além dos requisitos já enunciados, a decisão deve igualmente conter mais as seguintes informações:

2.a) que a condenação se torna definitiva e exequível se não for judicialmente impugnada – cf. al. a), do n.º 1, do cit. art. 31.º e arts. 58.º e 59.º do RGCO. O texto do cit. art. 31.º refere-se à "condenação transitada em julgado" incorrectamente, pois não se trata de uma sentença judicial, por isso correcta é a expressão do RGCO, a decisão condenatória torna-se definitiva e exequível[210];
2.b) que no caso de impugnação judicial, o tribunal pode decidir mediante audiência ou, caso o arguido e o M. P. não se oponham, mediante simples despacho. A redacção da al. b) do n.º 2, do cit. art. 31.º, coincide ponto por ponto, com a redacção da al. b), do n.º 2, do art. 58.º do RGCO;
2.c) a decisão deve ainda comunicar ao arguido que a reformulação para pior não está proibida.

---

[210] Cf. António Joaquim Fernandes, ob. cit., p. 91.

Da decisão ainda devem constar:

3.a) a ordem de pagamento da coima no prazo de quinze dias após o carácter definitivo ou o trânsito em julgado, mediante guia da instituição que a aplicou;

3.b) a indicação de que, em caso de impossibilidade de pagamento tempestivo, deve comunicar o facto por escrito à autoridade que aplicou a coima – cf. art. 31.º, n.º 3, e art. 58.º, n.º 3, do RGCO.

Os requisitos exigidos à decisão condenatória têm como objectivo permitir o exercício dos direitos de defesa do arguido.

Se faltarem à decisão os requisitos exigidos pelo n.º 1 do cit. art. 31.º, a decisão é nula – cf. arts. 374.º e 379.º do CPP. Porém a falta da identificação do arguido já foi julgado que não violava o disposto no art. 58.º do RGCO, uma vez que, no caso, não havia dúvidas acerca da sua identificação[211].

Todavia, há que ponderar a existência de uma forte corrente jurisprudencial que defende que a decisão administrativa não é uma sentença, nem lhe é equiparável. Dado que o art. 31.º do Decreto--Lei n.º 64/89 enuncia os requisitos a que deve obedecer a decisão, os arts. 374.º e 379.º do CPP não lhe são aplicáveis. Daí segue-se a conclusão de que a decisão que de qualquer modo viole o cit. art. 31.º sofre de irregularidade – cf. arts. 118.º, n.os 1 e 2, e 123.º do CPP[212].

Os requisitos da decisão exigidos pelos n.ºs 2 e 3 do art. 31.º do Decreto-Lei n.º 64/89 são informações obrigatoriamente prestadas ao arguido e, por isso, não constituem factos descritos na notificação, pelo que não são questões sobre as quais a autoridade administrativa decisória deva pronunciar-se na decisão. No entanto, a falta dessas informações constitui irregularidade sanável – cf. art. 380.º do CPP.

---

[211] Ac. Rel Évora, de 21/2/95, CJ, XX, 1995, T I, p. 289.

[212] Acs. Rel. Porto, de 19/2/97, de 18/12/96, de 12/3/97 e de 19/3/97, cujos sumários estão transcritos em M. Simas Santos e J. Lopes de Sousa, ob. cit., p. 329.

Curso de Direito Sancionatório da Segurança Social    185

A decisão tem a natureza de acto administrativo, por isso deve ser notificada ao arguido – cf. art. 66.° do CPA e 268.° da CR.

Perante uma decisão condenatória, o arguido pode conformar-se com ela ou não.

Se se conformar, isto é, se a não impugnar, dispõe de 10 dias para pagar a coima e as custas do processo. Os montantes da coima e das custas constam da notificação da decisão. O montante das custas é calculado pelos serviços de contra-ordenação – cf. arts. 32.° do Decreto-Lei n.° 64&89 e 58.°, n.° 3, do RGCO.

Se se não conformar com a decisão, deve impugná-la judicialmente.

### 10.10. *Do recurso*

Abre-se então a fase do recurso.

O recurso de impugnação pode ser interposto pelo arguido ou pelo seu defensor. O recurso é feito por escrito, com alegações e conclusões e apresentado à autoridade administrativa que aplicou a coima. O prazo para interpor o recurso é de 20 dias a contar da data da recepção pelo arguido da notificação da decisão – cf. art. 59.° do RGCO.

O prazo para a impugnação suspende-se aos sábados, domingos e feriados – cf. art. 60.° do RGCO.

Os fundamentos do recurso são os previstos no art. 410.° do CPP:

> *1 – sempre que a lei não restringir a cognição do tribunal ou os respectivos poderes, o recurso pode ter como fundamento quaisquer questões de que pudesse conhecer a decisão recorrida;*
>
> *2 – mesmo nos casos em que a lei restrinja a cognição do tribunal de recurso à matéria de direito, o recurso pode ter como fundamentos, desde que o vício resulte do texto da decisão recorrida, por si só ou conjugada com as regras da experiência comum:*

*a) a insuficiência para a decisão da matéria de facto provada;*

*b) a contradição insanável da fundamentação ou entre a fundamentação e a decisão;*

*c) erro notório na apreciação da prova.*

*3 – O recurso pode ainda ter como fundamento, mesmo que a lei restrinja a cognição do tribunal de recurso à matéria de direito, a inobservância de requisito cominado sob pena de nulidade que não deva considerar-se sanada.*

Uma vez recebido o recurso a autoridade administrativa assume uma de duas atitudes: ou revoga a decisão de aplicação da coima, ou, no prazo de cinco dias, envia os autos ao M. P.

### 10.10.1. *A acusação*

O M. P. tornará os "autos" presentes ao juiz. A expressão legal não impede que o objecto do recurso seja a decisão condenatória. A decisão da autoridade administrativa, depois de presentes os autos ao juiz, passa a constituir juridicamente a acusação. Assim, o que é judicialmente impugnado é a decisão condenatória – cf. arts. 59.º, n.º 1, e 62.º do RGCO. Se ao M. P. compete promover a prova, é ao juiz que compete determinar o âmbito da prova a produzir, o que configura uma aplicação do princípio do juiz activo. Cabe ao juiz uma tarefa que tem algumas semelhanças com a do juiz no processo civil, na medida em que neste lhe cabe fixar a base instrutória, fixando a matéria relevante para a decisão da causa e que deve ser objecto da prova – cf. art. 511.º do CPC.

### 10.10.2. *Tribunal competente*

O tribunal competente para conhecer do recurso é aquele em cuja área territorial se tiver consumado a infracção ou, se não tiver havido consumação, em que se tenha praticado o último acto preparatório punível – cf. art. 61.º do RGCO. Pelo descrito critério

*Curso de Direito Sancionatório da Segurança Social* 187

se determina a competência territorial. Fica por determinar a competência em razão da matéria. Segundo esta tudo o que releve do contencioso dos contribuintes tem como tribunais competentes os tributários; o que releve do contencioso previdencial tem como tribunais competentes os do trabalho; o que releve do contencioso administrativo tem como tribunais competentes os administrativos e o que releve do contencioso criminal tem como tribunais competentes os comuns criminais – cf. arts. 68.° e ss. da Lei de Bases da Segurança Social de 2000, art. 87.° da Lei n.° 3/99, de 13 de Janeiro, arts. 51.° e 62.° do ETAF. As regras expostas serão afastadas nos casos em que tenham si criados e instalados os tribunais de pequena instância de competência específica mista que passam a ser competentes para apreciar os recursos de impugnação das decisões das autoridades administrativas que apliquem coimas – cf. art. 64.° e 102.° da Lei n.° 3(99, de 13 de Janeiro, Lei de Organização e Funcionamento dos Tribunais Judiciais.

### **10.10.3.** *Despacho preliminar*

Perante os autos que lhe foram presentes pelo M. P., o juiz pode proferir um despacho preliminar em que rejeita o recuso se verificar que este foi feito fora do prazo ou que não respeita as exigências de forma. Este despacho é recorrível – cf. art. 63.° do RGCO e art. 417.° do CPP.

### **10.10.4.** *Audiência*

Se o juiz aceitar o recurso, marca data para a audiência, salvo se entender que esta é desnecessária e julgar o caso por despacho – cf. arts. 65.° e 64.°, n.° 2, do RGCO.

Mesmo depois de marcada a audiência, mas antes de haver sentença de 1ª instância, o M. P. pode, com o acordo do arguido e depois de ouvir, sempre que o considere indispensável, a autoridade administrativa que aplicou a coima, retirar a acusação – cf. art. 65.°-A do RGCO.

Se o M. P. não retirar a acusação terá lugar a audiência. O M. P. deve estar presente na audiência de julgamento e a ele compete promover a prova de todos os factos relevantes para a decisão – cf. arts. 69.º e 72.º do RGCO.

Um representante da autoridade administrativa que aplicou a coima pode participar na audiência e a essa autoridade administrativa pode o juiz dar a oportunidade de carrear para a audiência os elementos que repute convenientes à correcta decisão da causa – cf. art. 70.º do RGCO.

A presença do arguido na audiência não é indispensável. Com efeito, salvo se o juiz considerar a sua presença como necessária ao esclarecimento dos factos, o arguido pode estar presente ou não e pode fazer-se representar por advogado com procuração escrita. Se o arguido não comparecer, nem estiver representado, tomam-se em conta as declarações que eventualmente prestou no processo contra--ordenacional e procede-se ao julgamento – cf. arts. 67.º e 68.º do RGCO.

O recurso pode ser retirado até à prolação da sentença em 1ª instância ou até que seja proferido o despacho sentença. No entanto, a retirada ou desistência do recurso depois de iniciada a audiência de julgamento depende do acordo do M. P. – cf. art. 71.º do RGCO.

**10.10.5.** *Recurso para a 2ª instância*

Há decisões judiciais que admitem recurso para o Tribunal da Relação: a sentença e o despacho sentença previsto no art. 64.º do RGCO. A sentença deve obedecer aos requisitos previstos no art. 374.º do CPP, com as necessárias adaptações. Da sentença e do despacho sentença pode recorrer-se para a Relação nos termos do art. 73.º do RGCO quando:

*1 –*

a) *for aplicada ao arguido coima superior a 50.000$00;*
b) *a condenação do arguido abranger sanções acessórias, independentemente do valor da coima;*

*Curso de Direito Sancionatório da Segurança Social* 189

*c) o arguido tenha sido absolvido ou o processo arquivado em casos em que a autoridade administrativa tenha aplicado uma coima superior a 50.000$00 ou em que tal coima tenha sido reclamada pelo M. P. Nestas circunstâncias só o M. P. tem legítimo interesse em recorrer; o arguido, obviamente, nenhum interesse terá;*

*d) a impugnação judicial for rejeitada – cf. com o art. 63.º, n.º 2;*

*e) o tribunal decidir através de despacho não obstante o recorrente se ter oposto a tal nos termos do art. 64.º, n.º 2, do RGCO e a coima ser inferior a 50.000$00.*

*2 – Para além dos casos antes enunciados, poderá a Relação, a requerimento do arguido ou do M. P., aceitar o recurso da sentença quando tal se afigura manifestamente necessário à melhoria da aplicação do direito ou à promoção da uniformidade da jurisprudência. Neste caso a interposição do recurso é precedida de um requerimento que será apreciado nos termos do n.º 2, do art. 74.º do RGCO.*

*3 – Se a sentença ou o despacho recorrido são relativos a várias infracções ou a vários arguidos e se apenas quanto a alguma das infracções ou a algum dos arguidos se verificarem os pressupostos necessários, o recurso subirá com esses limites. No caso de haver vários arguidos só podem recorrer ao abrigo da al. e), do n.º 1, do art. 73.º do RGCO os que tenham deduzido a oposição prevista no art. 64.º, n.º 2, do RGCO.*

Interposto o recurso o juiz profere despacho de admissão ou de rejeição. No despacho de admissão deve ser declarado o modo, o momento da subida e o efeito do recurso.

Quanto ao modo de subida:

– sobem nos próprios autos os recursos previstos no n.º 1, do art. 406.º do CPP;

– sobem em separado os previstos no n.º 2, do art. 406.º e no art. 407.º do CPP.

Quanto ao momento de subida dispõe o n.º 3, do art. 407.º do CPP.

Quanto ao efeito:

– têm efeito suspensivo os recursos previstos nos arts. 408.º, n.º 1, al. a); 408.º, n.º 2, al. a); 42.º, n.º 1 e 3 e 45.º, n.ᵒˢ 1 e 4 do CPP.

– Têm efeito devolutivo os demais.

Por força do disposto no art. 75.º do RGCO, a Relação apenas conhecerá da matéria de direito, não cabendo recurso das suas decisões. O Tribunal da Relação funciona como tribunal de revista. A decisão do recurso constante de Acórdão pode alterar a decisão do tribunal recorrido ou anulá-la e, neste caso, devolver-lhe o processo.

## 10.11. *Custas e taxa de justiça – arts. 92.º a 95.º do RGCO*

A decisão condenatória da autoridade administrativa deve fixar o montante das custas e determinar quem as deve pagar. Não há lugar a taxa de justiça.

As regras das custas aplicáveis ao processo penal são supletivamente aplicáveis ao processo contra-ordenacional.

As custas abrangem, em geral: a taxa de justiça, os honorários dos defensores oficiosos, os emolumentos dos peritos e os demais encargos resultantes do processo.

É a autoridade administrativa que liquida as custas fazendo o seu apuramento sob a forma de conta. A liquidação das custas é feita nos termos dos arts. 87.º e ss. Do Código das Custas Judiciais (CCJ) aplicáveis ao processo penal.

Os limites da taxa de justiça fixados no n.º 4, do art. 93.º, do RGCO, estão revogados pelo CCJ de 1996 – Decreto-Lei n.º 224/96, de 26 de Novembro – que fixou esses limites em 1UC e 20 UC.

## 10.12. Conversão do processo de contra-ordenação em processo criminal

Como se viu o processo de contra-ordenação é organizado e decidido pela autoridade administrativa. Se a decisão for impugnada, a autoridade administrativa envia os autos ao M. P. Que os tornará presentes ao juiz, o que vale como acusação.

Contudo, antes de os tornar presentes ao juiz, o M. P. pode não concordar com a qualificação dos factos feita pela autoridade administrativa e considerar que eles não configuram uma contra-ordenação, mas antes, um crime. Se assim for, o M. P. deve, oficiosamente ou a requerimento, promover a conversão do processo contra-ordenacional em processo criminal.

A conversão determina a interrupção da instância e obriga à instauração de inquérito. No inquérito aproveitar-se-ão, na medida do possível, as provas já produzidas.

Se o arguido for condenado criminalmente pelo mesmo facto que originou a aplicação de uma coima ou de uma sanção acessória, a decisão condenatória da autoridade administrativa caduca.

No entanto, se a contra-ordenação já tiver sido julgada e a sentença ou despacho sentença já tiver transitado em julgado, fica precludido o seu conhecimento como crime.

Sendo o tribunal livre na qualificação jurídica dos factos, também pode acontecer que o tribunal aprecie como contra-ordenação um feito introduzido em juízo como crime.

Se o tribunal só aceitar a acusação a título de contra-ordenação, o processo só se rege pelo disposto no RGCO – cf. art. 77.º, n.º 2, do RGCO.

Nos casos de concurso entre crime e contra-ordenação e de um infractor ser responsabilizado por crime e contra-ordenação, a organização do processo compete às autoridades criminais.

Se o infractor recorrer simultaneamente em relação ao crime e à contra-ordenação, os recursos subirão juntos. A doutrina vem a entender que a diferença existente entre a impugnação judicial das contra-ordenações e dos crimes por um mesmo arguido não se justifica e, uma vez que o processo criminal é o que oferece mais

garantias, este devia absorver o recurso em relação à contra-
-ordenação e, consequentemente, o n.º 1 do art. 78.º do RGCO só
deveria tornar obrigatória a aplicação do art. 70.º[213].

## 10.13. *Decisão definitiva, caso julgado e revisão*

Uma decisão definitiva ou uma sentença transitada em julgado
que qualifiquem o facto como crime impedem que o dito facto possa
ser reapreciado como contra-ordenação; o mesmo vale para o facto
apreciado como contra-ordenação que não pode vir a ser apreciado
como crime.

A decisão administrativa definitiva ou a sentença transitada em
julgado podem ser objecto de um recurso extraordinário de revisão
– cf. art. 80.º do RGCO e arts. 449.º e ss. Do CPP[214].

A revisão a favor do arguido só é admissível quando se basear
em novos factos ou em novos documentos, a coima ter sido inferior
a 7.500$00 e não terem ainda decorrido cinco anos sobre o trânsito
em julgado ou a definitividade da decisão. Este prazo é de
caducidade, pelo que lhe é aplicável o Código Civil, nomeadamente
os arts. 279.º e 298.º.

Se a revisão for contra o arguido só é admissível se visar a sua
condenação por crime.

Para requerer a revisão tem legitimidade o arguido, a autoridade administrativa e o M. P.

O arguido, seus sucessores ou seus substitutos só têm legitimidade, quando tiverem interesse e se não tenham conformado,
reagindo, no processo contra as decisões objecto de revisão.

O M. P. tem sempre legitimidade para requerer a revisão – cf.
art. 219.º da CR.

---

[213] M. Lopes Rocha e al, ob. cit., p. 85 e M. Simas Santos e J. Lopes de
Sousa, ob. cit., p. 431.

[214] Sobre a teoria do caso julgado, Eduardo Correia, "A teoria do concurso
em direito criminal – II Caso julgado e poderes de cognição do juiz", Almedina,
pp. 301 e ss.

A autoridade administrativa deve remeter os autos ao M. P., quando lhe for requerida a revisão pelo arguido. A autoridade administrativa pode requerer a revisão, quando o arguido lhe apresente prova inequívoca de que não praticou a contra-ordenação.

O tribunal competente para apreciar o recuso de revisão de decisão judicial é o da Relação, nos termos do disposto no art. 451.º do CPP.

O tribunal competente para conhecer do recurso de revisão da decisão de uma autoridade administrativa que aplicou uma coima em processo de contra-ordenação é o que seria competente para a impugnação judicial – cf. art. 81.º, n.º 1, do RGCO e Ac. Rel. Coimbra, de 5 de Fevereiro de 1997, in CJ, Ano XXII, 1997, tomo I, p. 65.

### 10.14. *Da execução*

O infractor deve pagar a coima em que foi condenado nos 10 dias seguintes àquele em que a decisão condenatória da autoridade administrativa se tornou definitiva ou a sentença condenatória transitou em julgado – cf. art. 88.º, n.º 1, do RGCO e, sobre a noção de caso julgado, arts. 671.º e ss. e 677.º do CPC.

O prazo para cumprir a decisão é de dez dias e o prazo para que a decisão se torne definitiva é de vinte dias – cf. art. 59.º, n.º 3, do RGCO.

O pagamento da coima é feito contra recibo e se for feito parcialmente é prioritariamente afecto à coima e às custas. O pagamento é feito numa instituição bancária em que a autoridade administrativa tenha conta.

O pagamento da coima pode ser realizado em prazo que não exceda um ano, quando a autoridade administrativa ou o tribunal o autorizem, considerando a situação económica do infractor. Também pode ser autorizado o pagamento em prestações em prazo que não ultrapasse dois anos. A falta de pagamento de uma prestação causa o vencimento de todas as que faltarem. Sem alteração dos prazos legais, os planos e os seus prazos de pagamento inicialmente estabelecidos podem ser alterados, quando haja motivos supervenientes que o justifiquem.

Se o infractor condenado ao pagamento de uma coima o não fizer, o M. P. promoverá a execução. Se a execução tiver por título a decisão da autoridade administrativa, compete-lhe enviar os autos ao M. P. Se o título for uma sentença ou uma decisão, o M. P. promove a execução que corre no tribunal competente, ou seja, o mesmo que seria ou que foi competente para conhecer do recurso – cf. art. 61.º do RGCO. Se o título executivo for um Acórdão da Relação, a execução também pode correr perante o tribunal da comarca do domicílio do executado.

A execução segue os termos processuais da execução das multas previstos nos arts. 489.º e ss. do CPP.

O M. P. só instaurará a execução se souber que o infractor possui bens penhoráveis – cf. arts. 115.º e 116.º do CCJ.

O mesmo regime, adaptado, aplica-se à execução das sanções acessórias.

A coima, em certas circunstâncias, pode ser substituída por dias de trabalho a favor da comunidade – cf. arts. 89.º-A do RGCO; 58.º e 59.º do CP e Decreto-Lei n.º 375/97, de 24 de Dezembro.

A execução da coima e das sanções acessórias extingue-se com a morte do arguido. A coima extingue-se com o pagamento. A execução da coima e das sanções acessórias pode ser extinta por uma lei de amnistia.

A acusação em processo criminal suspende a execução da decisão da autoridade administrativa.

A sentença ou o despacho sentença proferido em processo criminal pode ser incompatível com a decisão da autoridade administrativa que aplica uma coima ou uma sanção acessória. Neste caso, deve a decisão administrativa ser declara caduca pelo tribunal da execução, oficiosamente, ou a requerimento do M. P., ou do arguido – cf. n.º 3 do art. 90.º do RGCO.

O tribunal competente para a execução é competente para decidir, definitivamente, todos os incidentes e questões relativos à execução – cf. art. 91.º do RGCO.

# LEGISLAÇÃO

- Declaração Universal dos Direitos do Homem – Notícias Ed., sob o título "Repensar a cidadania"
- Convenção Europeia dos Direitos do Homem – Ireneu Cabral Barreto
- Pacto Internacional Relativo aos Direitos Civis e Políticos
- Carta dos Direitos Fundamentais da União Europeia – ed. da Assembleia da República
- Constituição da República Portuguesa
- Código Civil (Decreto-Lei n.° 47344, de 25 de Novembro de 1966)
- Código de Processo Civil
- Código Penal
- Código de Processo Penal
- Código das Sociedades Comerciais
- Código do Procedimento Administrativo
- Código de Procedimento e de Processo Tributário
- Código dos Processos Especiais de Recuperação da Empresa e de Falência
- Código do Registo Predial
- Código dos Valores Mobiliários
- Lei Geral Tributária (Decreto-Lei n.° 398/98, de 17 de Dezembro)
- Lei n.° 28/84, de 14 de Agosto
- Lei n.° 17/86, de 14 de Junho
- Lei n.° 11/87, de 7 de Abril
- Lei n.° 65/93, de 26 de Agosto
- Lei n.° 132/93, de 23 de Abril
- Lei n.° 3/99, de 13 de Janeiro
- Lei n.° 116/99, de 4 de Agosto
- Lei n.° 17/2000, de 8 de Agosto
- Lei n.° 30-G/2000, de 29 de Dezembro

- Lei n.º 15/2001, de 5 de Junho (aprova o Regime Geral das Infracções Tributárias)
- Lei n.º 96/2001, de 20 de Agosto
- Lei n.º 109/2001, de 24 de Dezembro

- Decreto-Lei n.º 512/76, de 22 de Março
- Decreto-Lei n.º 103/80, de 9 de Maio
- Decreto-Lei n.º 3/82, de 11 de Janeiro
- Decreto-Lei n.º 433/82, de 27 de Outubro (Regime Geral das Contra-ordenações)
- Decreto-Lei n.º 28/84, de 20 de Janeiro
- Decreto-Lei n.º 124/84, de 18 de Abril
- Decreto-Lei n.º 165/85, de 16 de Maio
- Decreto-Lei n.º 140-D/86, de 14 de Julho
- Decreto-Lei n.º 262/86, de 2 de Setembro
- Decreto-Lei n.º 68/87, de 9 de Fevereiro
- Decreto-Lei n.º 132/88, de 8 de Maio
- Decreto-Lei n.º 64/89, de 25 de Fevereiro
- Decreto-Lei n.º 79-A/89, de 13 de Março
- Decreto-Lei n.º 356/89, de 17 de Outubro
- Decreto-Lei n.º 20-A/90, de 15 de Janeiro
- Decreto-Lei n.º 411/91, de 17 de Outubro
- Decreto-Lei n.º 394/93, de 24 de Novembro
- Decreto-Lei n.º 418/93, de 24 de Dezembro
- Decreto-Lei n.º 6/95, de 17 de Janeiro
- Decreto-Lei n.º 140/95, de 14 de Junho
- Decreto-Lei n.º 201/95, de 1 de Agosto
- Decreto-Lei n.º 244/95, de 14 de Setembro
- Decreto-Lei n.º 124/96, de 10 de Agosto
- Decreto-Lei n.º 235-A/96, de 9 de Dezembro
- Decreto-Lei n.º 133-A/97, de 30 de Maio
- Decreto-Lei n.º 14/98, de 28 de Janeiro
- Decreto-Lei n.º 81/98, de 2 de Abril
- Decreto-Lei n.º 316/98, de 15 de Outubro
- Decreto-Lei n.º 330/98, de 2 de Novembro
- Decreto-Lei n.º 73/99, de 16 de Março
- Decreto-Lei n.º 119/99, de 14 de Abril
- Decreto-Lei n.º 199/99, de 8 de Junho
- Decreto-Lei n.º 260/99, de 7 de Julho

*Curso de Direito Sancionatório da Segurança Social*

– Decreto-Lei n.º 486/99, de 13 de Novembro
– Decreto-Lei n.º 316-A/2000, de 7 de Dezembro
– Decreto-Lei n.º 42/2001, de 9 de Fevereiro
– Decreto-Lei n.º 323/2001, de 17 de Dezembro

– Decreto Regulamentar n.º 12/83, de 12 de Fevereiro

– Portaria n.º 236/99, de 12 de Abril
– Portaria n.º 237/99, de 12 de Abril
– Portaria n.º 314/2001, de 2 de Abril

# JURISPRUDÊNCIA

– **Acórdãos do Tribunal Constitucional:**

– N.º 44/84
– N.º 126/84
– N.º 497/89
– N.º 303/90
– N.º 328/94
– N.º 628/96
– N.º 625/98
– N.º 309/99
– N.º 160/2000
– N.º 291/2000
– N.º 354/2000
– N.º 379/2000

– **Acórdãos do Supremo Tribunal de Justiça:**

– De 19 de Setembro de 1991
– De 20 de Janeiro de 1994
– De 18 de Novembro de 1997
– De 3 de Março de 1998

– **Acórdãos do Supremo Tribunal Administrativo:**

– No rec. n.º 12.988
– No rec. n.º 13.671
– De 3 de Maio de 1994

- De 11 de Maio de 1994
- De 1 de Junho de 1994
- De 26 de Abril de 1995
- De 5 de Junho de 1995
- De 5 de Julho de 1995
- De 6 de Março de 1996
- De 29 de Maio de 1996
- De 5 de Junho de 1996
- De 6 de Novembro de 1996
- De 22 de Janeiro de 1997
- De 14 de Julho de 1997
- De 3 de Dezembro de 1997
- De 9 de Dezembro de 1998
- De 16 de Junho de 1999
- De 17 de Novembro de 1999
- Acórdão do Pleno da Secção do Contencioso Tributário do Supremo Tribunal Administrativo de 17 de Junho de 1992

– **Acórdãos das Relações:**

- De Coimbra, de 5 de Fevereiro de 1997
- De Évora, de 21 de Fevereiro de 1995
- De Lisboa,de 12 de Novembro de 1996
    de 16 de Maio de 2000
    de 30 de Maio de 2000
- Do  Porto, de 18 de Dezembro de 1996
    de 19 de Fevereiro de 1997
    de 12 de Março de 1997

# ÍNDICE

## INTRODUÇÃO

1. Ideias gerais sobre ilicitude, culpa e responsabilidade ............................. 9

### CAPÍTULO I – **Das sanções civis**

2. A relação jurídica contributiva ................................................. 13

3. Sujeito activo e as garantias do crédito ..................................... 14
   3.1. O Decreto-Lei n.º 103/80, de 9 de Maio.......................... 15
      3.1.1. A natureza jurídica das contribuições para a segurança social 16
      3.1.2. Garantias especiais ................................................ 18
         3.1.2.1. A hipoteca legal .......................................... 18
      3.1.3. A hipoteca legal e a falência ............................. 18
      3.1.4. Os artigos 10.º e 11.º do Decreto-Lei n.º 103/80 ........ 19
      3.1.4.1. Privilégios creditórios ................................... 19
      3.1.4.2. O privilégio creditório mobiliário geral ............. 20
      3.1.4.3. O privilégio creditório imobiliário geral .......... 21
      3.1.4.4. Da inconstitucionalidade dos artigos 2.º do Decreto-
         -Lei n.º 512/76 e 10.º e 11.º do Decreto-Lei n.º 103/80 22
         3.1.4.4.1. O registo predial: publicidade e segurança 23
         3.1.4.4.2. O princípio da confiança tributária ............ 26
         3.1.4.4.3. A hipoteca legal........................................ 27
         3.1.4.4.4. O princípio da confiança........................... 28
         3.1.4.4.5. Apreciação final ...................................... 32

4. O sujeito passivo: obrigação e dívida tributárias ........................ 33

5. A prestação e o não cumprimento ........................................... 37
   5.1. As consequências tributárias do não cumprimento voluntário das
      obrigações contributivas ..................................................... 38

| | |
|---|---|
| 5.1.1. Poderes e proibições | 30 |
| 5.1.2. Juros compensatórios | 40 |
| 5.1.3. Juros de mora | 41 |
| 5.1.4. Da execução contributiva | 43 |
| 5.1.4.1. O processo de execução | 56 |

### CAPÍTULO II – **Das sanções penais**

| | |
|---|---|
| 6. Do ilícito penal e contra-ordenacional | 65 |
| 6.1. Princípios gerais – parte geral | 68 |
| 6.1.1. Regimes gerais | 69 |
| 6.1.1.1. Direito subsidiário | 69 |
| 6.1.1.2. Noções: crimes e contra-ordenações | 69 |
| 6.1.1.3. Princípio da legalidade | 70 |
| 6.1.1.4. Aplicação no tempo | 70 |
| 6.1.1.5. Aplicação no espaço | 71 |
| 6.1.1.6. Momento da prática do facto | 72 |
| 6.1.1.7. Local da prática do facto | 72 |
| 6.1.1.8. Princípio da pessoalidade | 72 |
| 6.1.1.9. Princípio da culpabilidade | 73 |
| 6.1.1.10. Do erro | 74 |
| 6.1.1.11. Da inimputabilidade | 75 |
| 6.1.1.12. Das formas das infracções | 76 |
| 6.1.1.13. Da autoria | 77 |
| 6.1.1.14. Do concurso de infracções | 79 |
| 6.1.1.15. Das sanções | 80 |
| 6.1.1.16. Da prescrição | 84 |
| 6.2. Os crimes contra a segurança social | 88 |
| 6.2.1. Da constitucionalidade das incriminações contra a segurança social | 91 |
| 6.2.2. Os concretos crimes contra a segurança social | 96 |
| 6.2.3. O artigo 10.º do Regime Geral das Infracções Tributárias | 98 |
| 6.2.4. A fraude à segurança social | 99 |
| 6.2.4.1. Bem jurídico | 102 |
| 6.2.4.2. Sujeitos | 103 |
| 6.2.4.3. Conduta | 104 |
| 6.2.4.4. Resultado | 106 |
| 6.2.4.5. Pena, tipo qualificado e tipo privilegiado | 108 |
| 6.2.4.6. Concurso de crimes e crime continuado | 108 |
| 6.2.5. O abuso de confiança contra a segurança social | 109 |
| 6.2.5.1. Bem jurídico | 110 |

# Curso de Direito Sancionatório da Segurança Social 203

6.2.5.2. Sujeitos .................................................................. 111
6.2.5.3. Conduta ................................................................ 111
6.2.5.4. Resultado ............................................................. 114
6.2.5.5. Pena e tipos agravados e privilegiados ..................... 114
6.2.5.6. Outras questões ....................................................... 115
6.2.6. Crimes tributários comuns ...................................................... 117
6.2.6.1. Burla tributária ......................................................... 117
    6.2.6.1.1. Bem jurídico ............................................... 117
    6.2.6.1.2. Sujeitos ..................................................... 118
    6.2.6.1.3. Conduta ..................................................... 118
    6.2.6.1.4. Resultado .................................................. 119
    6.2.6.1.5. Pena ......................................................... 120
    6.2.6.1.6. Outras questões .......................................... 120
6.2.6.2. Frustração de créditos .............................................. 121
    6.2.6.2.1. Bem jurídico ............................................... 121
    6.2.6.2.2. Sujeitos ..................................................... 123
    6.2.6.2.3. Conduta ..................................................... 123
    6.2.6.2.4. Resultado .................................................. 123
    6.2.6.2.5. Pena ......................................................... 124
    6.2.6.2.6. Outras questões .......................................... 124
6.2.6.3. Associação criminosa ............................................... 125
    6.2.6.3.1. Bem jurídico ............................................... 126
    6.2.6.3.2. Sujeitos ..................................................... 126
    6.2.6.3.3. Conduta ..................................................... 127
    6.2.6.3.4. Resultado .................................................. 127
    6.2.6.3.5. Pena ......................................................... 127
6.2.6.4. Desobediência qualificada ........................................ 128
6.2.6.5. Violação de segredo ................................................. 128
    6.2.6.5.1. Bem jurídico ............................................... 129
    6.2.6.5.2. Sujeitos ..................................................... 130
    6.2.6.5.3. Conduta ..................................................... 130
    6.2.6.5.4. Resultado .................................................. 131
    6.2.6.5.5. Pena ......................................................... 131
6.3. O processo penal da segurança social ......................................... 133
6.3.1. Fases do processo penal tributário da segurança social .......... 134
6.3.1.1. 1.ª fase: aquisição da notícia do crime ..................... 134
6.3.1.2. 2.ª fase: inquérito ..................................................... 135
6.3.1.3. 3.ª fase: decisão do Ministério Público ..................... 135
6.3.1.4. 4.ª fase: instrução ..................................................... 137
6.3.1.5. 5.ª fase: discussão e julgamento ............................... 137

## CAPÍTULO III – **Das sanções contra-ordenacionais**

7. Contra-ordenações no âmbito dos regimes de segurança social .............. 139
  7.1. Contra-ordenações relativas à vinculação ........................................ 145
  7.2. Contra-ordenações relativas à relação jurídica contributiva ............. 148
  7.3. Contra-ordenações relativas às prestações ........................................ 151
  7.4. Contra-ordenações relativas à falta de apresentação de documentação 155
  7.5. Nota conclusiva ................................................................................. 157

8. Processo de contra-ordenação. Princípios constitucionais ...................... 157
  8.1. Princípio da prossecução do interesse público ................................. 157
  8.2. Princípio da legalidade ..................................................................... 158
  8.3. Princípio da igualdade ...................................................................... 158
  8.4. Princípio da proporcionalidade ........................................................ 159
  8.5. Princípio da justiça ........................................................................... 159
  8.6. Princípio da imparcialidade .............................................................. 160
  8.7. Princípio da boa-fé ............................................................................ 160

9. Processo de contra-ordenação. Princípios gerais de processo penal ........ 161
  9.1. Princípios relativos à promoção processual ..................................... 161
    9.1.1. Princípio da oficialidade ........................................................... 161
    9.1.2. Princípio da legalidade .............................................................. 162
    9.1.3. Princípio da acusação ................................................................ 163
  9.2. Princípios relativos à prossecução processual .................................. 164
    9.2.1. Princípio do contraditório .......................................................... 164
    9.2.2. Princípio da investigação ........................................................... 165
    9.2.3. Princípio da suficiência ............................................................. 166
  9.3. Princípios relativos à prova .............................................................. 166
    9.3.1. Princípio da presunção de inocência ......................................... 166
    9.3.2. Princípio "in dubio pro reo" ...................................................... 166
    9.3.3. Princípio da livre apreciação da prova ...................................... 166
    9.3.4. Princípio da verdade material .................................................... 167
  9.4. Princípios relativos à forma ............................................................. 168
    9.4.1. Princípio da publicidade ............................................................ 168
    9.4.2. Princípio da oralidade ................................................................ 169
    9.4.3. Princípio da imediação ............................................................... 169
    9.4.4. Princípio da concentração .......................................................... 169
  9.5. Princípios relativos à estrutura do processo ..................................... 170
    9.5.1. Princípio da jurisdição ............................................................... 170
    9.5.2. Princípio do juiz natural ............................................................ 171
    9.5.3. Princípio da lealdade ................................................................. 172
    9.5.4. Princípio da igualdade de oportunidades ................................... 172

Curso de Direito Sancionatório da Segurança Social 205

9.5.5. Princípio do acusatório ........................................................ 172
9.5.6. Princípio do direito a defensor .............................................. 173
9.5.7. Princípio do processo equitativo ........................................... 174
9.6. O princípio do recurso ................................................................ 175

10. A tramitação do processo de contra-ordenação da segurança social ....... 176
10.1. Competência ............................................................................ 176
10.2. Do início do processo ............................................................... 178
10.3. Registo e distribuição ............................................................... 180
10.4. Instrução ................................................................................. 180
10.5. Notificação ............................................................................. 180
10.6. Defesa ................................................................................... 181
10.7. Meios de prova ......................................................................... 182
10.8. Conclusão ............................................................................... 182
10.9. Decisão ................................................................................... 183
10.10. Do recurso ............................................................................ 185
10.10.1. A acusação ........................................................ 186
10.10.2. Tribunal competente ........................................... 186
10.10.3. Despacho preliminar .......................................... 187
10.10.4. Audiência ......................................................... 187
10.10.5. Recurso para a 2.ª instância ................................ 188
10.11. Custas e taxa da justiça .......................................................... 190
10.12. Conversão do processo de contra-ordenação em processo
criminal ................................................................................. 191
10.13. Decisão definitiva, caso julgado e revisão ............................... 192
10.14. Da execução .......................................................................... 193

# A REGULARIZAÇÃO DA DÍVIDA
## À
## SEGURANÇA SOCIAL

*No entanto, é evidente que os dois conceitos fundamentais nela (na Constituição) consagrados, o direito à segurança social e o sistema de segurança social, têm de ser pacientemente trabalhados.*

António da Silva Leal, in "Temas de Segurança Social" – Coord. e Pref. Ilídio das Neves – União das Mutualidades Portuguesas – 1998 – pp. 246/7

# A REGULARIZAÇÃO DA DÍVIDA À SEGURANÇA SOCIAL

## 1. Introdução

A partir do momento em que a lei impõe o pagamento de contribuições para a Segurança Social, nasce a possibilidade do incumprimento.

Gerada por força da lei a obrigação contributiva, a Segurança Social adquire a qualidade de credora do respectivo cumprimento.

O valor das contribuições para a Segurança Social é calculado mediante a aplicação de taxas legais às remunerações auferidas pelo exercício de uma actividade profissional. A remuneração que serve de base de incidência é a efectiva no caso do regime geral. Regime geral é o relativo aos trabalhadores por conta de outrém, ou aos trabalhadores dependentes. Aqui a remuneração efectiva é aquela que é paga ao trabalhador e por ele recebida.

O conceito de remuneração efectiva, para o efeito contributivo, engloba muito mais do que a remuneração base, mas não é tão vasto que abarque todo o tipo de remunerações.

Por vezes, a remuneração que serve de base de incidência à determinação do valor da contribuição é convencional. Nestes casos, a remuneração convencionada coincide, em regra, com a remuneração mínima nacional.

Todavia, há também actividades profissionais cujos limites, inferiores e superiores da base de incidência, são legalmente fixados. Mesmo que o contribuinte declare rendimento inferior, é pelo mínimo legal que será tributado, se declarar um rendimento superior ao legal, é este que serve de base de incidência.

Em todos os casos, nasce para a entidade empregadora, ou para o profissional, a obrigação de pagar à Segurança Social uma certa quantia em dinheiro (a contribuição ou a cotização).

No regime geral, as entidades empregadoras devem as contribuições e os trabalhadores as cotizações. As cotizações são calculadas pelas entidades empregadoras, expressas nas folhas de remuneração, deduzidas nos salários, retidas na fonte e entregues pelas entidades empregadoras à Segurança Social.

Se o contribuinte não paga no prazo legalmente estabelecido, entra numa situação de incumprimento. O incumprimento pode dever-se a causas atribuíveis à entidade empregadora, incapacidade ou má gestão, ou às circunstâncias do mercado, por ex., aumento da concorrência, diminuição relativa de competitividade.

O incumprimento acarreta ao infractor sanções de natureza civil, contra-ordenacional e penal.

Independentemente das sanções, a Segurança Social procurará cobrar a dívida desencadeando um adequado processo executivo.

O contribuinte devedor pode obviar a esses inconvenientes se chegar a acordo com a Segurança Social. O acordo terá como objecto o pagamento voluntário do que for devido.

É claro que a enorme maioria das entidades empregadoras paga, normalmente, o que deve, daí não advindo qualquer problema. Mas, há casos em que as circunstâncias internas ou externas conduzem a situações de não pagamento das contribuições devidas. Num mercado aberto, cada vez mais extenso, global mesmo, os factores de produção são cada vez de mais difícil controlo. Se uma entidade empregadora ou empresa não paga as contribuições, há que encarar e compreender de frente essa realidade e permitir que a situação se remedeie, através de meios consensuais.

Nesta linha tem seguido o legislador.

## 2. Histórico

O 25 de Abril de 1974 foi uma libertação popular de alegria e entusiasmo que provocou a passagem progressista do discurso legitimador da ditadura para o discurso legitimador da democracia. Uma libertação que teve custos.

O Estado teve de intervir em numerosas empresas para evitar falências e salvaguardar postos de trabalho. A generalidade das empresas intervencionadas tinham uma situação financeira difícil e, quando, quase todas, foram devolvidas aos antigos proprietários, essa situação havia piorado.

Foi então reconhecida pelo legislador a necessidade de assumir um vasto conjunto de medidas tendentes à recomposição do tecido empresarial.

Entre essas medidas, importa destacar, para o efeito do presente trabalho, o Decreto-Lei n.º 513/76, de 3 de Julho.

Pela primeira vez é estabelecido um regime que facilita o pagamento das dívidas à Segurança Social e respectivos juros de mora.

Às entidades patronais que tenham pago as contribuições que deviam, ou que as paguem nos sessenta dias seguintes à entrada em vigor do diploma, são perdoados os juros de mora e as eventuais multas e custas ainda não pagas.

São amnistiadas as transgressões decorrentes da falta de entrega das folhas de remunerações, se fossem entregues nos trinta dias seguintes.

É igualmente estabelecido o regime prestacional. De acordo com este regime, os contribuintes do regime geral que tenham contribuições em dívida, à data da publicação do diploma, podem proceder ao seu pagamento em prestações. O pagamento deverá abranger as multas, se as houver, e os juros de mora vencidos.

O pagamento deve ser requerido nos sessenta dias seguintes ao início da vigência do diploma e deverá ser realizado num máximo de quarenta e oito prestações mensais e iguais. O montante das prestações é fixado no despacho de deferimento. A falta de pagamento de uma prestação provoca o vencimento antecipado de todas as restantes.

Se houver processos pendentes em tribunal para pagamento de dívidas objecto de acordo prestacional, será requerida a correspondente suspensão da instância.

A Segurança Social ficava vinculada a aceitar o pedido do pagamento em prestações.

Sempre que a intervenção do Estado se traduz em dar ou fazer, sem contrapartida, surgem efeitos perversos, que, no caso, consistiram sobretudo em as empresas não pagarem as contribuições para, auto-financiando-se a custo zero, beneficiarem das facilidades de pagamento.

O decreto-lei previa que se aplicaria apenas por sessenta dias e que, decorrido esse prazo, a situação se normalizaria.

Esta tem sido sempre, como se verá, a perspectiva do legislador: conceder excepcionalmente condições cada vez mais favoráveis para o pagamento das dívidas das empresas à Segurança Social e de que apenas podem usufruir durante um período limitado de tempo.

Sucessivamente as empresas se endividam à espera de uma próxima oportunidade legal para efectuar o pagamento em condições mais favoráveis do que aquelas que o legislador confere às empresas contribuintes cumpridoras. Há mesmo empresas devedoras beneficiárias de várias dessas oportunidades que nunca pagaram e continuam devedoras. O regime facilitador que é anunciado é-o sempre como o último.

Aquando do anúncio do Decreto-Lei n.º 411/91, de 17 de Outubro, um membro do Governo disse: "desde 1976 cometeu-se o erro de cada vez que se publicava um regime de regularização de dívida se afirmar que as condições especiais eram concedidas pela última vez. O certo é que se procedeu desta forma por sete vezes. E os contribuintes começaram a pensar que nunca mais vinha o último regime e pensaram que jamais se aplicaria, de facto, o último regime".

E bem avisadas andavam as empresas incumpridoras, pois o último regime ... ainda estava para chegar! ... E chegou ... em 1994 e, outro, ... em 1996.

A resolução do incumprimento das empresas não se apresenta fácil. Sendo a empresa um microcosmos, quando incumpre perante a Fazenda Pública e, ou, a Segurança Social (credores públicos, mais frequentes e mais avultados), a situação configura-se bem mais como a de um nó górdio. E perante situações destas, a melhor solução é aquela que, a todo o tempo, permite o pagamento do devido em atraso, mas correndo os juros; que proíbe os incumprimentos correntes e que executa os incumpridores, tanto do acordo prestacional, como das contribuições correntes. Só que esta solução exige ao órgão competente, o Instituto de Gestão Financeira da Segurança Social: uma enorme agilidade que lhe permita acompanhar, em tempo, todas as espécies de incumprimento; a adopção de critérios universais, transparentes e de legalidade que possibilitem a execução de todas as empresas devedoras, impedindo favoritismos e lobbies; a alavancagem de meios adequados à recuperação da empresa ou de apoio às questões sociais que possam surgir. Ora, nem o Instituto de Gestão Financeira da Segurança Social tem demonstrado aptidão para essas tarefas, nem os sucessivos governos têm querido assumir os ónus que o saneamento do mercado impõe. A empresa devedora ou se recupera ou deve ser ajudada a abandonar o mercado da forma menos dolorosa possível. Mas também é empiricamente certo que onde haja mercado auxiliado há empresas incumpridoras face à segurança social.

A maior vantagem do regime instituído pelo Decreto-Lei n.º 411/91 é que não é para ser aplicado num período limitado de tempo e, por isso, ainda hoje está em vigor. Da sua eficácia pouco se sabe e da sua desactualização, decorridos mais de dez anos de vigência, sabe-se que é muita. O diploma foi regulamentado pelo Despacho Normativo n.° 220/92, de 25 de Novembro.

Voltaremos a este decreto-lei aquando da abordagem dos acordos regularizadores da situação contributiva.

Inserido no quadro da luta contra a evasão e a fraude fiscais, foi publicado o Decreto-Lei n.° 225/94, de 5 de Setembro, que também se aplicava às dívidas à Segurança Social.

O objectivo do legislador era que as dívidas acumuladas até 31 de Dezembro de 1993 recebessem um tratamento excepcional que possibilitasse o seu pagamento, impondo-se que os devedores não poderiam deixar de cumprir as obrigações nascidas a partir de 1 de Janeiro de 1994.

O diploma oferece aos contribuintes devedores um regime geral com duas vertentes: uma relativa às dívidas exigidas em processo executivo e, outra, relativa às infracções pelo não pagamento, designadamente, as dívidas provenientes de autoliquidação ou retenção na fonte que não sejam objecto de processo de execução. As dívidas objecto de processo executivo, se pagas a pronto e na totalidade, beneficiam da dispensa de juros de mora, de custas e da redução a 20% dos juros compensatórios. As mesmas dívidas podem ser pagas em prestações mensais (18, 36, 60), consoante o respectivo montante (menos ou mais de 12.000 contos e 30.000 contos), com juros cujas taxas são reduzidas 25%, 37,5% e 50%. As dívidas provenientes do não cumprimento podem ser pagas: se houver auto de notícia ou equivalente, mediante o pagamento integral beneficiando da dispensa de juros de mora, de custas e da redução da multa ou da coima a 5% do aplicado, ou mediante o pagamento em prestações com um regime semelhante ao acima exposto. Se ainda não tiver sido levantado auto de notícia, o contribuinte faltoso pode requerer a aplicação do regime aplicável aos casos em que há auto de notícia, desde que ao requerimento junte a autoliquidação e o pagamento total ou o da primeira prestação.

Aos contribuintes devedores de mais de 100 mil contos e que apresentem notórias dificuldades financeiras e previsíveis consequências económicas graves, é proposto um regime excepcional: o número de prestações mensais pode chegar aos 10 anos; os juros de mora são reduzidos a 75% e, ainda, a redução de custas e juros compensatórios.

Podem beneficiar dos regimes descritos os terceiros que assumam a dívida. A assunção da dívida é solidária. A sub-rogação nos direitos do credor só se opera após o pagamento integral da dívida.

O Decreto-Lei n.° 225/94 contempla expressamente a sua aplicação às dívidas contributivas à Segurança Social e às quotizações para o Fundo de Desemprego, com especialidades de natureza burocrática, nomeadamente, no que se refere à competência do IGFSS para receber requerimentos e regularizar dívidas. O regime jurídico, com as necessárias adaptações é igual para as dívidas de impostos à Fazenda Pública e para as dívidas de contribuições à Segurança Social.

O regime propiciado pelo Decreto-Lei n.° 225/94 ficou conhecido pelo nome do ministro das finanças do tempo, "Plano Catroga".

Pouco tempo depois, um governo com nova orientação faz publicar, sobre a mesma matéria, o Decreto-Lei n.° 124/96, de 10 de Agosto.

O referido diploma tem objectivos mais amplos, ainda que igualmente limitados no tempo.

A Resolução do Conselho de Ministros n.° 100/96, publicada no Diário da República de 4 de Julho, começa por constatar que existe um núcleo importante de empresas com dificuldades económicas e financeiras e para as superar, quando possível, é implementado um "Quadro de acção para a recuperação de empresas em situação financeira difícil (QARESD)". Nesse "Quadro" estão, entre outras, compreendidas as medidas instituídas nos Decretos-Leis n.os 124/96; 125/96 e 127/96, de 10 de Agosto.

O primeiro dos elencados diplomas tem por primacial objecto criar condições para que fossem regularizadas todas as dívidas fiscais e à Segurança Social (Fundo de Desemprego incluído), cujo prazo legal de cobrança tivesse terminado em 31 de Julho de 1996 (discretamente ampliado até 31 de Janeiro de 1997 – Decreto-Lei n.° 235-A/96, de 9 de Dezembro).

Os regimes propostos não contendem com os estabelecidos no Decreto-Lei n.º 225/94, nem no Decreto-Lei n.º 411/91, ficando na disponibilidade do interessado a opção pelo acesso às medidas previstas no Decreto-Lei n.º 124/96 – cf. art. 18.º.

São condições de acesso:

1. – assunção da obrigação de cumprir doravante;
2. – inventário do valor e composição do património;
3. – prestação das informações relevantes acerca da dívida e dos membros dos órgãos sociais;
4. – autorização de publicação anual sobre a situação contributiva devedora no caso de incumprimento.

As dívidas tornam-se exigíveis sempre que haja incumprimento relativo ao pagamento de contribuições ou sejam revogadas as autorizações concedidas.

No regime prestacional geral, o diferimento do pagamento dos créditos pode atingir o máximo de 150 prestações, mensais e iguais. O número de prestações depende da capacidade financeira do devedor; do montante da dívida; do risco financeiro envolvido e das causas das dívidas. Os créditos por juros de mora, vencidos e vincendos, bem como os juros compensatórios podem ser reduzidos. A redução dos juros de mora efectua-se pela aplicação ao capital em dívida da taxa média de juro vencido pela dívida pública interna. Os juros de mora vincendos são devidos, mas calculados do mesmo modo. As demais reduções de juros ficaram dependentes do período de tempo requerido e concedido para o pagamento, total ou parcial: nos três meses seguintes; num período inferior a dois anos ou em período superior – cf. cit. Decreto-Lei n.º 235/96 e Decreto-Lei n.º 73/99, de 16 de Março.

Um terceiro pode assumir a dívida, solidariamente e fica sub-rogado nos direitos do credor após a regularização da dívida.

O regime especial relativo à mobilização de activos é constituído por um conjunto de medidas que introduzem adaptações extraordinárias ao regime prestacional: a redução a metade do valor das

A Regularização da Dívida à Segurança Social

primeiras 24 prestações e aplicação de uma taxa de juro inferior à da dívida pública interna para o cálculo dos juros de mora; a conversão de créditos em capital e a alienação de créditos. A conversão de créditos em capital só é permitida se o devedor for uma sociedade anónima (sociedade de capitais por excelência). Em poucos casos foi aplicada esta medida (por ex., Decreto-Lei n.º 177/97, de 24 de Julho), pois ao converter o crédito decorrente do não pagamento de contribuições em capital social da sociedade devedora, a segurança social corre grandes riscos: o primeiro, embora accionista, não assume, em regra, participar na administração; segundo, aos olhos de terceiros (trabalhadores incluídos), passa por ser responsável pela empresa. A lei prevê que a participação possa ser alienada, como forma de recuperar o crédito.

A alienação de créditos decorrentes de contribuições devidas pode ser feita a terceiros, nos termos em que o Estado realiza despesas com a aquisição de bens móveis e serviços (Decreto-Lei n.º 197/99, de 8 de Junho – art. 4.º, n.º 2). A alienação não pode ser feita à entidade devedora, aos membros de órgãos de administração ou a entidade com interesse patrimonial equiparável – cf. arts. 10.º e 12.º do Decreto-Lei n.º 124/96. A alienação de créditos tem-se revestido de grandes cautelas, com vista a evitar que a sua aquisição seja realizada por quem constituiu as dívidas, por si ou por interposta pessoa.

Ainda que a contragosto, o QARESD ficou conhecido pelo nome do ministro da economia do tempo, "Plano Mateus"[1].

---

[1] Sobre as receitas da Segurança Social, Henrique Medina Carreira, "O Estado e a Segurança Social", Cadernos do Público, pp. 49 e segts.

## 3. Os regimes jurídicos espanhol e francês

### 3.1. *O regime espanhol*

O contribuinte pode requerer a prorrogação do prazo para pagamento das dívidas à Segurança Social. Há algumas dívidas cujo prazo de pagamento é improrrogável, por ex., as correspondentes aos infortúnios dos acidentes de trabalho.

A prorrogação do prazo pode ser ordinária ou extraordinária.

A prorrogação ordinária pode ser concedida ao contribuinte que sofra de dificuldades transitórias de tesouraria.

Para a obtenção da prorrogação ordinária devem ser satisfeitos os seguintes requisitos:

1. A prorrogação deve ser requerida nos primeiros dez dias do prazo legal de pagamento voluntário;
2. Ter a situação regularizada até à data do requerimento;
3. Oferecer com o requerimento garantias do pagamento do total em dívida. As garantias a apresentar são as dadas por bancos ou companhias de seguros, hipoteca, penhor ou outra equivalente.

    É dispensada a junção de garantias ao requerimento:
    – quando o requerente é um trabalhador independente e a incapacidade de tesouraria é transitória;
    – quando for requerida uma prorrogação inferior a um ano e a dívida não ultrapassar os dez milhões de pesetas, ou se a dívida for inferior a cinco milhões de pesetas;
    – quando for dispensada pelo ministro do trabalho e da Segurança Social.

O requerimento é então despachado pela autoridade administrativa competente que, no despacho, quantifica a prorrogação do prazo; os prazos de amortização e respectivas quantias e o montante da dívida cujo prazo de pagamento foi prorrogado. Os montantes em dívida continuam a vencer juros.

A falta de cumprimento de qualquer das disposições do despacho por parte do contribuinte faz com que a autoridade administrativa sua autora declare todo o conteúdo do despacho ineficaz.

A prorrogação extraordinária pode ser concedida quando os antecedentes e as garantias patrimoniais do devedor ou a viabilidade do cumprimento do plano de pagamentos apresentado justifique a prorrogação ou quando o responsável pelo pagamento exponha causas justificativas e extraordinárias credíveis relacionadas com a sua actividade normal.

O procedimento a seguir na prorrogação extraordinária é semelhante ao da prorrogação ordinária, salvo que o requerimento é apresentado depois de transcorrido o prazo legal de pagamento. As dívidas objecto de prorrogação extraordinária vencem juros. Se o devedor não cumprir, é dada sem efeito a prorrogação concedida.

### 3.2. *O regime francês*

Em França há um regime para as contribuições e outro para as cotizações.

As cotizações são a principal fonte de financiamento da Segurança Social. São as quantias deduzidas às remunerações profissionais. Em princípio, o prazo de pagamento das cotizações não pode ser prorrogado, mas a sua execução pode ser suspensa. A autoridade administrativa competente não pode alterar a data do pagamento, por isso, mesmo que determine a suspensão da execução, a dívida continua a vencer juros e continua a gerar as penalidades causadas pelo atraso. Estes acréscimos, por seu turno, são susceptíveis de suspensão.

A suspensão da execução é decidida se estiverem preenchidos alguns requisitos:

– prestação de garantias;
– prévio pagamento das cotizações;
– aplicação da fracção mínima das cotizações em atraso.

Podem ser concedidas prorrogações dos prazos de pagamento pelas autoridades competentes (URSSAF – União para o Recebimento das cotizações da Segurança Social e Alocações Familiares), se tiverem por fim evitar o encerramento da empresa devedora. Estas prorrogações são designadas "processos amigáveis". As suspensões da execução são acordadas depois de pagas as cotizações sociais deduzidas. O acordo define as modalidades do pagamento e, normalmente, exige garantias, designadamente, a fiança pessoal dos dirigentes ou garantia bancária. O acordo não evita as penalidades relativas ao atraso.

## 4. Dívidas à Segurança Social

### 4.1. *Meios de regularização extra-judiciais*

Um contribuinte para a Segurança Social tem a sua situação contributiva regularizada quando não seja devedor de contribuições e ou juros, ou quando, sendo devedor de contribuições e ou juros, a dívida tenha sido objecto de autorização judicial ou administrativa para o seu pagamento em prestações e enquanto houver cumprimento do estabelecido na autorização.

#### 4.1.1. *Acordos prestacionais*

O Decreto-Lei n.° 411/91 permite que os contribuintes em dívida à Segurança Social possam requerer ao IGFSS o pagamento em prestações das contribuições em dívida e a isenção ou redução extrajudicial das dívidas de juros vencidos ou vincendos, mediante a elebração de um acordo prestacional, apenas nos casos previstos no diploma. A formulação pela negativa do art. 1.°, além de tecnicamente incorrecta, nenhuma vantagem interpretativa acarreta. A realidade é que ao devedor se concede, em certos casos, e só em determinados casos, a possibilidade de pagar em prestações as contribuições que deve à segurança social. Tudo o mais é esconder o sol com a peneira.

A autorização para que o pagamento do devido seja dada pelo membro do governo competente fica condicionada à satisfação de alguns requisitos restritivos:

1. se a regularização prestacional da dívida se revelar indis-

pensável para assegurar a viabilidade económica da empresa;

    1.1. se a empresa for declarada em situação económica difícil;

    1.2. se for objecto de processo especial de recuperação da empresa e de protecção de credores;

    1.3. se pertencer a sector ou sub-sector com relevância económica e social, declarado em reestruturação;

    1.4. se tiver sido objecto de ocupação, autogestão ou intervenção estatal.

O requisito exigido no n.º 1 é de fraca intensidade e de alta discricionaridade. Na realidade, a viabilidade da empresa é algo que se deseja que venha a verificar-se no futuro e daí que seja em larga escala imprevisível. Ademais, todas as projecções, por natureza, são falíveis. Acreditar na indispensabilidade para a viabilização é um acto de íntima convicção que ao julgador cabe tomar em toda a liberdade.

O requisito exigido sob o n.º 1.1. caiu redondamente em desuso. Nenhuma empresa foi, nos últimos anos, declarada em situação económica difícil ao abrigo do Decreto-Lei n.º 353-H/77, de 29 de Agosto.

As alterações ocorridas no âmbito legislativo de recuperação da empresa e de falência obrigam a actualizar restritivamente o requisito sob o n.º 1.2., pois a empresa devedora deve ser objecto de processo especial de recuperação – Decreto-Lei n.º 132/93, de 23 de Abril, alterado pelo Decreto-Lei n.º 315/98, de 20 de Outubro. Por igualdade de razões e analogia de circunstâncias, também a empresa devedora objecto de procedimento extrajudicial de conciliação está em situação excepcional que justifica o seu acesso ao acordo de pagamento prestacional.

De há anos para cá que, felizmente para o país, nenhum sector ou sub-sector de relevo económico-social é declarado em reestruturação, nos termos e para efeitos do Decreto-Lei n.º 251/86, de 25 de Agosto. Assim como deixaram de existir empresas auto-geridas,

*A Regularização da Dívida à Segurança Social*     227

ocupadas ou intervencionadas pelo Estado, como foram nos anos de 1974 a 1976.

Em contrapartida surgiram novas situações que bem justificam a actualização do Decreto-Lei n.º 411/91. Referimo-nos ao procedimento extrajudicial de conciliação, aos contratos de consolidação financeira ou de reestruturação empresarial e aos contratos de aquisição, total ou parcial, do capital social de uma empresa por parte de quadros técnicos, ou de trabalhadores, que tenham por finalidade a sua revitalização e modernização. Outra situação a ter em conta na aplicação do regime do Decreto-Lei n.º 411/91 é a relativa à empresa que, de acordo com o disposto no Código das Sociedades Comerciais, se ache em relação de domínio ou de grupo ou que tenha o balanço e contas aprovados consolidadamente, caso em que a regularização da dívida se faria conjuntamente com as empresas relacionadas.

Em qualquer dos casos previstos no citado diploma de 1991, a empresa devedora deve apresentar um estudo económico-financeiro que demonstre que o pagamento prestacional é indispensável à viabilização da empresa. O IGFSS pode exigir à empresa devedora a realização, a expensas desta, de auditorias, estudos e avaliações por entidade idónea, que ajudem a fundamentar os termos do acordo.

É condição de eficácia do acordo prestacional, por um lado, o pagamento pontual das prestações acordadas e, por outro, o pagamento das contribuições que se vierem a vencer depois da celebração do acordo. O incumprimento de qualquer dessas obrigações causa a resolução do acordo e o vencimento das prestações em dívida.

O IGFSS não deve celebrar acordos prestacionais menos favoráveis do que os celebrados pelos restantes credores.

A lei utiliza mais uma vez a expressão negativa "mais desvantajoso". O certo é que ninguém, dotado de um mínimo de racionalidade económica livre, celebra acordos "desvantajosos", nem "mais", nem "menos". A Segurança Social não deve afastar-se do que for aceite pela Fazenda Pública, para os créditos do Estado. Muitas vezes a Fazenda Pública não é credora e muitas vezes as naturezas e os quantitativos dos créditos são tão díspares que não se vê razão para a "menoridade" imposta à Segurança Social. Esta, tal como a Fazenda Pública, deve, nos contratos que celebra, guiar-se pela defesa do interesse público que lhe está confiado. Interesse público que é diferente e, por isso, requer defesa diferente.

A celebração do acordo prestacional pode ainda ter como efeito a suspensão do processo de execução para pagamento da dívida cujo pagamento prestacional foi acordado, se o devedor juntar documento comprovativo ao requerimento para o efeito e pagar as custas. Se o processo de execução ainda se encontrar na fase administrativa, o requerimento deve ser dirigido ao órgão executor. Esta tramitação justificava-se ao tempo da publicação do Decreto-Lei n.º 411/91, em que a execução das dívidas à segurança social, bem como a organização e condução dos respectivos processos executivos eram da competência do órgão periférico local da administração tributária, ou seja, os serviços de finanças, designação actual das repartições de finanças – cf. arts. 148.º e 149.º do Código de Procedimento e Processo Tributário.

Com o Decreto-Lei n.º 42/01, de 9 de Fevereiro, foram criadas as secções de processo executivo do sistema de solidariedade e segurança social. Os organismos competentes para a instauração e instrução dos processos executivos relativos às dívidas à Segurança Social passaram a ser as delegações do IGFSS, através dos órgãos de execução, as secções de processos. Daí que com esta adaptação se deva aplicar o disposto no Decreto-Lei n.º 411/91.

Mas, assim sendo, nenhum sentido faz que o contribuinte requeira ao IGFSS, com quem acordou o pagamento prestacional de uma dívida, a suspensão da execução dessa mesma dívida. Por isso, a celebração de um acordo prestacional deverá operar "ope legis" a suspensão da execução sempre que esta esteja na fase administrativa. É esta a solução correcta que, para evitar dúvidas e burocracias, a lei claramente devia consagrar.

Se o processo de execução se achar já na fase judicial então justifica-se que o devedor requeira fudamentadamente a suspensão da instância ao tribunal.

A suspensão abrange todos os prazos de prescrição e de caducidade oponíveis pelo devedor enquanto se mantiver o pontual cumprimento de todas as obrigações contributivas, as acordadas e as outras.

O tribunal só decretará a suspensão depois de confirmada a existência do acordo prestacional para regularização da dívida.

O IGFSS deve informar o tribunal, quer do completo cumprimento do acordo, quer da sua resolução por incumprimento. Neste caso o tribunal deve ordenar o prosseguimento da execução.

### 4.1.2. *Contratos de consolidação financeira ou de reestruturação empresarial*

O citado Decreto-Lei n.° 124/96 admite, como medida acessoriamente vocacionada para a regularização da situação contributiva à Segurança Social, a celebração pela entidade devedora de um contrato de consolidação financeira ou de um contrato de reestruturação empresarial. É claro que com qualquer um dos mencionados contratos se visa primacialmente a recuperação da empresa devedora. Acontece que um dos elementos legalmente previstos para a recuperação da empresa devedora é a celebração de um contrato de consolidação financeira ou de reestruturação empresarial e, por esta via, beneficiar do regime legal que possibilita a aplicação das medidas extraordinárias que consistem, de modo adaptado, no diferimento do pagamento das dívidas e na redução dos juros de mora, vencidos e vincendos. A adaptação prevê a redução a metade das primeiras 24 prestações e a redução dos juros por uma taxa inferior.

A consolidação financeira é um acordo entre a empresa devedora e os seus credores que tem por objecto prolongar os pagamentos dos juros e do capital[2]. A reestruturação financeira é o acordo

---

[2] Richard A. Brealey e Stewart C. Myers, "Princípios de Finanças Empresariais", Supervisão científica e técnica da tradução: H. Caldeira Menezes e J. C. Rodrigues Costa, ed. McGraw-Hill de Portugal, Lda., 3ª ed., p. 773.

dos credores que visa modificar o passivo ou o capital de uma empresa devedora recuperanda, de modo a que fique assegurado que o activo é superior ao passivo e que passa a existir um fundo de maneio positivo.

O contrato de reestruturação empresarial é considerado pelo Decreto-Lei n.º 14/98, de 28 de Janeiro, como o que é celebrado, por um lado, entre a empresa devedora e, por outro, as instituições de crédito e outros terceiros interessados na recuperação da devedora e que tenha por objecto imediato um conjunto definido de prestações cujo objecto mediato será dotar a empresa recuperanda, quer de um nível de autonomia financeira (capitais próprios/total do activo líquido) superior a 30%, quer de uma cobertura do imobilizado por capitais permanentes (capitais permanentes/imobilizado líquido) e de um grau de liquidez (activo de curto prazo/passivo de curto prazo), ambos os indicadores superiores a 1.1.

No âmbito dos acordos extrajudiciais de regularização da dívida à Segurança Social, os contratos de consolidação financeira e de reestruturação empresarial são simultaneamente celebrados, dados os fins a atingir e os meios disponíveis.

A celebração daqueles contratos proporcionava benefícios fiscais. Característica esta que constituía um incentivo para que aparecessem sociedades terceiras interessadas na aquisição do capital social das empresas em situação económica difícil.

A regularização das dívidas à Segurança Social, nos casos em que eram celebrados estes contratos, concretizava-se em dois aspectos: redução dos créditos e pagamento em prestações do remanescente acordado nos termos legais. A melhor vantagem auferida advinha do facto de se perspectivar que, no futuro, a empresa se tornaria um contribuinte cumpridor.

Ainda no primeiro trimestre de 1998, a Resolução do Conselho de Ministros n.º 40/98, publicada em 23 de Março, veio substituir tendencialmente o enquadramento micro-económico com regulação estadual da Resolução n.º 100/96, por um enquadramento macro-económico com regulação restringida à concessão de incentivos à iniciativa privada. O novo sistema de incentivos pretendia: que as

A Regularização da Dívida à Segurança Social

empresas privadas sólidas recuperassem as empresas em situação económico-financeira difícil; criar um instrumento de reestruturação empresarial aplicável a zonas geográficas delimitadas, em que a população activa dependesse de uma só empresa ou de empresas do mesmo sector produtivo, leia-se têxtil; redefinição do papel do Estado.

A prática a que a Resolução n.º 100/96 obrigou foi severamente criticada por ser julgada intervencionista. Efectivamente, ao Estado era atribuído um papel coordenador e dinamizador, assente sobretudo na capacidade de concessão de incentivos e na posição determinante dos credores públicos (Fazenda Pública e Segurança Social). Sem prescindir do papel coordenador e dinamizador, procurou-se dar maior protagonismo à iniciativa privada, o que veio a acontecer depois da Resolução n.º 40/98, com a publicação de novos instrumentos de actuação: as sociedades de gestores judiciais e as sociedades de liquidatários judiciais – Decreto-Lei n.º 79/98; as sociedades de gestores de empresas – Decreto-Lei n.º 82/98; os contratos de aquisição do capital social da sociedade em situação difícil por quadros técnicos e ou trabalhadores (MBO – management buy out ou MBI – management buy in) – Decreto-Lei n.º 81/98. Todos os diplomas foram publicados em 2 de Abril.

A criação de todos estes instrumentos foi acompanhada de um apagamento do papel do Estado, que deixou de ser activo para ser passivo e de uma grande expectativa no dinamismo que caracteriza a iniciativa privada. Até certo ponto, verificou-se que as empresas privadas sólidas e sãs não demonstraram interesse relevante na aquisição de empresas difíceis. As sociedades de gestores e os MBO e os MBI não apareceram. Funcionou, mais uma vez, o sistema de incentivos que mantém em laboração empresas que, na maioria, não apresentam situações estruturais de melhoria. Daí se concluir:

1.º – a concessão de incentivos, sem mais, não se tem mostrado suficiente, em regra e a prazo razoável, para melhorar a situação económico-financeira da empresa;

2.º – é necessário coordenar e dinamizar a recuperação das empresas em situação difícil em termos credíveis e a prazo, com salvaguarda dos créditos públicos e privados;

3.º – a coordenação e a dinamização deverão ser levadas a cabo pelas entidades representantes dos credores e dos trabalhadores, a conjugação de esforços é tão indispensável que poderá mesmo vir a ser considerada insuficiente e, nestes casos, a solução só poderá encontrar-se na dissolução da sociedade ou na falência da empresa.

Em 4 de Janeiro, o Decreto-Lei n.º 1/99 veio conceder aos intervenientes activos nos contratos de consolidação financeira e reestruturação empresarial os incentivos fiscais previstos no Código de Processos Especiais de Recuperação da Empresa e de Falência, arts. 118.º a 121.º.

A intervenção da Segurança Social nos contratos de consolidação financeira e de reestruturação empresarial faz-se na sua qualidade de credor da empresa recuperanda, objecto dos contratos. A posição da Segurança Social pode ser passiva: aceitar o que os outros credores propuserem e a Fazenda Pública também aceitar; pode ser rotineira, a Segurança Social pretende celebrar um acordo prestacional, nos mesmos termos que celebra nos outros casos; pode ser activa, empenhando-se na defesa da solução que considera mais adequada à recuperação da empresa e melhor garante a satisfação dos seus créditos. A posição activa é, obviamente, mais exigente, pois obriga a uma isenta e equilibrada escolha dos meios mais adequados entre os legalmente disponíveis e força a resistir à animosidade decorrente dos interesses ofendidos e, até aí, alimentados pela situação difícil da empresa.

### 4.1.3. *Procedimento extrajudicial de conciliação*

Até ao Decreto-Lei n.º 316/98, de 20 de Outubro, as vias para a recuperação da empresa reduziam-se à extrajudicial e à judicial. Com o referido diploma institui-se um procedimento administrativo que, assentando num acordo dos credores, visa a recuperação da empresa e é organizado e conduzido por um organismo que integra a administração indirecta do Estado.

O legislador optou por atribuir a este organismo uma função de mediador interventivo. Daí três características essenciais, nem sempre facilmente compatibilizáveis: intervenção, conciliação e mediação. Intervir para conciliar não é o mesmo que intervir para mediar. A conciliação é uma formalidade judicial que tem em vista permitir que as partes de um processo encontrem e acordem numa solução de equidade para pôr termo ao litígio judicial (cf. art. 509.° do Código do Processo Civil). A mediação é a actividade desenvolvida por um terceiro independente e neutro, escolhido pelas partes para, com a sua autoridade, achar uma solução para o diferendo que as opõe. Desfeita a ambiguidade e face ao texto do articulado, conclui-se que a actividade do Estado no PEC é a de conciliação. Cabe-lhe: contribuir para que os credores cheguem a acordo no que respeita às medidas a tomar para recuperar a empresa; analisar a adequação do acordo à viabilização da recuperanda; extinguir o procedimento; emitir a declaração que permite a suspensão do processo especial de recuperação da empresa e pronunciar-se sobre a possibilidade de a empresa poder beneficiar de incentivos.

A função conciliatória é essencialmente judicial, isso, porém, não impede que possa ser desempenhada, em contexto diverso, pela Administração. Na realidade, a matéria é susceptível de outros desenvolvimentos. A conciliação pela via administrativa, nos ordenamentos jurídicos mais próximos do nosso, é instituída para a resolução das dificuldades indiciárias das situações difíceis. Quando as dificuldades se instalam impõe-se o recurso ao tribunal. O recurso ao tribunal ainda pode ter gradações: se apenas há indícios de dificuldades, devia poder-se requerer ao juiz que nomeasse um mediador; se a empresa apresenta dificuldades então o requerimento é de recuperação.

Os procedimentos pela sua natureza devem adequar-se ao grau de dificuldades da empresa e devem conjugar-se e não atropelar-se no tempo.

Em resumo:

– Se a empresa demonstra indícios de situação económico-
-financeira difícil, deveria ter de optar por um PEC ou por um
procedimento judicial de mediação, a instituir;
– Se a empresa padece de dificuldades económico-financeiras
deve ser requerido o processo especial de recuperação.

O recurso ao PEC está hoje na disponibilidade da empresa ou
dos seus credores, nas mesmas circunstâncias em que pode ser
requerido o processo judicial especial de recuperação. Daí a necessidade de suspender a instância judicial para que possa correr o
PEC. Consequência: o processo judicial sofre um atraso de quatro
meses ou mais, sem que, muitas vezes, resulte qualquer benefício
para a empresa ou para os credores.

As maiores críticas feitas ao processo judicial de recuperação
referem-se à escassez de resultados (fala-se em 2 a 5% de recupe-
rações), à morosidade e à publicidade.

Relativamente aos resultados há que ponderar que, nos países
vizinhos, não são melhores nem piores. De facto, os tribunais não se
têm mostrado, por variadíssimas razões, os melhores instrumentos
para a resolução dos problemas económicos, em geral, e para os da
recuperação das empresas, em especial.

A celeridade processual não pode ter um tempo diferente do
judicial. A justiça exige ponderação e deve ser prestada em "prazo
razoável". O prazo razoável não é preestabelecido, nem a justiça
pode ser feita em "tempo real". Como versejava Eurípedes, citado
por Plutarco, "De dia para dia difere e protela/tal é de Deus a
maneira de fazer"[3]. E nem se esqueça que a justiça de Deus que, por
definição, não erra, se faz no dia do Juízo Final. Todo o empenhamento é pouco para evitar o erro judicial. Sabe-se que a injustiça
é madre de todos os desmandos.

---

[3] Plutarque, "Sur les délais de la justice divine», trad. do grego de Jacques
Amyot (1572), Babel, Actes Sud, 1995, p. 30.

O processo judicial português é, em regra, público. A publicidade processual protege a imparcialidade do juiz, permite o controlo das decisões judiciais e constitui uma actividade de pedagogia social. As empresas preferem o sigilo dos seus negócios. Recorrer a tribunal, tornar do conhecimento público as dificuldades da empresa não beneficia a resolução dessas dificuldades. O consumidor perde a confiança na empresa, os credores negam os financiamentos e exigem o cumprimento dos créditos. Por essas razões, e para que se mantenha um salutar funcionamento do mercado, as empresas com prenúncios de dificuldades devem poder recorrer a meios sigilosos que permitam ultrapassá-las. Esses meios tanto podem ser a mediação judicial, regulada devidamente, como um procedimento extrajudicial que não tem necessariamente de ser administrativo. Mas também não poderá ser integralmente privado dada a posição primacial que, pelo menos, na maioria dos casos conhecidos, os créditos públicos assumem no passivo da recuperanda.

Todavia, o que se afigura indispensável que exista é uma relação cronológica de precedência entre os procedimentos e o processo judicial. Precedência que se justifica pela natureza da dificuldade da situação e que deve visar impedir que a instância judicial seja suspensa pela enxertia de um procedimento extrajudicial. É que esta possibilidade oferecida pelo legislador é demasiado facilmente desvirtuada no único sentido de protelar infrutiferamente a prossecução judicial.

Como indícios de situação económica difícil, costumam destacar-se, entre outros, os seguintes: deterioração da taxa de crescimento de negócios; deterioração da margem comercial; afectação negativa da margem de contribuição; decréscimo da taxa de rendibilidade operacional; tesouraria líquida negativa; atraso em alguns pagamentos.

Quando a situação se agrava, aparece a falta de liquidez, a insuficiência de fundo de maneio, a insolvência parcial, o não cumprimento pontual das obrigações[4].

---

[4] João Carvalho das Neves, "Diagnóstico e plano de acção para a recuperação", texto da intervenção no Seminário sobre "Gestão e liquidação judicial: o

O PEC criado pelo Decreto-Lei n.º 316/98 é um procedimento extrajudicial administrativo que se distingue do processo judicial especial de recuperação, porque, em vez do juiz, é um organismo administrativo competente para o instruir e dirigir, porque a tramitação se reveste de menores formalidades e o tempo previsto para a sua duração é menor. Quanto ao mais, em tudo se lhe assemelha: a iniciativa do procedimento cabe às mesmas entidades e obedece aos mesmos requisitos; o objecto é igualmente que os credores cheguem a acordo sobre as medidas ou providências recuperatórias; as medidas ou providências adoptáveis são as mesmas.

A Segurança Social, como interveniente nos processos extrajudiciais de conciliação, encontra mais obstáculos à negociação do que em qualquer outro acordo, porque normalmente aos demais credores repugna-lhes reconhecer aos créditos contributivos os privilégios que a lei lhes confere. A Segurança Social não deve, por imposição legal, prescindir dos meios de que dispõe para cobrança das dívidas e, por isso, em PEC, reverte a sua posição para os meios tradicionais, principalmente o acordo prestacional, sem perda de garantias.

Apesar do circunstancionalismo descrito, o PEC é um meio que pode servir para a empresa devedora de contribuições regularizar a sua situação e para que a Segurança Social cobre os seus créditos nos termos que acordar.

### 4.1.4. *A assunção das dívidas*

A assunção de dívidas aparece como figura autónoma no já mencionado Decreto-Lei n.º 124/96, art. 7.º.

Pelo citado art. 7.º pode beneficiar do regime estabelecido no diploma o terceiro que assuma a dívida à Segurança Social, desde

---

Estado da Arte em Portugal", organizado pela APGS – Associação Portuguesa dos Gestores e Liquidatários Judiciais, pp. 6 e 7 e Amaro Neves Laia, "Recuperação de empresas – o relatório do gestor judicial", Vida Económica, pp. 55 a 58.

que preste garantia do pagamento do capital em dívida. A assunção da dívida deve ser autorizada pelo ministro competente e só pode ter por objecto dívidas que não estejam na fase judicial de execução e correspondam a créditos das instituições da Segurança Social. As garantias prestadas pelo novo devedor extinguem as prestadas pelo antigo. A aceitação da assunção também permite o levantamento da penhora eventualmente efectuada na fase de execução. O novo devedor é solidariamente responsável com o antigo, por isso, se houver incumprimento, ambos podem ser executados. O novo devedor fica sub-rogado nos direitos da Segurança Social após a regularização da dívida.

A assunção singular de dívidas tem o seu regime geral definido nos arts. 595.º e ss. do Código Civil. A assunção singular de dívidas é um contrato ratificado pelo credor, pelo qual o devedor transmite a um novo devedor uma dívida, a título singular. Se o credor não declarar expressamente o contrário, o assuntor responde solidariamente com o antigo devedor. Quando o novo devedor não substitui o antigo, a assunção da dívida designa-se por assunção cumulativa da dívida.

O Decreto-Lei n.º 411/91 não prevê a regularização de dívidas à Segurança Social através da assunção de dívidas. A necessidade dessa previsão é mais uma razão que concorre para a imperiosa revisão do diploma. Tanto mais que, havendo uma margem razoável de negociação, quer nos acordos prestacionais, quer nos contratos de consolidação financeira e reestruturação empresarial, quer no PEC, sempre a assunção de dívidas aí pode ser consagrada como forma de regularização de dívidas à Segurança Social. Negar a vantagem da figura jurídica com esse fim, ou negar a necessidade da sua consagração numa eventual revisão do Decreto-Lei n.º 411/91 é ver a assunção de dívidas escorraçada pela porta a entrar pela janela.

Acrescente-se, para finalizar, que a assunção de dívidas como meio de regularização de dívidas à Segurança Social e os termos em que seria aceite, caso por caso, devia ser autorizada por despacho do membro do governo competente.

## 4.2. Meios de extinção da dívida à Segurança Social

A extinção da dívida é também uma forma de regularizar a dívida à Segurança Social, mas é, diga-se assim, uma forma mais forte, pois não só regulariza a situação contributiva como vai mais além, regulariza-a de forma definitiva, porque extingue a dívida.

A forma ordinária de regularizar e extinguir as dívidas é o pagamento pontual das mesmas, as obrigações extinguem-se normalmente pelo cumprimento. O cumprimento voluntário é a forma por excelência de extinguir as dívidas contributivas e de regularizar a situação contributiva. Não é aqui, contudo, o cumprimento voluntário e pontual objecto de análise, são antes as outras formas de cumprimento e extinção da dívida contributiva.

### 4.2.1. Dação em cumprimento

A dação em cumprimento é uma causa extintiva das obrigações que consiste em o devedor se exonerar da obrigação a que está vinculado mediante a prestação de coisa diversa da que é devida se o credor der o seu assentimento.

As instituições da Segurança Social estão autorizadas a aceitar a dação em cumprimento de bens móveis ou imóveis prestada pelos devedores de contribuições vencidas e não pagas e respectivos juros de mora – cf. art. 8.° do Decreto-Lei n.° 411/91.

Os bens objecto da dação em cumprimento são previamente avaliados pelo IGFSS. Não dispondo o IGFSS de técnicos especializados para proceder à avaliação, deverá contratá-los para que possa receber o valor em dívida e para que o devedor que quer pagar não seja disso impossibilitado, por culpa do credor (evitando a mora do credor). Ainda que a lei o não diga expressamente, somos levados a entender que a dação em cumprimento pode ser realizada pelo devedor, por qualquer responsável e até por um terceiro. Não se vê razão que impeça um accionista de dar bens seus em cumprimento das dívidas contributivas da sociedade anónima de que é sócio.

A Regularização da Dívida à Segurança Social 239

O valor dos bens objecto da dação em cumprimento é o determinado pela avaliação do IGFSS. Como tudo o que é avaliação tem muito de subjectivo e, por vezes, também terá daquilo que nunca deveria ter.

Os bens dados em pagamento só podem ser aceites pelo valor encontrado e se esse valor não for superior ao da dívida. É mais uma limitação legal que em muitos caos fica sem aplicação. Efectivamente, nada deverá impedir que, se o valor for superior ao da dívida, o remanescente fique consignado ao cumprimento de contribuições futuras. É claro que em nenhum caso seria admissível que o IGFSS restituísse, em dinheiro, esse valor remanescente.

Os bens dados em cumprimento passam a integrar o património do IGFSS. Os bens imóveis ingressam no património imobiliário do IGFSS, pelo que devem ser transferidos para a sua titularidade pela forma legal, escritura pública ou auto e devidamente registados. A eventual alienação futura destes bens deve obedecer à metodologia legal estabelecida para a alienação dos bens imóveis da Segurança Social – cf. Decretos-Leis n.º 141/88, de 22 de Abril e n.º 288/93, de 20 de Agosto. Donde se conclui que será ilegal e nula a promessa de compra e venda a prazo dos mesmos bens ao devedor que os deu em cumprimento, depois de ter pago a dívida. Reconhecer a ilegalidade e a nulidade resultante são actos que deverão ser notificados ao promitente comprador, em honra aos princípios da legalidade, da lealdade e da transparência.

O regime geral da dação em cumprimento está disciplinado nos artigos 837.º e seguintes do Código Civil.

O art. 840.º do Código Civil consagra a figura da dação em função do cumprimento e estabelece que há dação "pro solvendo" quando o devedor efectua uma prestação diferente da devida, para que o credor obtenha mais facilmente, pela realização do valor dela, a satisfação do seu crédito, só se extinguindo este quando for satisfeito, e na medida respectiva. Com a dação em função do cumprimento, o devedor tem em vista facilitar ao credor a satisfação do crédito, mas não há imediata extinção da dívida. Ora, é precisamente a extinção imediata da dívida que acontece com a dação em cumprimento. Por isso, o legislador só admite que as dívidas à Segurança Social sejam pagas mediante a dação em cumprimento. A eventual aceitação pelo IGFSS de uma dação em função do cumprimento é um acto ilegal ferido de nulidade. Com efeito, reconduzindo-se a dação em função do cumprimento a um mandato conferido pelo devedor ao credor para liquidar a coisa ou o direito para satisfação do crédito, não é admissível que o IGFSS seja mandatário do contribuinte devedor.

A dação em cumprimento pode ser prometida, unilateral ou bilateralmente. O contribuinte devedor pode vincular-se apenas a si próprio a dar bens à Segurança Social para pagamento das dívidas contributivas. A dação em cumprimento pode ser bilateralmente acordada e constitui, então, o objecto de um contrato-promessa – cf. arts. 410.º e 411.º do Código Civil.

A promessa unilateral de dação em cumprimento tem como efeito que a Segurança Social fica dispensada de provar a dívida contributiva, cuja existência se presume até prova em contrário – cf. art. 458.º, n.º 1, do Código Civil.

A promessa bilateral de dação em cumprimento configura um contrato-promessa em que a Segurança Social e o contribuinte devedor acordam na maneira em que a dívida vai ser cumprida. Neste caso, a promessa é a da realização de um negócio jurídico unilateral permitido por lei.

Em qualquer das modalidades, unilateral ou bilateral, a promessa de dação em cumprimento não constitui o cumprimento das dívidas à Segurança Social. Daí que a situação contributiva continue por regularizar. A regularização só se efectiva com o acto de realização da dação em cumprimento. Só depois desta concretizada, pode e deve a Segurança Social emitir ao contribuinte certidão de situação contributiva regularizada. Se o fizer antes, incorre o IGFSS, na pessoa dos membros do conselho directivo que o tiverem autorizado, em responsabilidade criminal, sem prejuízo da ilegalidade da certidão e de a mesma, sendo nula, ser ineficaz.

A dação em cumprimento pode ser requerida e aceite pela Segurança Social a partir do dia em que a dívida contributiva se

A Regularização da Dívida à Segurança Social          241

constitui. Ainda durante o prazo para o pagamento voluntário o contribuinte devedor pode, desde logo, requerer o cumprimento pela dação de bens. Se o fizer depois de decorrido aquele prazo deverá pagar juros de mora. Afigura-se como razoável que o legislador tivesse previsto a isenção ou redução do pagamento dos juros de mora nos casos de cumprimento por dação de bens, nas situações decorrentes de uma interpretação actualista do art. 2.º do Decreto--Lei n.º 411/91. Como, de resto, se estabelecia no n.º 2 do art. 2.º do Decreto-Lei n.º 124/96. A dação em cumprimento requerida antes de instaurado o processo de execução fiscal das contribuições respectivas é efectuada por acordo obtido no procedimento administrativo tributário próprio – cf. art. 6.º do Decreto-Lei n.º 42/2001, de 9 de Fevereiro e art. 87.º do Código de Procedimento e Processo Tributário.

A dação em cumprimento pode ser requerida pelo contribuinte devedor ou por terceiro nos processos de execução de dívidas à Segurança Social.

O requerimento deve ser interposto no prazo de oposição e deve ser dirigido ao ministro do trabalho e da solidariedade social ou ao IGFSS.

A dação em cumprimento de bens móveis ou imóveis deve destinar-se ao pagamento da dívida contributiva e do acrescido. O requerimento conterá uma descrição pormenorizada dos bens dados em pagamento. Os bens não terão valor superior ao da dívida, salvo se se mostrarem aptos à satisfação imediata de um fim de interesse público ou se a dação se efectuar no âmbito de um processo de recuperação de créditos públicos.

Depois de apresentado o requerimento, a secção de processo faz o resumo do processo e dos encargos e remete-os ao conselho directivo do IGFSS e dá conhecimento ao director da delegação a que pertence. O conselho directivo do IGFSS delibera ou não aceitar a dação e submete a deliberação a despacho homologatório do ministro, ou manda avaliar os bens por uma comissão. A comissão é presidida por um seu representante e composta por mais dois técnicos especializados. O valor dos bens avaliados é o valor do mercado, tendo em conta a maior ou menor possibilidade da sua realização. As despesas com a avaliação entram em regra de custas e são pagas previamente pelo devedor. Depois de avaliados os bens, os autos são submetidos à deliberação do IGFSS que, se aceitar a dação, sem necessitar de mais elementos, define os termos da entrega dos bens. Se o valor dos bens for superior ao da dívida e do acrescido, o remanescente fica a constituir um crédito intransmissível e impenhorável a favor do devedor que poderá utilizá-lo em futuros pagamentos à Segurança Social de dívidas contributivas ou na aquisição de bens ou serviços ou de rendas. Decorridos cinco anos sem utilização do crédito, se o contribuinte tiver cessado a actividade e nada dever pode requerer a entrega, em numerário, daquele montante excedentário.

A dação em cumprimento opera-se através de auto lavrado no processo. No caso de dação em cumprimento de bens imóveis lavrar-se-á um auto por cada imóvel. O auto vale como título de transmissão.

Os bens dados em cumprimento podem ser vendidos, locados ou onerados, nos termos da deliberação do conselho directivo do IGFSS homologada por despacho do ministro e sempre em conformidade com o legalmente estabelecido – cf. art. 6.º do Decreto-Lei n.º 42/01 e arts. 201.º e 202.º do CPPT.

### 4.2.2. *Cedência de créditos*

A cedência dos créditos das instituições da Segurança Social está prevista no art. 9.º do Decreto-Lei n.º 411/91.

A cedência obedece a determinados requisitos:

1. deve ser aprovada por despacho do membro do Governo que tiver a seu cargo a área da Segurança Social;
2. os cessionários são as sociedades de capital de risco, as de investimento, as de fomento e as gestoras de participações sociais;

A *Regularização da Dívida à Segurança Social* 243

3. o preço da cessão não pode ser inferior ao valor das contribuições em dívida;
4. os privilégios dos créditos cedidos só se transmitem para o cessionário se a cessão incluir toda a dívida de contribuições.

A cedência de créditos rapidamente caiu em desuso, mesmo que apenas tenha tido restrito uso. A maior cedência registada não se realizou ao abrigo do regime exposto: foi, em 1995, a cessão de 70 milhões de contos de créditos da Segurança Social à Direcção-Geral do Tesouro.

No Código Civil vem disciplinado o regime da cessão de créditos, arts. 578° e segts. Tendo em conta o regime definido, não se descortina razão válida para a designação de cedência. Pelo disposto no citado artigo a natureza jurídica da cessão de créditos é, em rigor, a de uma transmissão de créditos, tal, porém, não impede que o crédito cedido apareça para a esfera jurídico-patrimonial do cedente como extinto. A concepção patrimonial permite considerar a cessão como forma de extinção do crédito cedido. O regime jurídico da cessão diverge notoriamente do regime jurídico da extinção. Na cessão, o crédito, conservando a sua natureza e termos, transmite-se, desloca-se da esfera jurídica do cedente para a do cessionário; na extinção, o crédito desaparece do mundo jurídico.

A cessão, total ou parcial, do crédito consiste na sua transmissão pelo credor originário a um terceiro, independentemente do consentimento do devedor, permanecendo inalterados os demais elementos da relação obrigacional.

O regime civil estabelece a incedibilidade de alguns créditos, quer em função da sua natureza, quer em função da categoria de certas pessoas. Estas restrições não afectam os créditos das instituições de Segurança Social.

A cessão dos créditos das instituições de solidariedade e segurança social é sempre um negócio jurídico entre vivos e a título oneroso.

O efeito maior da cessão é a transmissão do crédito entre o cedente e o cessionário. O crédito transmite-se conjuntamente com os seus direitos acessórios e garantias. Ao cedente compete entregar ao cessionário os documentos e outros elementos relativos à prova do crédito. O cedente garante ao cessionário a exigibilidade e a existência do crédito à data da cessão, mas, salvo acordo em contrário, não garante a solvabilidade do crédito.

Relativamente ao devedor cedido, a cessão produz efeitos a partir do momento em que lhe é notificada.

O Decreto-Lei n.º 124/96 retomou a figura sob a designação de alienação de créditos. A alienação, enquanto transmissão, pode ser gratuita ou onerosa. Na própria lei, bem como na linguagem comum, utiliza-se a expressão alienação para a transmissão onerosa de bens ou direitos.

Os créditos da Segurança Social só podem ser alienados onerosamente. A alienação pode efectuar-se com a transmissão dos direitos acessórios e as garantias dos créditos cedidos. Não se vislumbra razão válida para que o adquirente dos créditos não fique sub-rogado nos direitos acessórios e nas garantias do crédito alienado. Os referidos direitos acessórios podem englobar os decorrentes da cláusula "salvo regresso de melhor fortuna".

A cláusula mencionada está prevista no artigo 67.º do Código dos Processos Especiais de Recuperação da Empresa e de Falência, mas nada impede a sua generalização por via contratual. Aquela cláusula é hoje uma estipulação supletiva do acordo de credores que adopta a concordata como providência de recuperação da empresa. A concordata consiste na redução ou na moratória dos créditos que impendem sobre a empresa insolvente. É assim compreensível que os credores que sacrificam os seus créditos para que a empresa devedora recupere pretendam, se esta recuperar, se regressar a melhor fortuna, que lhes pague o sacrifício que fizeram. A cláusula "salvo regresso de melhor fortuna" produz efeito durante 10 anos. Se durante este período, um crédito da Segurança Social, protegido por essa cláusula, for alienado, ao adquirente transmite-se aquela protecção do crédito.

A alienação pode ter por preço o valor nominal dos créditos e nesta hipótese a alienação far-se-á por negociação, com ou sem publicação de anúncio, ou até por ajuste directo. São as formas mais simples e expeditas de o Estado locar, adquirir ou alienar bens móveis – cf. Decreto-Lei n.º 197/99, de 8 de Junho.

Se a alienação tiver por preço o que o mercado vier a oferecer, então, usar-se-á a negociação, com prévia publicação de anúncio.

Em circunstâncias extraordinárias poderá a alienação realizar--se por negociação sem prévia publicação de anúncio, ou por ajuste directo, consoante sejam convidadas as instituições financeiras e os dez maiores credores, ou se alienem direitos protegidos pela cláusula "salvo regresso de melhor fortuna".

A alienação não pode fazer-se ao devedor, nem a entidades com interesse patrimonial equiparável. Estas entidades são em relação aos sócios ou aos membros do órgão de administração: o cônjuge não separado judicialmente; os descendentes menores de idade; as pessoas titulares de acções ou obrigações por conta das pessoas antes mencionadas ou dos membros dos órgãos de administração ou de fiscalização; as sociedades em que os administradores ou os fiscais sejam sócios de responsabilidade ilimitada, exerçam a gerência ou possuam pelo menos metade do capital social ou dos votos correspondentes a este.

O Decreto-Lei n.º 145/2001, de 26 de Abril, que estabelece as normas de execução do orçamento da Segurança Social para o ano de 2001, no artigo 14.º refere-se à recuperação de créditos. Aí se dispõe que, para além das situações excepcionais previstas no Decreto-Lei n.º 411/91, a regularização de dívidas às instituições de Segurança Social pode ser autorizada pelo ministro, nos seguintes casos: contratos de consolidação financeira e reestruturação empresarial; procedimento extrajudicial de conciliação; contratos de cessão de créditos; contratos de aquisição de capital social de empresas recuperandas por quadros técnicos e ou trabalhadores (MBO – management buy out, ou MBI – management buy in).

Por esta via ínvia se consagram as mais diversas formas extraordinárias de regularização das dívidas à Segurança Social, com a agravante que advém da incerteza ínsita na anualidade do diploma em que a norma recebe consagração.

A alienação de créditos da Segurança Social obedece aos trâmites procedimentais fixados pelo Despacho n.° 12.716/99 (2ª Série), Diário da República n.° 153, de 3 de Julho. É uma tramitação muito minuciosamente descrita e que é completada por um anúncio--convite-circular, uns termos de participação e um caderno de encargos.

A alienação de créditos, porque pode dar azo a situações de grande melindre, é rodeada de todas as cautelas descritas. O ministro das finanças, no respeito pela regra proibitiva da transmissão dos créditos tributários a terceiros, determinou que o procedimento de alienação de créditos só pudesse ter lugar a título excepcional e quando visasse uma rápida realização de receita, uma eliminação de situações de reiterado incumprimento e que pressupusesse a mudança da administração do devedor. A determinação refere-se aos créditos públicos que explicita: créditos da Fazenda Nacional e do Tesouro – cf. Despacho n.° 5.777/99 (2ª Série), Diário da República n.° 68, de 22 de Março, p. 4153 e n.ᵒˢ 1 e 3 do art. 29.° da Lei Geral Tributária.

As prescrições emanadas pelo ministro das finanças são pertinentes e louváveis, pelo que deverão ser tidas em consideração na actuação relativa à alienação dos créditos da Segurança Social.

O procedimento de alienação finaliza com a adjudicação à melhor proposta e com a celebração do contrato de alienação de créditos entre o adjudicatário e o IGFSS.

### 4.2.3. Compensação de créditos

A compensação de créditos e débitos tributários só é permitida nos casos expressamente previstos na lei – cf. n.° 2 do art. 40.° da Lei Geral Tributária.

O artigo 10.° do Decreto-Lei n.° 411/91 não põe restrições à invocação da compensação. Quando um contribuinte for simultaneamente credor e devedor de uma instituição de Segurança Social pode invocar a compensação. Está também prevista a hipótese de o contribuinte ser credor sobre várias instituições e, nesse caso, pode invocar e fazer a compensação através do IGFSS.

A compensação figura no Código Civil como uma das causas de extinção das obrigações, além do cumprimento, arts. 847.º e segts. A extinção respeita a duas obrigações em que o credor de uma é devedor da outra e em que o credor desta é devedor da primeira. A compensação só pode operar-se se o seu crédito é judicialmente exigível e não proceder contra ele, excepção peremptória ou dilatória de direito material, e terem as duas obrigações por objecto, coisas fungíveis da mesma espécie e qualidade. São requisitos da compensação:

1.º – a reciprocidade dos créditos, a compensação abrange tão somente a dívida do declarante, e não a de terceiro;
2.º – o contracrédito deve ser válido, exigível e exequível, ou seja, não procederem contra ele excepções, peremptórias, como a prescrição, ou dilatórias, como a moratória, o direito de retenção e a excepção de não cumprimento do contrato;
3.º – a homogeneidade das prestações;
4.º – o crédito principal deve existir e ser válido, ou seja, o débito compensante deve revestir-se dessas características para que haja a reciprocidade legalmente exigida.

A compensação torna-se efectiva através da declaração de uma das partes à outra. A declaração de compensação pode realizar-se judicialmente, por notificação avulsa, ou extrajudicialmente, meio que só se torna eficaz quando chega ao conhecimento do destinatário.

A compensação de dívidas de tributos pode efectuar-se por iniciativa da administração tributária (art. 89.º do CPPT), ou por iniciativa do contribuinte (art. 90.º do CPPT).

Por iniciativa da autoridade administrativa tributária competente, deve proceder-se à compensação dos créditos do executado com as dívidas tributárias à mesma administração tributária. A compensação só não se efectuará se a dívida exequenda estiver, de algum modo, impugnada. Se estiver a ser paga em prestações, efectua-se desde que esteja devidamente garantido o pagamento.

Se o crédito compensante for insuficiente para extinguir a totalidade da dívida e do acrescido, extinguem-se primeiro os juros de mora, depois os encargos legais e, por fim, o capital da dívida.

A compensação deve operar em primeiro lugar entre os créditos e as dívidas da mesma proveniência e do mesmo período de tempo e só depois entre créditos e dívidas de diferente proveniência.

Se o crédito for insuficiente para o pagamento da totalidade das dívidas da mesma categoria, devem ser pagas antes das outras as mais antigas, se forem igualmente antigas, as de maior valor e, em igualdade de circunstâncias, qualquer das dívidas.

Pertencendo a iniciativa ao contribuinte, a compensação processa-se nos mesmos termos.

Admite-se que um terceiro credor tributário concorde em que um devedor ofereça os seus créditos à compensação, que fica dependente da aceitação do credor. A compensação de dívidas tributárias com créditos de outra natureza também é permitida, desde que a dívida correspondente seja certa, líquida e exigível e tiver cabimento orçamental.

### 4.2.4. *Conversão de créditos em capital*

O Decreto-Lei n.º 411/91 no art. 12.º estabelece um regime muito estreito para a conversão dos créditos da Segurança Social em capital social da sociedade devedora.

Desde logo só podem ser transformados em capital social os créditos de juros; só se a sociedade for comercial anónima; só até perfazer 25% do capital social; só se estiverem em causa interesses nacionais ou regionais relevantes; só se a instituição credora assentir; só se o ministro aprovar e só se a conversão for adequada à recuperação da empresa devedora.

A participação social assim nascida deve ainda ficar livre para ser transmitida ao Fundo de Estabilização Financeira da Segurança Social sem carecer de autorização da sociedade ou dos accionistas. O Fundo pode alienar a participação, mas se o fizer a empresas públicas ou a sociedades anónimas de capitais exclusiva-

A *Regularização da Dívida à Segurança Social*                    249

mente públicos, apenas pode alienar até 10% da participação que detém.

As limitações apontadas que impedem a conversão da dívida (capital, juros e demais encargos) em capital social não tem, hoje, justificação aceitável e pode até ser prejudicial à recuperação dos créditos. Outro tanto se diga da limitação a 25% do capital social da devedora. A limitação relativa à espécie da sociedade comercial pode compreender-se, mas mal se aceita em relação a certas sociedades por quotas, com certas disposições estatutárias. A transmissão ao Fundo de Estabilização Financeira da Segurança Social nem sempre aparecerá como necessária, já que o IGFSS, titular da maioria dos créditos, negociador da conversão, melhor apetrechado estará para alienar a participação. No mínimo, seriam evitadas as burocracias e os custos inerentes à transmissão das acções. A conversão, no entanto, por questões de segurança e isenção, deve ser precedida de uma auditoria a realizar por entidade competente e responsável.

A conversão de créditos em capital surge mais amplamente disciplinada no art. 9.° do Decreto-Lei n.° 124/96. Apesar disso, mantém-se a limitação de que só podem converter-se créditos em capital social se o devedor for uma sociedade anónima recuperanda. As restantes limitações desaparecem.

Todavia, enquanto no regime do Decreto-Lei n.° 411/91 a conversão devia ser aceite pelo credor e aprovada pelo ministro, no regime do Decreto-Lei n.° 124/96, a conversão é aprovada por decreto-lei. Tamanha formalidade fez com que apenas tenha havido, ao que saibamos, uma conversão de créditos públicos em capital social, a estabelecida no Decreto-Lei n.° 177/97, de 24 de Julho. O Decreto-Lei que opere a conversão deve estabelecer o seu regime e o da participação social subsequente.

A participação assim obtida pelo IGFSS pode ser alienada a todo o tempo e nenhuma referência é feita ao adquirente. É ainda previsto que a participação social possa ser prometida vender à devedora ou aos seus sócios. A venda deve realizar-se durante o prazo de recuperação económica e o preço será o mais elevado dos valores, nominal ou contabilístico, da participação ao tempo da venda. Os poderes de administração decorrentes da participação podem ser restringidos. O tempo durante o qual os credores públicos se mantêm como accionistas será fixado no decreto-lei. Findo aquele prazo, os credores públicos ficam obrigados a iniciar diligências tendentes à alienação das acções de que forem titulares.

No âmbito de aplicação do Decreto-Lei n.º 81/98, os quadros técnicos ou os trabalhadores para adquirirem o capital social da empresa recuperanda podem ter de provocar uma intervenção da Segurança Social. A intervenção da Segurança Social visará, em primeira linha, recuperar os seus créditos, mas em segunda linha pode visar a cooperação na recuperação da empresa devedora. Esta segunda vertente pode traduzir-se numa alienação dos créditos aos quadros técnicos ou trabalhadores, ou numa conversão dos créditos em capital da empresa recuperanda. A alienação do capital resultante da conversão pode contemplar um outro aspecto muito importante. É que essa alienação pode, em parte e calendarizadamente, ser feita àqueles quadros técnicos ou trabalhadores, a título não oneroso, mas como incentivo, em função dos resultados obtidos ou da recuperação conseguida ("sucess fee"). Tudo como preconiza a Resolução do Conselho de Ministros n.º 100/96, publicada em 4 de Julho (Diário da República, 1ª Série B) e refere o mencionado art. 14.º do Decreto-Lei n.º 145/2001.

### Nota

Depois do percurso efectuado acerca dos meios administrativos extrajudiciais de regularização de dívidas à Segurança Social, impõe-se destacar um aspecto da mais relevante importância.

A escolha do meio mais adequado para a regularização da dívida pressupõe um profundo conhecimento da empresa devedora e dos métodos negociais utilizados pelos empresários.

Em geral os representantes dos credores públicos demonstram um notável desconhecimento das aludidas realidades, consideram-nas, por vezes, desprezíveis e exibem uma soberana displicência pelo que o dinheiro representa. Refugiam-se numa concepção mis-

A *Regularização da Dívida à Segurança Social*

sionária do serviço público e distanciam-se da realidade e do significado do dinheiro e de que ele é indispensável à manutenção do serviço público.

As propostas que aceitam e outras que propõem, em regra de boa fé, quem as sabe ler antevê que só podem conduzir não à recuperação dos créditos, não à recuperação da empresa devedora, mas tão somente ao desperdício do dinheiro público e ao prejuízo do erário nacional.

A cultura da função e o profissionalismo consciente deverão arredar para a história o culto da missão e a burocracia rotineira.

Também neste domínio há um longo caminho de aperfeiçoamento a percorrer.

### 4.3. *Meios de regularização judiciais*

#### 4.3.1. *Processos tributários*

A regularização da dívida à Segurança social, mediante o pagamento voluntário, pode ocorrer depois de instaurado qualquer um dos processos tributários. As circunstâncias e as consequências variam em função da natureza do processo e da respectiva fase.

– O processo de execução tributária tem natureza judicial, embora certos actos sejam praticados pelos órgãos da administração tributária (procedimento).

O processo de execução é mandado instaurar pelo director da delegação do IGFSS territorialmente competente. O órgão de execução é a secção de processos da delegação onde deve correr a execução. Ao tribunal tributário de 1ª instância da área onde correr a execução compete decidir os incidentes, os embargos, a oposição, a graduação e a verificação de créditos e as reclamações dos actos materialmente administrativos praticados pelos órgãos da execução.

Quer o processo de execução se encontre na fase administrativa, quer se encontre na fase judicial, o contribuinte devedor (ou terceiro por ele) pode pagar a dívida exequenda e o acrescido e por esse meio extinguir a execução e, nessa parte, regularizar a sua situação contributiva.

– No processo penal tributário relativo a alguns crimes patrimoniais, o contribuinte faltoso e devedor pode efectuar o pagamento da prestação tributária e dos encargos legais e com isso preencher um dos requisitos legalmente exigidos para obter a dispensa da pena ou a sua atenuação especial. Efectivamente, quando, nesses processos, o contribuinte repõe a verdade contributiva e o crime for punível com pena de prisão igual ou inferior a três anos, a pena pode e deve ser dispensada quando a ilicitude do facto e a culpa do agente não forem muito graves, quando tiver sido feito o pagamento da prestação tributária e do acrescido e quando inexistirem razões judiciais de prevenção. A pena pode e deve ser especialmente atenuada se o contribuinte arguido pagar a prestação tributária e o acrescido até à decisão final ou no prazo nela fixado.

Donde se conclui que, no processo penal, a regularização da situação contributiva é não só possível, como constitui requisito essencial para a dispensa da pena ou da sua atenuação especial.

– Situação análoga pode ocorrer no procedimento ou no processo contra-ordenacional.

O processo de aplicação das coimas tem duas fases: a administrativa e a judicial. A administrativa termina com a decisão de arquivamento ou de aplicação da coima pela autoridade administrativa competente. A judicial inicia-se com o recurso da decisão de aplicação da coima e termina com a sentença. A coima não pode ser aplicada sempre que se verifiquem cumulativamente as circunstâncias seguintes: da contra-ordenação não advir prejuízo efectivo à Segurança Social; estar regularizada a situação e haver um diminuto grau de culpa. A regularização da situação pode implicar a regularização da obrigação contributiva principal ou das suas obrigações que nada têm a ver com a relação jurídica contributiva. A coima pode ser especialmente atenuada quando é reconhecida a responsabilidade e regularizada a situação contributiva.

Quer durante o procedimento, quer durante o processo de aplicação das coimas, o contribuinte pode regularizar a sua situação

A *Regularização da Dívida à Segurança Social* 253

contributiva mediante o pagamento do devido ou pela conclusão bem sucedida de qualquer procedimento extraordinário de regularização extrajudicial.

### 4.3.2. *O processo especial de recuperação de empresas*

A Segurança Social aparece no processo especial de recuperação da empresa como credora. Raramente a Segurança Social aparece como credora requerente do processo.

Esta é uma das grandes questões a solicitar intervenção do legislador. Com efeito, a Segurança Social deveria, por imperativo legal, requerer a recuperação da empresa devedora, designadamente quando o valor do crédito atinja uma parte significativa do volume salarial pago, quando o crédito esteja cabalmente garantido, quando os rácios financeiros da empresa devedora, no contexto sectorial em que está inserida, permitam acreditar na viabilidade da recuperação da empresa, ou ainda quando uma empresa sã se ofereça para recuperar a devedora através da colaboração da Segurança Social. Buscar-se-ia uma forma específica de aplicação aos faltosos do princípio da legalidade.

Os créditos da Segurança Social são muitas vezes de elevado montante. Várias causas são apontadas para o facto. De um lado as relativas à inércia, à lentidão e à apatia dos serviços públicos responsáveis. De outro lado, a dinâmica das instituições financeiras e as opções financeiras da empresa.

A lei garante os créditos da Segurança Social no processo de recuperação, mas extingue parcial e gravosamente essas garantias no processo de falência.

Na falência a Segurança Social perde os privilégios creditórios que se tenham constituído antes do início do processo de recuperação ou de falência.

Desde o Decreto-Lei n.° 512/76, de 3 de Julho, que os créditos provenientes das contribuições do regime geral e respectivos juros gozam de privilégio mobiliário geral, privilégio imobiliário geral e de hipoteca legal.

Enquanto garantias especiais das obrigações, os privilégios creditórios têm o seu regime estabelecido nos artigos 733.º e segts. do Código Civil e a hipoteca legal, nos arts. 704.º e segts. do mesmo Código.

No que concerne à Segurança Social, as garantias dos créditos por contribuições e respectivos juros de mora estão consagradas nos arts. 10.º a 12.º do Decreto-Lei n.º 103/80, de 9 de Maio.

Este diploma foi considerado inconstitucional por falta de referenda e, portanto, inexistente. Se o argumento procedesse, então as garantias passariam a vigorar por força do Decreto-Lei n.º 512/76, que não teria sido revogado pelo Decreto-Lei n.º 103/80, e ainda pelo disposto no art. 7.º do Decreto-Lei n.º 411/91 e no art. 152.º do Decreto-Lei n.º 132/93, de 23 de Abril (CPEREF). A existência do privilégio, em especial, imobiliário geral, foi tida por violadora do princípio da proporcionalidade caracterizador do Estado de Direito constitucionalmente definido. Estamos no domínio do prudente arbítrio do julgador, cuja coerência conduzirá rectamente à extinção de todos os privilégios. Chegados aqui lembramos a atitude do legislador do decreto-lei que aprovou o Código Civil e da partida que a manha da história lhe pregou. Lembramos igualmente que só o legislador constituinte tem poder para contrariar esta corrente, alterando a Constituição da República, bastando para tanto que se disponha que os créditos tributários gozam das garantias estabelecidas na lei.

Com as reservas expostas, vamos considerar a posição dos créditos garantidos (privilégios e hipoteca) da Segurança Social no processo de recuperação da empresa.

A empresa objecto do processo de recuperação é toda a organização dos factores de produção destinada ao exercício de qualquer actividade agrícola, comercial ou industrial ou de prestação de serviços que, para efeitos de recuperação, está em situação económica difícil ou de insolvência. A partir do momento em que o legislador optou por só estabelecer providências de recuperação, perde sentido a distinção entre estas e as medidas e a diferença entre as situações. As distinções que se justificavam com a consagração de remédios diferentes ficaram assim como exercício de despicienda escolástica, ou pior, como exemplo de má técnica legislativa.

É pois no regime das providências de recuperação que há-de ser examinada a regularização das dívidas à Segurança Social. Isto sem prejuízo de se recordar que a iniciativa da Segurança Social de requerer a providência de recuperação adequada à empresa que falta ao cumprimento de uma ou mais obrigações que, pelo seu montante ou pelas circunstâncias do incumprimento, revele a impossibilidade de satisfazer pontualmente a generalidade das suas obrigações, em regra nunca é exercida, bem como, muito raramente, a Segurança Social integra a comissão de credores e, desconhecemos que em algum caso a tenha presidido (o que só pode atribuir-se a falta de acção, em tempo, ou de vontade).

Nas providências de recuperação vigora o princípio da igualdade entre os credores, segundo o qual, sempre que as providências impliquem a extinção ou modificação dos créditos sobre a empresa recuperanda, estas devem incidir proporcionalmente sobre todos, tanto comuns, como garantidos por terceiros. No que respeita aos créditos da Segurança Social com hipoteca legal (a hipoteca também pode ser voluntária), só poderão ser extintos ou reduzidos nos termos em que vier a acordar; quanto aos seus créditos privilegiados, a extinção ou redução além de acordada deve ser autorizada pelo membro do governo competente. Donde se conclui que a regularização da dívida contributiva no âmbito das providências, em princípio, fica condicionada ao acordo da Segurança Social.

Porque a Segurança Social é um credor passivo ou involuntário, o legislador, no respeito pelo princípio da igualdade de credores, permite-lhe que reclame os créditos que se vencerem até à última sessão, se houver mais do que uma, da assembleia provisória onde deverão ser aprovados ou não (antes ou depois da reclamação, pela assembleia ou pelo juiz, consoante o caso).

Vejamos então como prevê a lei que aconteçam os factos nas várias providências.

Na **concordata**, a Segurança Social está impossibilitada de reduzir os seus créditos, em especial no que respeita ao capital da dívida, ou seja, na parte relativa às contribuições não pagas pontualmente. Para adquirir maior capacidade negocial com vista à recuperação da empresa devedora, a Segurança Social terá de ver associar à concordata qualquer outra medida consensual ou uma providência adequada. A simples moratória poder-se-á atingir através de um acordo prestacional.

A Segurança Social tem, como acaba de se descrever, grandes dificuldades legais em assentir na concordata como única providência recuperatória. Além disso, dados da experiência têm demonstrado que a concordata tem servido mais para adiar a solução da situação da recuperanda do que para a resolver. A concordata, para a Segurança Social, tem-se revelado como providência de recuperação inidónea e como causa de um aumento dos seus créditos incumpridos. Ainda assim, a Segurança Social tem colaborado em uma ou outra concordata, mas sempre defendendo por um lado, que a gestão da devedora durante a concordata não fique entregue exclusivamente aos administradores da empresa que a levaram a contrair as dívidas e, por outra, que da gestão fiquem a fazer parte quadros ou empresas especializadas.

Houve tempo em que a Segurança Social assumiu posição activa em casos de **reconstituição empresarial**. Esta providência, depois das alterações introduzidas pelo Decreto-Lei n.º 315/98, de 20 de Outubro, veio servir de resposta às questões postas por algumas importantes empresas devedoras e permitir, na medida das forças dos seus patrimónios, dar satisfação aos credores. A equação do problema foi, em resumo, a seguinte: empresas sãs ou uma ou mais sociedades credíveis, criadas para o efeito, adquirem as unidades de produção autónomas ou autonomizáveis pertencentes à devedora e o património desta, desafectado da produção, é vendido mediante concurso público. O produto da venda das unidades de produção, cujo funcionamento futuro é garantido pelos compradores, bem como o proveniente da venda do património, fica à disposição da empresa requerente da recuperação. Esta destina o produto da venda prioritariamente ao pagamento dos credores, nos termos acordados na providência. Consoante o produto da venda dos activos seja superavitário ou deficitário em relação ao montante dos créditos, assim a empresa retomará a actividade em nome próprio ou terá de requerer a falência.

Com esta providência a Segurança Social contribui para que as unidades de produção continuem em actividade, além do mais, em sãs condições contributivas, para que se mantenham os postos de trabalho e para que os seus créditos sejam preferencialmente pagos, como os demais de idêntica natureza, até ao limite das forças do património da devedora, limite esse apurado e determinado no mercado.

A providência designada por **reestruturação financeira** consiste na adopção simples ou conjunta de uma ou várias providências que, alterando o passivo ou o capital da empresa recuperanda, assegure que o activo supere o passivo e garanta um fundo de maneio positivo.

A lei indica exemplificativamente algumas das medidas que os credores podem aprovar e que integram a providência. Sem prejuízo de a providência acordada poder integrar várias das espécies de providências tipificadas. São medidas mencionadas com incidência no passivo: a redução do valor dos créditos (capital e juros); pagamento parcial dos créditos; moratória e cessão, incluindo a dação de bens. São medidas enumeradas com incidência no capital: o aumento do capital; a conversão de créditos em capital; a reserva de subscrição do aumento de capital a terceiros e a redução de capital para cobertura de prejuízos.

Designadamente pelas razões expostas quanto à concordata, esta providência não tem sido das mais adoptadas pela Segurança Social. A estas razões acrescem as específicas da reestruturação financeira como sejam as relativas às dificuldades inerentes à conversão dos créditos em capital.

Na óptica da Segurança Social, reflectida nos casos ocorridos, algumas das apontadas dificuldades são inultrapassáveis, por exemplo, acordar na redução do capital em dívida e, outras são ultrapassáveis, quer pela adopção cumulativa de outras providências de recuperação, quer pela utilização dos meios legais extrajudiciais de que a Segurança Social legalmente dispõe.

Tanto no caso do aumento, como da redução do capital social, importa que os credores definam o respectivo modo de se operarem. Os sócios, enquanto tais, são credores comuns da sociedade recuperanda e, portanto, podem ver as suas posições relativas no capital social alteradas contra a sua vontade. É o que resulta da aplicação do princípio da igualdade entre os credores: há credores comuns, garantidos e privilegiados. A lei distingue-os pela natureza dos seus créditos e, logo, os gradua diversamente, tudo porque têm por fundamento situações de facto diferentes.

A redução do capital dos créditos da Segurança Social pode ser-lhe imposta por votação legítima da assembleia que aprove providência que integre essa medida. Nestas circunstâncias, a Segurança Social pode e deve votar contra a redução dos seus créditos e, eventualmente, ficar vencida na votação, o que não impede a aprovação da providência e a sua realização subsequente.

Sempre que as medidas adoptadas que se traduzam na redução do passivo não se cumprirem, ou forem outras medidas complementares que não se cumpram ou não atinjam os resultados, não deve pressupor-se que a renúncia acordada por quem votou a sua aprovação deixa de produzir efeitos. Na verdade, a renúncia acordada integra a providência, responsabiliza quem a vota e é posteriormente homologada por sentença que, muito provavelmente, entretanto, se terá transformado em caso julgado. Ademais, se os credores podem deixar de conceder crédito à recuperanda, a Segurança Social não tem meios para impedir que a recuperanda continue a acumular dívidas. Esta é uma diferença fundamental entre os créditos. Daí que os credores que renunciam, no todo ou em parte, aos seus créditos fiquem vinculados à renúncia, independentemente do destino da providência ou de outras medidas que a acompanham.

A **gestão controlada** é uma providência que permite aos credores incumbirem alguém de gerir a empresa recuperanda, de acordo com um plano que eles aprovam. As três características da gestão controlada são: a recuperação obedece a um plano de actuação global; o plano é executado por uma nova administração e o plano da providência tem um prazo pré-fixado para ser executado.

*A Regularização da Dívida à Segurança Social* 259

O plano deve definir os objectivos a atingir, os respectivos meios, as fases e os termos da sua concretização. Pode integrar o plano qualquer das medidas previstas nas outras providências e pode ainda ser deliberado que a nova administração lance novos empreendimentos; trespasse ou ceda temporariamente a exploração dos estabelecimentos; obtenha créditos privilegiados; encerre estabelecimentos ou ceda actividades; autonomize juridicamente estabelecimentos; venda, permute ou ceda elementos do activo; contrate a locação de bens; resolva contratos bilaterais; proceda à suspensão de contratos de trabalho e a despedimentos.

A gestão controlada tem uma duração que não deve exceder dois anos. O prazo pode ser prorrogado por mais um ano. Tem-se entendido que o prazo é ordenador ou disciplinar e que, havendo o acordo dos credores ou da comissão de fiscalização e o assentimento do tribunal, ele pode ser prorrogado para além dos limites legais. Este entendimento tem efeitos perversos: a nova administração, que aceitou a duração do plano, facilita, no tempo da sua execução, porque espera a prorrogação; os novos credores privilegiados vão aproveitando a situação e a antiga administração, quando retoma atrasadamente a direcção da empresa está, desde logo, desresponsabilizada, podendo escolher a solução que melhor lhe convier face ao estado da empresa. Perante os enunciados títulos deve impedir-se a produção de efeitos perversos e, consequentemente, tomar os prazos legais da gestão controlada por peremptórios.

Um dos elementos essenciais da gestão controlada é a existência de um plano que a nova administração deve executar. O plano pode prever a alienação definitiva ou temporária de valores do activo da empresa. A forma da alienação ou oneração pode estar indicada no plano. Se o não estiver a forma a seguir será a que obedeça aos princípios da publicidade e da igualdade de acesso dos concorrentes, ou seja, mediante oferta ao público.

Quando o plano não prevê a alienação ou a oneração de um valor do activo que a nova administração entende como necessária para a recuperação, deve submeter a questão a parecer da comissão de fiscalização. Esta comissão ou delibera que a proposta não é prejudicial aos objectivos do plano ou que é. Neste caso, o conflito é dirimido pelo juiz. Se não é prejudicial, a comissão ou a nova administração convocam a assembleia de credores que aprovou a providência para que delibere sobre a proposta. Se esta for aprovada deverá ser homologada pelo juiz, pois constitui uma revisão do plano aprovado, que, como elemento essencial da providência, também foi, antes, homologado.

Estas regras especiais de funcionamento não contendem com a subsidiariedade de aplicação das normas aplicáveis às sociedades comerciais. A empresa sob gestão controlada rege-se parcialmente pelo disposto no CPEREF, pelo disposto na providência aprovada e homologada e, supletivamente, pelo disposto nas leis comerciais, designadamente, no código das sociedades comerciais. As normas deste código, gerais e especiais, são a aplicar em conformidade com o tipo sob o qual gira a recuperanda.

As duas providências tipificadas que mais aptas se têm mostrado à consecução dos fins para que foram criadas são a reestruturação empresarial e a gestão controlada. Acontece que em ambas não se requer aos credores qualquer sacrifício dos seus créditos. Na gestão controlada a única concessão traduz-se no privilégio mobiliário geral atribuído aos créditos contraídos pelo nova administração em representação da recuperanda e que são graduados antes de qualquer outro sobre a empresa.

A Segurança Social não vê os seus créditos afectados. A sua graduação sofre com a constituição de novos créditos, mas daí advém um sacrifício consentido, limitado à graduação e considerado como necessário à recuperação. O plano da gestão controlada pode prever que o pagamento dos créditos se processe parcialmente durante a sua execução.

A gestão controlada permite a conjugação dos efeitos das alavancas financeiras planeadas, com vista ao pagamento dos credores. Nesta medida, a dívida à Segurança Social é regularizada pela via do pagamento. A recuperação da empresa possibilita antever que ela se tornará, no futuro, um contribuinte cumpridor.

# CONCLUSÕES

1. O regime jurídico da regularização das dívidas à Segurança Social está disciplinado fundamentalmente no Decreto-Lei n.º 411/91, de 17 de Outubro;
2. As situações excepcionais nele previstas são situações de facto que já não se verificam;
3. Os meios de regularização ainda que objecto de interpretação actualista não satisfazem as necessidades presentes;
4. O regime jurídico de regularização das dívidas à Segurança Social, consagrado no Decreto-Lei n.º 411/91, deixou de ser resposta adequada à realidade e, por isso, carece de revisão;
5. Os meios que esse diploma legal regula são: os acordos prestacionais; a dação em cumprimento; a cedência de créditos; a compensação e as participações sociais;
6. Contudo, a regularização da dívida à Segurança Social, através dos meios previstos no Decreto-Lei n.º 411/91, só pode ser autorizada se cumulativamente se verificarem duas circunstâncias: ser indispensável à viabilização da devedora e esta se achar numa das situações excepcionais descritas;
7. A verificação de qualquer uma das situações descritas, em bom rigor, é impossível: o Decreto-Lei n.º 353-A/77, embora ainda em vigor, não é aplicado; os Decretos-Leis n.os 177/86 e 10/90 estão revogados; o Decreto-Lei n.º 251/86 não se aplica e não são conhecidos casos actuais de empresas objecto de ocupação, autogestão ou intervenção estatal;
8. Pode afirmar-se que o disposto no Decreto-Lei n.º 411/91 não é actualmente aplicável, pelo que qualquer regularização

de dívida à Segurança Social realizada nos seus termos é ilegal, donde, susceptível de vir a ser declarada judicialmente ou hierarquicamente como nula;

9. Assim, a empresa contribuinte devedora que pretenda regularizar a dívida à Segurança Social só pode fazê-lo no âmbito dos processos judiciais de execução (Decreto-Lei n.º 42/2001 e Código de Procedimento e Processo Tributário), de recuperação da empresa (Decretos-Leis n.ºs 132/93 e 315/98) ou no do procedimento extrajudicial de conciliação (Decreto-Lei n.º 316/98);

10. Diplomas legais posteriores, de aplicação temporal limitada, completaram o elenco dos meios previstos no Decreto-Lei n.º 411/91: contratos de consolidação financeira; contratos de reestruturação financeira; conciliação (procedimento extrajudicial); assunção da dívida; alienação de créditos e conversão de créditos em capital;

11. A dívida à Segurança Social também pode ser regularizada no decurso de processos judiciais: de execução e de recuperação da empresa;

12. Periodicamente o legislador tem permitido a regularização da dívida à Segurança Social em condições sempre mais favoráveis ao contribuinte incumpridor;

13. Estes "planos" não têm sido suficientes para inverter a tendência crescente da dívida à Segurança Social;

14. O contribuinte faltoso crê que o último "plano" é ... o que há-de vir;

15. Os "planos" e a perseguição penal já demonstraram ser meios inadequados contra a (ilegal) evasão contributiva e crê-se que somente poderão ser eficazes quando o sistema contributivo for justo, digno e equitativo;

16. Os sectores da actividade económica em que o tecido empresarial português não é competitivo, tem fraca produtividade e está descapitalizado;

17. Os organismos do sistema da Segurança Social competentes para a regularização das situações contributivas

têm-se mantido apáticos, burocratizados e rotineiros, sem iniciativa e carentes de orientações jurídico-políticas;

18. A generalidade dos contribuintes mais significativamente devedores são empresas insolventes ou em situação económica difícil, isto é, a precisarem de medidas ou providências de recuperação;

19. A lei devia encarar a regularização das dívidas à Segurança Social frontalmente e sem preconceitos políticos e fixar um regime jurídico amplo e flexível de cada um e de todos os meios disponíveis a que o contribuinte com dificuldades de tesouraria pudesse recorrer de molde a que o procedimento de regularização não constituísse mais um obstáculo à superação dessas dificuldades;

20. Este regime não seria dotado de aplicação limitada no tempo, mas o contribuinte devia recorrer aos meios de regularização em prazos pré-determinados. Se o não fizesse, a Segurança Social, em prazo legalmente determinado, por si ou por terceiros, devia desencadear o processo de execução, o PEC, o especial de recuperação da empresa devedora ou o de falência;

21. Um regime com estas características pressupõe: que os organismos a quem cabe a regularização da situação contributiva e a cobrança de dívidas sejam dotados de orientações especificamente concretizadoras dos princípios gerais da administração indirecta do Estado; que os ditos organismos sejam dinâmicos, com iniciativa e competência, em especial, com conhecimentos empresariais e, sobretudo, desburocratizantes; que esteja disponível um sistema de informação que possibilite o acompanhamento em tempo de todas as contas correntes dos contribuintes.

# ÍNDICE

## A REGULARIZAÇÃO DA DÍVIDA À SEGURANÇA SOCIAL

1. – Introdução ..................................................................................... 211

2. – Histórico ...................................................................................... 213

3. – Os regimes jurídicos espanhol e francês ...................................... 221
    3.1. – O regime espanhol .................................................................. 221
    3.2. – O regime francês .................................................................... 222

4. – Dívidas à Segurança Social ......................................................... 225
    4.1. – Meios de regularização extra-judiciais ................................... 225
        4.1.1. – Acordos prestacionais ..................................................... 225
        4.1.2. – Contratos de consolidação financeira ou de reestrutura-
            ção empresarial.............................................................. 229
        4.1.3. – Procedimento extrajudicial de conciliação .................... 232
        4.1.4. – Assunção de dívidas ........................................................ 236
    4.2. – Meios de extinção da dívida à Segurança Social..................... 238
        4.2.1. – Dação em cumprimento ................................................... 238
        4.2.2. – Cedência (alienação) de créditos..................................... 242
        4.2.3. – Compensação de créditos ............................................... 246
        4.2.4. – Conversão de créditos em capital ................................... 248
    4.3. – Meios de regularizaçãojudiciais.............................................. 251
        4.3.1. – Processos tributários........................................................ 251
        4.3.2. – Processo especial de recuperação de empresas............... 255

Conclusões ......................................................................................... 261